普通高等教育新形态教材

证券投资理论与实务

（第三版）

主编
芦梅　陈红

副主编
朱晓杰　何艳秋　宋民冬　杨玲

ZHENGQUAN TOUZI
LILUN YU SHIWU

清华大学出版社
北京

内 容 简 介

本书系统地阐述了证券投资的理论基础和分析方法，分9个项目，包括证券投资概述、证券市场、上市公司分析、技术分析理论、技术分析指标、证券交易、证券投资的策略与技巧、金融衍生工具、证券市场监管。本书立足高等教育的特色和要求，力求实现理论联系实际，突出实践操作，并具有一定的前瞻性。

本书可作为普通高等院校金融学专业及其他财经类专业的教材，也可作为金融证券从业人员和证券投资者系统学习相关理论知识的参考用书。

本书封面贴有清华大学出版社防伪标签，无标签者不得销售。
版权所有，侵权必究。举报：010-62782989，beiqinquan@tup.tsinghua.edu.cn。

图书在版编目(CIP)数据

证券投资理论与实务 / 芦梅，陈红主编 . —3 版 . —北京：清华大学出版社，2023.7(2025.1重印)
普通高等教育新形态教材
ISBN 978-7-302-64166-7

Ⅰ.①证… Ⅱ.①芦… ②陈… Ⅲ.①证券投资-高等学校-教材 Ⅳ.①F830.91

中国国家版本馆 CIP 数据核字(2023)第 119773 号

责任编辑：刘志彬
封面设计：汉风唐韵
责任校对：宋玉莲
责任印制：刘海龙

出版发行：清华大学出版社
网　　址：https://www.tup.com.cn, https://www.wqxuetang.com
地　　址：北京清华大学学研大厦 A 座　　　　邮　编：100084
社 总 机：010-83470000　　　　　　　　　　邮　购：010-62786544
投稿与读者服务：010-62776969，c-service@tup.tsinghua.edu.cn
质量反馈：010-62772015，zhiliang@tup.tsinghua.edu.cn

印 装 者：大厂回族自治县彩虹印刷有限公司
经　　销：全国新华书店
开　　本：185mm×260mm　　　印　张：16　　　字　数：380 千字
版　　次：2016 年 7 月第 1 版　　2023 年 7 月第 3 版　　印　次：2025 年 1 月第 3 次印刷
定　　价：49.00 元

产品编号：100846-02

前　言

改革开放以来，我国的经济体制发生了深刻变化，证券市场在我国经济和金融体系中的地位更为突出。同时，证券市场的发展规模和完善程度已经成为衡量一国经济发展水平的重要指标之一。

从上海证券交易所成立之日算起，我国证券市场已经有三十余年的发展历程。在此过程中，中国证券市场规模不断扩大，制度建设不断完善。伴随着国有企业混合所有制改革的稳步推进和"沪港通"的顺利完成，投资者对我国股市的信心逐渐增强，资本市场市值迅速增加，对我国资本市场的完善产生了深远的影响。

在高校进行证券投资理论知识的传播和教学，有利于培养大学生投资理财方面的能力，树立经济活动的风险意识，提高学生的综合素质，也有利于培养证券投资方面的专业人才。本书在编写过程中，力求实现理论联系实际，突出实践操作，并具有一定的前瞻性，以满足社会需要。

根据第一版和第二版的使用情况，编者对全书内容进行了修订，修订后共分9个项目，主要包括证券投资的基本概念、各类证券投资工具、证券市场、证券投资的策略与技巧、证券交易和市场监管等内容，主要有以下几方面的特色。

（1）实用性。书中引入大量的教学案例，通过对我国证券市场实际案例的学习，激发学生对证券投资方法应用的兴趣，以达到理论与实践相结合的教学效果。

（2）完备性。书中对证券投资的基本知识、股票的发行与交易、证券投资分析、证券市场监管等内容进行了全面、系统的介绍。

（3）以学生为中心，有较强的可读性，方便自学。每个项目开篇有情景写实，引导学生置身于相应的教学情境中；正文中穿插知识链接，对相关内容进行拓展，介绍国内外证券投资的经验总结和经典案例；在每个项目后面配有在线自测，便于学生自我检验。

本书由芦梅、陈红任主编，朱晓杰、何艳秋、宋民冬、杨玲任副主编。具体编写分工，芦梅负责项目一～三编写，陈红负责项目四和五编写，朱晓杰负责项目六编写，何艳秋负责项目七编写，宋民冬负责项目八编写，杨玲负责项目九编写。全书由芦梅负责统稿工作。本书在编写过程中，参阅了目前已经出版的国内外的优秀教材、专著和相关资料，引用了其中一些有关的内容和研究成果，也得到了企业界相关人士的大力支持和帮助，在此，谨向有关作者致以衷心的感谢！同时，也向对本书编写和出版工作给予大力支持的各界人士表示最真挚的谢意！

鉴于编者水平有限，书中难免有疏漏和不足之处，请各位读者不吝赐教！

编　者

目　录

项目一　证券投资概述 ·· 1
　　学习目标 ·· 1
　　问题导入 ·· 1
　　情景写实 ·· 1
　　任务一　投资概述 ·· 2
　　任务二　债券 ··· 7
　　任务三　股票 ··· 10
　　任务四　证券投资基金 ·· 13
　　任务五　金融衍生证券 ·· 17
　　思考问答 ·· 20
　　在线自测 ·· 20

项目二　证券市场 ·· 21
　　学习目标 ·· 21
　　问题导入 ·· 21
　　情景写实 ·· 21
　　任务一　证券市场概述 ·· 21
　　任务二　证券发行市场 ·· 27
　　任务三　证券交易市场 ·· 30
　　任务四　证券市场的监管 ·· 39
　　思考问答 ·· 42
　　在线自测 ·· 42

项目三　上市公司分析 ·· 43
　　学习目标 ·· 43
　　问题导入 ·· 43
　　情景写实 ·· 43
　　任务一　公司基本面分析 ·· 43
　　任务二　资产负债表分析 ·· 47
　　任务三　利润及利润分配表 ··· 61

　　　　任务四　现金流量表 64
　　　　思考问答 68
　　　　在线自测 68

项目四　技术分析理论 **69**
　　　　学习目标 69
　　　　问题导入 69
　　　　情景写实 69
　　　　任务一　证券投资技术分析概述 70
　　　　任务二　证券投资分析的主要理论 73
　　　　思考问答 93
　　　　在线自测 93

项目五　技术分析指标 **94**
　　　　学习目标 94
　　　　问题导入 94
　　　　情景写实 94
　　　　任务一　趋向指标 95
　　　　任务二　超买超卖指标 103
　　　　任务三　强弱指标 108
　　　　任务四　停损指标 111
　　　　任务五　压力支撑指标 113
　　　　任务六　大盘专用指标 115
　　　　思考问答 121
　　　　在线自测 121

项目六　证券交易 **122**
　　　　学习目标 122
　　　　问题导入 122
　　　　情景写实 122
　　　　任务一　分时图基础 122
　　　　任务二　分时图盘面 128
　　　　任务三　分时图常见形态 143
　　　　任务四　看盘要点 160
　　　　任务五　看盘技巧 164
　　　　思考问答 167
　　　　在线自测 167

项目七　证券投资的策略与技巧　168
学习目标　168
问题导入　168
情景写实　168
任务一　证券投资的策略　169
任务二　证券投资的风险与技巧　175
思考问答　184
在线自测　184

项目八　金融衍生工具　185
学习目标　185
问题导入　185
情景写实　185
任务一　金融衍生工具概述　186
任务二　金融远期合约　190
任务三　期货交易　196
任务四　期权交易　207
任务五　金融互换　213
任务六　其他衍生工具　217
思考问答　224
在线自测　224

项目九　证券市场监管　225
学习目标　225
问题导入　225
情景写实　225
任务一　证券市场监管概述　226
任务二　证券市场监管法律法规　236
任务三　证券市场监管的内容　239
思考问答　245
在线自测　245

参考文献　246

项目一　证券投资概述

学习目标

1. 掌握投资的定义和分类。
2. 掌握证券投资的概念及其要素。
3. 了解证券投资的形成和发展过程。
4. 了解证券投资理论的发展历程。
5. 理解证券投资学的性质和研究对象。

问题导入

如何认识证券投资与投机？

情景写实

牛市和熊市

股市为什么有的时候叫"熊市"，有的时候叫"牛市"？就目前的资料来看，在1785年的英国，一本叫《小街交易所指引》的书中已经出现"牛"和"熊"这两个名词。当时的伦敦证券交易所叫作小街交易所，简称小街。但是，从这本书作者的说法，可以看出200多年前"牛""熊"的意义跟现在不同。"牛"不是指希望股市上涨的人，而是相当于今天靠保证金买进股票却遭到亏损的人。

荷兰的郁金香交易所早在17世纪中叶就已经采用了保证金制度，但是在1785年的伦敦，买股票似乎不用保证金，"牛"可以身无分文就买进股票，希望在必须缴款前卖出获利。根据当时的做法，一个人即使全部财产不到10英镑，也可以在伦敦的证券交易所大买股票，例如，这个人可以在3月时购买价值4万英镑、在5月交割股款的股票，融资倍数高达四五千倍。这个人在结算前，可以想尽办法，把自己买进的股票卖出去，如果整个市场"牛"群聚集，他找不到接手的人，就会遭到重大亏损，因此在付款之前，他必须跑遍整个交易所，从一家号子(证券交易所)逛到另一家号子，找人接手，他心中充满希望和恐惧，表情阴晴不定，情绪低落、满脸不高兴、脾气不好，跟牛的行为差不多，因此这种作手(操盘手)被人称为"牛"。

在200多年前，"熊"不只是抱悲观看法的作手，还是实际放空的人，也就是卖出一批股票或公债，同意在未来的某一个时间交出他实际上没有的东西，因此他要不断地找人，希望低价买进他未来必须交出来的证券。他对所有不幸的新闻、坏消息、能够压低证券价格的谣言等，都会感到高兴，表现出幸灾乐祸的样子。

因此，当时要分辨"牛"和"熊"很容易，表情沉重、忧郁的人一定是"牛"，拿坏消息吓人的人一定是"熊"。"牛"希望股价上涨，"熊"希望股价下跌。后来人们就把上涨的股市叫作"牛市"，下跌的股市叫作"熊市"。

后来有人说因为牛是往上攻击（牛角往上顶），所以代表多头市场，代表利多和股价往上走；熊是往下攻击（熊掌向下挥）代表空头市场，代表利空和股价下跌。

资料来源：股票里为什么有的叫熊市，有的叫牛市？[EB/OL].(2017-12-09)[2023-03-09]. https://www.sohu.com/a/209491354_475129.

【问题】何为牛市？何为熊市？

【解析】"牛市"也称多头市场，是指证券市场行情普遍看涨，延续时间较长的升市。"熊市"也称空头市场，指证券市场行情普遍看淡，延续时间较长的大跌市。

任务一　投　资　概　述

一、投资的定义

投资是人们在经济活动中最常用的概念之一，也是商品经济社会中普遍存在的现象。

投资在不同的学科领域有不同的定义，但基本内容却大同小异。在经济学领域中，投资是指投资主体寄希望于不确定的未来收益，而将货币或其他形式的资产投入经济活动的一种经济行为。在财务学领域中，投资是指投资主体将从有关渠道取得的资金，投入自身经营活动或他人经济活动，以期取得未来收益的行为。在金融学领域中，投资是指投资主体以金融工具为投资对象，以期将来取得一定投资收益的行为。美国著名的投资学家威廉·夏普（William F. Sharpe）在其著作《投资学》中指出，投资是为获得可能的、不确定性的未来值而做出的确定的现值牺牲。

可见，投资的内涵十分丰富，外延也十分宽泛。所谓投资，就是投资主体为获取未来收益或经营，实施某项事业，预先垫付货币或其他资源，以形成资产的经济行为。简言之，投资就是投入某种资源，获得某种资产及收益的过程。显然，这里是广义的投资概念，其内涵包括以下几方面。

（1）投资目的明确，即为了获取未来收益或经营，实施某项事业。未来收益既可以是投资的资产收益、差价收益，也可以是其他非经济的个人或社会效益。

（2）投资获取某种资产是实现目的的手段。某种资产可以是有形资产，也可以是无形资产，如专利权、商业信誉等。只有先获得某种资产，才能最终获取未来收益或经营，实施某项事业。

（3）投资的前提是预付，即预先垫付或投入货币或其他资源的投资品。投资是以人力、物力和财力的投入为先决条件的。

（4）投资既可指资源或经济要素的投入，又可指投资主体形成资产的经济行为。

（5）投资是一个动态的概念。它既受到历史背景、经济水平、经济体制等诸多方面的制约，又随着社会经济的发展而发展，随着人们投资实践的丰富而丰富。投资是社会经济历史发展到一定阶段才产生的,但随着社会的不断发展和进步,人们所依赖的生产与生活越来越丰富多彩,投资范畴的内涵与外延也越来越丰富多彩。

二、投资的原因

人们为什么进行投资?这个问题看起来似乎太简单了,我们通过前面对投资含义的分析已经了解到,人们将钱用于投资的主要原因就是增加他们未来的财富。

其实,从现实生活看,人们进行投资可能还有一些更具体的原因,包括攒钱买房子、供子女上学、攒钱使退休后的生活更有保障,以及作为防备意外之需(例如暂时的失业、重大疾病),但还是有一些人是因为它带来的挑战乐趣而进行投资的。另外,从宏观角度看,投资还有益于社会和经济的发展。显然,投资可以促进个人财富的增长,也可以促进整个经济的更快发展和繁荣。例如,若投资提高了某个人养老基金的价值,退休后他就会有更多的收入可支配,生活水平也就会提高,这对整个经济来说也是有益的。此外,投资的过程有助于金融市场的创建,企业可以通过金融市场进行融资活动,这种功能也会促进经济增长与繁荣。

每种特定的投资工具都会给社会带来一些其他的好处,如股票,它为股东提供了一个监控公司管理层业绩的机制;政府债券对支付高比例所得税的个人有利,因为政府债券的利息收入一般免缴利息所得税。此外,政府债券还为一些耗资巨大的公共设施项目提供资金,如修建学校和公路等。

三、投资的分类

投资是一个多层次、多方面、多角度、内容极其丰富的概念,因而可按多种方式进行归纳与分类。

(一) 实物投资与金融投资

实物投资就是投资主体为获取未来收益或经营,实施某种事业,预先垫付货币或其他资源,以形成实物资产的经济行为。实物投资可分为稀有资产投资、固定资产投资和流动资产投资。其中,稀有资产投资是指投资主体为获取预期收益,预先垫付货币以形成稀缺性资产的经济行为。稀有资产包括贵金属、宝石、文物古董、书画、邮票和其他艺术品。稀有资产投资是一种分门别类的、专业性、技术性很强的大众投资方式,其知识较为分散,且可操作性、实用性很强。

金融投资是投资主体为获取预期收益,预先垫付货币以形成金融资产,并借以获取收益的经济行为。金融投资包括股票投资、债券投资、期货投资等有价证券的投资。个人的银行储蓄行为也是一种金融投资,其获得的存款凭证能使投资者获得一定的未来收益。

本书主要讲述金融投资(证券投资)的基本内容和规律,而金融投资与实体投资具有不可分割的内在联系,因此,下面对两者的关系加以简要介绍。

▶ **1. 实体投资与金融投资具有不可分割的联系**

(1) 实体投资的运行必须依赖于金融投资为其提供巨大的资本资源。实体投资是经济社会赖以生存和发展的基础。人类社会得以生存的基本条件是维持简单再生产,要维持简单再生产就必须不断地更新已耗费的生产资料,这种更新必须依赖于实体投资。而社会的发展则必须依赖于扩大再生产，这个过程需要更大规模的实体投资才有可能实现。然而，现代经济已经发展到单个项目的投资规模远远超过一般自然人（或企业）所能积累的财富规模，这种投资门槛意味着投资者个人（或企业）无法依靠自我积累完成项目的投资，而必须依靠社会财富的积累。这种借用社会积累来完成投资项目的投资形式主要通过资本市场来实现。金融资产的投资者通过购买有价证券将资金使用权转让给实体投资者用于实体投资，这个过程就是通过资本市场由实体投资者发行证券、金融投资者购买证券的方式加以实现的。可见，现代投资活动离不开发达的资本市场。

（2）金融投资加快了实体投资的筹资速度。由于现代资本市场具有发达、规范、专业、信息透明、投资者多元化的特点，在这样的市场内筹资，不论实体投资者的具体条件如何，均能很快地找到相应的金融投资者提供资金，其速度和效率要远远高于实体投资者完全靠自己寻找投资合伙人的过程。

（3）金融投资者为实体投资者提供了分散风险的屏障。如果实体投资的资金来源于直接投资者个人的积累，一旦投资失败其损失则完全由直接投资者个人承担。有了金融投资者的间接投资，直接投资者的失败就由不同的金融投资者按比例承担损失。

▶ 2. 实体投资与金融投资有着明显的区别

实体投资是投资者把资金直接投向实体资产，金融投资是投资者先用资金购买金融资产，资金转移到实体投资者或委托人手中，再由实体投资者或委托人用于实体投资。这中间多了一个购买金融资产的环节，即资金转换的环节。投资者持有的金融资产可以在金融市场中买卖，这与直接投资中的投资者与实体资产的一一对应关系是不同的。实体投资的过程是实物资产的购置过程，投资者最关注的是新的资本品能否形成；金融投资的过程是金融资产的买卖过程，投资者最关注的是持有的金融资产能否保值和增值。实体投资的最终结果是新的资本品，它的转让是不可分割的；而金融投资的最终结果就是分割得很小的资本证券，其转让非常方便。

（二）直接投资与间接投资

从经济学的意义上说，投资形成新的资本，用于生产事业，如建设厂房设施、购置设备、购买原材料等，通过生产流动，可以直接增加社会的物质财富，或提供社会所必需的劳务，所以称为直接投资。直接投资是和实物投资相联系的。

从金融学的意义上说，投资是指把资金用于购买金融资产（主要是有价证券），以期获得收益。这些资金通过股票、债券等金融工具的发行，转移到企业后再投入生产活动，这种投资一般称为间接投资。就投资于金融资产而言，投资于银行储蓄、金融机构债券及各种投资基金为间接投资；而从证券市场上直接购买股票、企业债券等有价证券为直接投资。

在实践中，人们经常将间接投资等同于证券投资，其实这种理解并不准确。关于两者的区分，理论界有一种观点认为，证券投资的本质是金融资产投资，是与实物资产投资相对应的。直接投资是投资者直接开厂设店从事经营，或者投资购买企业相当数量的股份，从而对该企业具有经营上的控制权的投资方式。而间接投资是指投资者以其资本购买公司债券、金融债券或公司股票等各种有价证券，以预期获取一定收益的投资，由于其投资形式主要是购买各种各样的有价证券，因此也被称为证券投资。从理论上区分证券投资到底是直接投资还是间接投资的依据是有无资产控制权。例如，持有51%以上的股份就是绝对控股，可视为直接投资。但两者的界限在现实生活中并不很明确，持有多少股份算作拥有资产控制权呢？一些国家为了明确划分两者的界限，对持股比例规定了具体的数量标准。例如，美国商务部以持有 25% 的股份作为划分的标准；日本在统计中把在外国企业中日方出资比例占 25% 以上的投资作为对外直接投资。

（三）短期投资与长期投资

一般来说，投资时间在一年以下的为短期投资，一年以上的为长期投资。严格地说，一~五年或七年为中期投资，五年或七年以上的投资才是真正意义上的长期投资。选择短期投资还是长期投资是很重要的，它直接关系到投资者的收益、资金周转速度及机会成本等问题。一般情况下，短期投资相对于长期投资来说收益率相对低些，如投资于短期国库券（一年以下）比投资于长期债券收益要低。但短期投资风险相对较小，资金周转快，也许还会从再投资中获取新的收益。进行短期投资还是长期投资，一般取决于投资者的投资偏好。另外，长期投资和短期投资是可以转化的。购买股票是一种长期投资，无偿还期，但股票持有者可以在二级市场进行短线操作，卖出股票，这又变成短期投资。

（四）固定收入投资与不固定收入投资

证券投资的目的是获取收益。证券种类繁多，其投资性质、期限各不相同，收入高低和支付方式也不一样。证券投资按其收入是否固定可分为两类，即固定收入投资和不固定收入投资。固定收入投资，是指该种证券预先规定应得的收入，用百分比表示，按期支付，在整个证券投资期限内不变。不固定收入投资是指证券的投资收入不预先规定，收入不固定。债券和优先股的收入都是预先规定的，而普通股的收入则是不固定的。一般而言，固定收入投资风险小，但收益也小；不固定投资风险大，但可能获得较高的收益。

（五）其他分类

投资还可以从投资主体、空间、产业和运作等方面进行分类。

按投资主体划分，有个人投资、企业投资、政府投资和外国投资。其中，个人投资与企业投资合称民间投资，与政府投资相对应。

按投资的空间划分，有地区投资、国内投资、国外投资及全球投资。

按投资的产业划分，有第一产业投资、第二产业投资和第三产业投资等。

按投资运作划分，有消费投资、生产投资、建设投资。其中建设投资按项目的建设性质划分，又可分为新建、扩建、改建与迁建等投资。

按投资效果划分，有无效投资与有效投资、显效投资与隐效投资、近效投资与远效投资等。

按投资的形式划分，有货币投资以及物品、土地、劳动力、知识产权、债权、股权等投资。

按投资的范围划分，有宏观投资、中观投资和微观投资等。

按投资的口径划分，可以分为狭义投资与广义投资。狭义投资仅为证券投资或实物投资，广义投资包括我们列举的全部投资。

机构投资者一定比个人投资者更有优势吗?

机构投资者一定比个人投资者更有优势吗?答案是未必。个人投资者可以自己去做调查研究,不放过每个细节。由于是用自己的钱做投资,因而会更加用心、专注,更容易成为某个行业或领域的专家,决策会更加快捷、灵活,且更加具有隐蔽性。

不可否认,一个以机构投资者为主导的股票市场的投资行为会趋于正规和专业化,至少大家都在使用同样的游戏规则,都是以研究公司基本面、发掘公司价值为主要投资思路,股票市场也因此会变得更有效率,将资源配置到那些真正值得支持的领域。对于绝大多数老百姓来说,他们分享股市回报最稳妥的办法就是去购买共同基金或其他与股市关联的理财产品。但是,市场的机构化并不会出现所谓"消灭散户"的情况,中国人在传统上习惯于自己打理钱财,在中国这样的新兴市场里,个人投资者依旧会是股市里不容忽视的一支力量,而且那些有能力掌握专业投资知识的个人投资者的数量也正在不断扩大,他们与机构投资者相比,有着自身独特的优势。许多投资者可能只看到机构的基金经理们所拥有的种种优势,比如他们获取市场信息的资源和工具之丰富是普通投资者所不具备的。机构可以每年花费几十万元订购各个行业的数据库,及时了解各主要产品的价格、产量、出货、进出口变化;他们可以在第一时间里得到可能影响市场变化的国内外财经信息;他们拥有完善的财务预测、估值和财务及市场分析软件和模型;此外他们还有内部和外部研究员的支持,以及圈内的交流机会;由于有资金保障,基金经理可以随时走访感兴趣的上市公司,了解第一手资料;他们还可以花钱邀请行业专家甚至政策制定者来讲解行业发展趋势。难道这一切就能保证基金经理人都能创造优于市场或高于个人投资者的投资回报吗?答案是否定的。

事实上,不论是在国内还是全球市场,能够打败基金经理的优秀个人投资者大有人在。其原因可归纳为以下几方面。

(1) 机构投资者们由于管理的资金数额庞大,需要做大量分散化投资,可能持有几十只甚至上百只股票,而不会把资金押在几只表现最好的股票上。他们追求的是"有效边际",是在风险可控的前提下获取尽可能大的回报。为投资者创造稳定可持续的回报是他们的首要目标,因此他们不能承受过大的风险,业绩表现往往很难超越市场的平均水平。

(2) 机构投资者,即多数基金经理的智力并不超常,他们的分析水平和决策依据通常也是很平庸的。从某种程度上讲,因为他们顶着给投资者业绩回报的长期压力,比普通投资者更容易犯错误,智商不是确保投资成功的关键要素。

(3) 基金经理缺少责任感。因为基金经理实际上是"代理人"的角色,即他们运作的钱不是自己的钱,他们的收入与给投资者的回报多少没有直接的关系。

(4) 基金的决策流程决定其很难先知且先动。基金经理自己不会直接去做研究、做模型、写报告,他们依赖于内部和外部研究员的支持。研究员从发现一个好的公司苗头开始,搞调研、做模型到完成报告至少需要一个月的时间,然后基金经理开始制定相应的投资策略,这至少又需要一个星期,然后提交基金投资决策委员会通过又至少需要一个星期,获得批准开始建仓时这只股票的价格恐怕已不再诱人了。

(5) 基金经理无法做到专注。尽管受过良好教育和严格训练的基金经理们较普通投资人在思考时更有效率，在获取信息后可以很快地做出判断，但投资的复杂性在于每项投资背后所需的行业知识背景都不相同，而国内还没有出现以行业投资划分的基金品种，很难要求基金经理们都是所投资行业和公司的专家。投资组合决定了他们不能专注于单一或有限的行业，其结果往往是无法对行业和公司信息做出更加全面准确的判断。

(6) 其他内外因素的限制。除了投资决策过程长外，基金赎回和申购的波动会导致基金经理投资时进退维谷。影响他们心绪的一小半原因来自股票价格的变动，一多半原因则来自基金份额的涨落。

机构投资者的上述劣势正是优秀个人投资者和部分私募基金投资者的优势所在，他们可以自己去做调查研究，不放过每个细节；他们是在用自己的钱做投资，因而会更加用心；他们可以更加专注于自己熟悉的行业或在有兴趣的领域投资，更容易成为某个行业的专家；他们可以自我决策，制定更加及时、灵活的交易策略；而且由于资金有限，进进出出通常不会被其他市场参与者察觉。尤其随着互联网技术的广泛运用，个人投资者在获取市场信息的渠道和时间上，已与基金经理没有太大的差别，关键还是要看对这些信息能否进行正确的解读，做出准确的判断。

要提高正确解读信息的能力，作为个人投资者，唯一需要加强的就是对投资知识的学习和对投资常识的掌握。哪些市场信息需要关注，这些市场信息意味着什么，以及什么股票在什么阶段值多少钱等，对此进行判断所依据的理论基础和逻辑基础应该说是全球通用的，真正掌握了它们，个人投资者战胜基金经理并不是难以做到的。

资料来源：投资百科网研究部. 机构投资者比个人投资者更有优势吗[EB/OL]. (2015-03-12)[2023-03-09]. https://www.doc88.com/p-7186271164584.html？r＝1.

任务二　债　　券

一、债券的概念

债券是一种金融契约，是政府、金融机构、工商企业等机构直接向社会借债筹措资金时，向投资者发行的，同时承诺按一定利率支付利息并按约定条件偿还本金的债权债务凭证。债券的本质是债的证明书，具有法律效力。债券购买者或投资者与发行人之间是一种债权债务关系，债券发行人就是债务人，投资者或债券购买者就是债权人。

债券包含了以下四层含义：(1) 债券的发行人（政府、金融机构、工商企业等机构）是资金的借入者；(2) 购买债券的投资者是资金的借出者；(3) 发行人（借入者）需要在一定时期还本付息；(4) 债券是债权债务的证明书，具有法律效力。债券购买者（或投资者）与发行人之间是一种债权债务关系，债券发行人就是债务人，投资者（或债券持有人）就是债权人。

二、债券的基本要素

债券是一种债务凭证，反映了发行人与购买者之间的债务债权关系。尽管债券的种类多种多样，但在内容上都要包含一些基本的要素。

（1）债券面值。债券面值是指债券的票面价值，是发行人对债券持有人在债券到期后应偿还的本金数额，也是企业向债券持有人按期支付利息的计算依据。债券面值与债券实际的发行价格并不一定是一致的，发行价格大于面值称为溢价发行，小于面值称为折价发行。

（2）票面利率。债券的票面利率是指债券利息与债券面值的比率，是发行人承诺以后一定时期向债券持有人支付报酬的计算标准。债券票面利率的确定主要受到银行利率发行者的资信状况、偿还期限和利息计算方法以及当时资金市场上资金供求情况等因素的影响。

（3）付息期。债券的付息期是指企业发行债券后的利息支付时间。它可以是到期一次支付，或每1年、半年、季度支付一次。在考虑货币时间价值和通货膨胀因素的情况下，付息期对债券投资者的实际收益有很大影响。到期一次付息的债券，其利息通常是按单利计算的；而年内分期付息的债券，其利息是按复利计算的。

（4）偿还期。债券的偿还期是指企业债券上载明的偿还债券本金的期限，即债券发行日至到期日之间的时间间隔。公司要结合自身资金周转状况及外部资本市场的各种影响因素来确定公司债券的偿还期。

三、债券的特征

债券作为一种债权债务凭证，与其他有价证券一样，也是一种虚拟资本，而非真实资本。债券具有如下特征。

（1）偿还性。债券一般都规定有偿还期限，发行人必须按约定条件偿还本金并支付利息。

（2）流通性。债券一般都可以在流通市场上自由转让。

（3）安全性。与股票相比，债券通常规定有固定的利率。债券与企业绩效没有直接联系，其收益比较稳定、风险较小。此外，在企业破产时，相对于股票持有者，债券持有者享有对企业剩余资产的优先索取权。

（4）收益性。债券的收益性主要表现在两个方面：一是投资债券可以给投资者定期或不定期地带来利息收入；二是投资者可以利用债券价格的变动，通过买卖债券赚取差额。

四、债券的分类

▶ 1. 根据是否约定利息划分

（1）零息债券。未约定支付利息，一般低于面值发行。

（2）附息债券。约定半年或一年支付一次利息，按利率是否固定又可分为固定利率债券和浮动利率债券。

（3）息票累积债券。债券到期一次性归还本息，期间不支付利息。

▶ 2. 根据债券券面形态划分

（1）实物债券。具有标准格式实物券面的债券。在其券面上，一般印制了债券面额、债券利率、债券期限、债券发行人全称、还本付息方式等各种债券票面要素，不记名、不挂失,可上市流通。

(2) 凭证式债券。债权人认购债券的收款凭证,而不是债券发行人制定的标准格式的债券。

(3) 国家储蓄债—凭证式国债收款凭证。此类债券可记名、挂失,不可上市流通,在持有期可提前支取,并按持有天数支付利息。

(4) 记账式债券。无实物形态的票券,利用账户通过电脑系统完成债券发行、交易及兑付的全过程。记账式债券可记名、挂失,可上市流通,因而安全性好。

▶ 3. 根据发行主体划分

(1) 政府债券(国债),是国家为筹集资金而向投资者出具的、承诺在一定时期支付利息和到期偿还本金的债务凭证。由于它的发行主体是国家,所以具有最高的信用度,被公认为最安全的投资工具。

(2) 金融债券,是银行等金融机构作为筹资主体为筹措资金而向投资者发行的一种有价证券。

(3) 公司债券,是由公司依照法定程序发行的、约定在一定期限还本付息的有价证券。

▶ 4. 根据是否有财产担保划分

(1) 抵押债券,是以企业财产作为担保的债券,按抵押品的不同又可以分为一般抵押债券、不动产抵押债券、动产抵押债券和证券信用抵押债券。抵押债券可以分为封闭式和开放式两种。封闭式公司债券的发行额会受到限制,即不能超过其抵押资产的价值;开放式公司债券的发行额不受限制。抵押债券的价值取决于担保资产的价值。抵押品的价值一般超过它所提供担保债券价值的25%~35%。

(2) 信用债券,是不以任何公司财产作为担保、完全凭信用发行的债券。其持有人只对公司的非抵押资产具有追索权,企业的盈利能力是这些债券投资人的主要担保。因为信用债券没有财产担保,所以在债券契约中都要加入保护性条款,如不能将资产抵押给其他债权人、不能兼并其他企业、未经债权人同意不能出售资产、不能发行其他长期债券等。

▶ 5. 根据是否能转换为公司股票划分

(1) 可转换债券,是指在特定时期内可以按某一固定的比例转换成普通股的债券,具有债务与权益双重属性,属于一种混合性筹资方式。由于可转换债券赋予债券持有人将来成为公司股东的权利,因此其利率通常低于不可转换债券。若将来转换成功,发行企业在转换前达到了低成本筹资的目的,在转换后又可节省股票的发行成本。

(2) 不可转换债券,是指不能转换为普通股的债券,也称普通债券。由于不可转换债券没有赋予债券持有人将来成为公司股东的权利,所以其利率一般高于可转换债券。

▶ 6. 根据利率是否固定划分

(1) 固定利率债券,是将利率印在票面上并按期向债券持有人支付利息的债券。该利率不随市场利率的变化而调整,因而固定利率债券可以较好地抵御通货紧缩风险。

(2) 浮动利率债券,是指债券利率随市场利率变动而调整的债券。因为浮动利率债券的利率同当前市场利率挂钩,而当前市场利率又考虑了通货膨胀率的影响,所以浮动利率债券可以较好地抵御通货膨胀风险。

▶ 7. 根据是否能够提前偿还划分

（1）可赎回债券，是指在债券到期前，发行人可以按事先约定的赎回价格收回的债券。公司发行可赎回债券主要是考虑到公司未来的投资机会和回避利率风险等问题，以增加公司资本结构调整的灵活性。发行可赎回债券最关键的问题是赎回期限和赎回价格的制定。

（2）不可赎回债券，是指不能在债券到期前收回的债券。

任务三 股 票

一、股票的概念

股票是股份有限公司在筹集资本时向出资人或投资者发行的股份凭证，代表其持有者（即股东）对股份公司的所有权。这种所有权是一种综合权利，如参加股东大会、投票表决、参与公司的重大决策、收取股息或分享红利等。

股票持有者凭股票从股份公司取得的收入是股息，股息的派发取决于公司的股息政策。优先股股东可以获得固定金额的股息，而普通股股东的股息是与公司的利润相关的。普通股股东股息的派发在优先股股东之后，必须在所有的优先股股东满额获得他们曾被承诺的股息之后，普通股股东才有权利获得股息。股票只是对一个股份公司拥有的实际资本的所有权证书，是参与公司决策和索取股息的凭证，不是实际资本，它只是间接地反映了实际资本运动的状况，从而表现为一种虚拟资本。

由此，从概念来看，股票主要包含以下几个内容。

（1）股票是一种出资证明，当一个自然人或法人向股份有限公司参股投资时，便可获得股票作为出资的凭证。

（2）股票的持有者凭借股票来证明自己的股东身份，参加股份公司的股东大会，并对股份公司的经营发表意见。

（3）股票持有者凭借股票参与股份发行企业的利润分配，并在企业破产清算时，可以享受剩余财产分配权。

股票的历史

股票至今已有将近400年的历史，它伴随着股份公司的出现而出现。随着企业经营规模的扩大，资本供给的不足，此时需要通过一种方式来让公司获得大量的资本金，于是产生了以股份公司形态出现的、股东共同出资经营的企业组织。股份公司的变化和发展产生了股票形态的融资活动；股票融资的发展产生了股票交易的需求；股票的交易需求促成了股票市场的形成和发展；而股票市场的发展最终又促进了股票融资活动和股份公司的完善及发展。

股票最早出现于资本主义国家。由于股票能够有效积聚社会闲散资金，从而成为早期资本主义国家殖民扩张的工具。世界上最早的股份有限公司制度诞生于1602年在荷兰成立的东印度公司。股份公司这种企业组织形式出现以后，很快为资本主义国家广泛利用，成为资本主义国家企业组织的重要形式之一。伴随着股份公司的诞生和发展，以股票形式集资入股的方式也得到发展，并且产生了买卖交易、转让股票的需求。这样，就带动了股票市场的出现和形成，并促使股票市场得以完善和发展。1611年，东印度公司的股东在阿姆斯特丹股票交易市场进行了股票交易，并且后来还有了专门的经纪人撮合交易。阿姆斯特丹股票交易市场成为世界上第一个股票市场。目前，股份有限公司已成为最基本的企业组织形式之一；股票已成为大企业筹资的重要渠道和方式，也是投资者投资的基本选择方式；股票市场（包括股票的发行和交易）与债券市场成为证券市场的重要组成部分。

资料来源：股海之探宝. 股票的由来[EB/OL]. (2022-05-26)[2023-03-09]. https://xueqiu.com/4758707804/221068436.

二、股票的特征

股票具有以下特征。

（1）不可偿还性。股票是一种无偿还期限的有价证券，投资者认购了股票后，就不能再要求退股，只能到二级市场卖给第三者。股票的转让只意味着公司股东的改变，并不减少公司资本。从期限上看，只要公司存在，它所发行的股票就存在，股票的期限等于公司存续的期限。

（2）参与性。股东有权出席股东大会，选举公司董事会，参与公司重大决策。股票持有者的投资意志和享有的经济利益，通常是通过行使股东参与权来实现的。股东参与公司决策的权利大小，取决于所持的股份多少。从实践中看，只要股东持有的股票数量达到左右决策结果所需的实际多数时，就能掌握公司的决策控制权。

（3）收益性。股东凭其持有的股票，有权从公司领取股息或红利，获取投资的收益股息或红利的大小，主要取决于公司的盈利水平和公司的盈利分配政策。股票的收益性还表现在股票投资者可以获得价差收入或实现资产保值增值。通过低价买入和高价卖出股票，投资者可以赚取价差利润。

（4）流通性。股票的流通性是指股票在不同投资者之间的可交易性。流通性通常以可流通的股票数量、股票成交量以及股价对交易量的敏感程度来衡量。可流通股数越多，成交量越大，价格对成交量越不敏感（价格不会随着成交量一同变化），股票的流通性越好；反之就越差。股票的流通，使投资者可以在市场上卖出所持有的股票，以取得现金。通过股票的流通和股价的变动，可以看出人们对于相关行业和上市公司的发展前景及盈利潜力的判断。那些在流通市场上吸引大量投资者、股价不断上涨的行业和公司，可以通过增发股票，不断吸收大量资本进入生产经营活动，进而取得优化资源配置的效果。

（5）价格的波动性和风险性。股票在交易市场上作为交易对象，与商品一样，有自己的市场行情和市场价格。由于股票价格要受到诸如公司经营状况、供求关系、银行利率、大众心理等多种因素的影响，其波动有很大的不确定性。正是这种不确定性，有可能使股票投资者遭受损失。价格波动的不确定性越大，投资风险也越大，因此股票是一种高风险的金融产品。

三、股票的分类

（一）按股票代表的股东权利划分

▶ 1. 普通股

普通股是指在公司的经营管理、盈利及财产的分配上享有普通权利的股份，代表满足所有债权偿付要求及优先股股东的收益权与求偿要求后对企业盈利和剩余财产的索取权。普通股构成公司资本的基础，是股票的一种基本形式。目前，在上海和深圳证券交易所上市交易的股票都是普通股。普通股股东按其所持的股份比例享有以下基本权利。①公司决策参与权。普通股股东有权参与股东大会，并有建议权、表决权和选举权，也可以委托他人代表其行使股东权利。②利润分配权。普通股股东有权从公司利润分配中得到股息。普通股的股息是不固定的，由公司盈利状况及其分配政策决定。普通股股东必须在优先股股东取得固定股息之后才有权享受股息分配。③优先认股权。如果公司需要扩张而增发普通股股票时，现有普通股股东有权按其持股比例，以低于市价的某一特定价格优先购买一定数量的新发行股票，从而保持其对企业所有权的原有比例。④剩余资产分配权。当公司破产或清算时，若公司的资产在偿还欠债后还有剩余，其剩余部分按先优先股股东、后普通股股东的顺序进行分配。

▶ 2. 优先股

优先股在利润分配及剩余财产分配的权利方面，优先于普通股。优先股股东有两种权利。①优先分配权。在公司分配利润时，拥有优先股的股东与持有普通股的股东相比，分配在先，但是享受固定金额的股利，即优先股的股利是相对固定的。例如，若公司不对优先股股东进行股利分配，则不能对普通股股东进行股利分配，因为优先股股东优先于普通股股东分配股利。②剩余财产优先分配权。若公司清算，在分配剩余财产时，优先股在普通股之前分配。在很多国家，当公司决定连续几年不分配股利时，优先股股东可以进入股东大会来表述他们的意见，以保护他们自己的权利。

相关链接

优先股与普通股的区别

根据优先股和普通股的不同特点，优先股和普通股有如下区别。

（1）股息。优先股相对于普通股可优先获得股息。如果企业在年度内没有足够现金派发优先股股息，普通股是不能分发股息的。股息数量由公司董事会决定，但当企业获得优厚利润时，优先股不会获得超额收益。

（2）剩余财产优先分配权。当企业宣布破产并变卖企业资产后，只有在全面偿还优先股股东后，剩下的才分配给普通股股东。

（3）投票权。优先股股东没有参与企业决策的投票权，但在企业长期无法派发优先股股息时，优先股股东有权派代表加入董事会，以协助改善企业财务状况。

（4）优先购股权。普通股股东在企业发行新股时，可获优先购买与持股量相称的新股，以防止持股比例被稀释，但优先股股东无权获得优先发售。

（二）按股票上市地区划分

（1）A股。A股的正式名称是人民币普通股票。它是由中国境内的公司发行的，供境内机构、组织或个人以人民币认购和交易的普通股股票。

(2) B股。B股也称人民币特种股票,是指那些在中国内地注册、在中国内地上市的特种股票。B股以人民币标明面值,只能以外币认购和买卖。

(3) H股。H股是境内公司发行的以人民币表明面值,供境外投资者用外币认购,在香港联合交易所上市的股票。H股为实物股票,实行"T+0"交割制度,无涨跌幅限制。

(4) N股。N股是指那些在美国纽约证券交易所上市的外资股票,取纽约字首的第一个字母"N"作为名称。

(5) S股。S股是指在新加坡交易所上市挂牌的大陆公司股票。

(三) 其他分类

(1) 记名股票和无记名股票。这主要是根据股票是否记载股东姓名来划分的。记名股票是在股票上记载股东的姓名,如需转让,必须经公司办理过户手续;无记名股票是在股票上不记载股东的姓名,如需转让,通过交付即可生效。

(2) 有票面值股票和无票面值股票。这主要是根据股票是否记明每股金额来划分的。有票面值股票是在股票上记载每股的金额;无票面值股票只是记明股票和公司资本总额,或每股占公司资本总额的比例。

(3) 单一股票和复数股票。这主要是根据股票上表示的份数来划分的。单一股票是指每张股票表示一股;复数股票是指每张股票表示数股。

(4) 表决权股票和无表决权股票。这主要是根据股票持有者有无表决权来划分的。普通股股票持有者都有表决权,在某些方面享有特别利益的优先股股票持有者,在表决权上常受到限制。无表决权的股东不能参与公司决策。

红筹股和蓝筹股

红筹股是指在中国境外注册、在香港上市但主要业务在中国内地或大部分股东权益来自中国内地的股票。早期的红筹股,主要是一些中资公司收购香港的中小型上市公司后重组而形成的;此后出现的红筹股,主要是内地一些省市或中央部委将其在香港的窗口公司改组并在香港上市后形成的。红筹股已经成为内地企业进入国际资本市场筹资的一条重要渠道。但红筹股不属于外资股。

蓝筹股中的"蓝筹"缘于西方的赌场,蓝色的筹码最为值钱,投资者将那些在其所属的行业内占有重要支配地位、业绩优良、成交活跃、红利优厚的大公司股票称为蓝筹股。

任务四 证券投资基金

一、证券投资基金的概念及性质

(一) 证券投资基金的概念

证券投资基金是一种利益共享、风险共担的集合证券投资方式,即通过基金发行单位，集中投资者的资金交由基金托管人托管，由基金管理人管理和运用资金，从事股票、债券等金融工具投资，并将投资收益按基金投资者的投资比例进行分配的一种间接投资方式。

（二）证券投资基金的性质

（1）证券投资基金是一种积少成多的集合投资方式。证券投资基金发起人通过发行基金受益凭证从广大投资者那里聚集巨额资金，交给基金管理人进行专业化管理和经营，以达到利用专家知识、集体投资、分散风险、提高收益的目的。

（2）证券投资基金是一种投资工具。投资基金向社会公开发行的受益凭证被称为基金证券，也叫作基金单位。它和股票、债券一样可以成为证券市场的买卖对象，都是证券市场上的金融商品，但又有别于股票和债券。它是由基金发起人向社会公开发行的，表示持有人按其所持份额享有资产所有权、收益分配权和剩余资产分配权的凭证。

（3）世界各国和地区对证券投资基金的称谓有所不同。证券投资基金在美国被称为"共同基金"，在英国及我国香港特别行政区被称为"单位信托基金"，在日本和我国台湾省被称为"证券投资信托基金"。尽管称谓不一，形式不同，其实质都是一样的，都是将众多分散的投资者的资金汇集起来，交由专家进行投资管理，然后按投资份额分配收益的一种投资工具。

二、证券投资基金的特征

（一）组合投资、分散风险

证券投资基金通过汇集众多中小投资者的资金，形成雄厚的资金实力，再分散投资于不同地区、不同行业的多种股票、债券、期货等金融工具，可以最大限度地降低投资风险。根据投资专家的统计研究，在股票市场上分散风险，至少要投资10种以上的股票，而中小投资者由于资金有限，通常无力做到这一点。证券投资基金将众多中小投资者的小额资金汇集成一笔数额较大的资金后，就可以实现这一目标。因此，投资者以少量资金投资于基金，就相当于投资了几十种甚至几百种证券，可以实现资产组合的多样化，达到分散投资风险的目的。

（二）专家经营、专业化管理

为了保证证券投资基金资产的安全，基金资产的运作实行管理与保管相分开的原则。基金管理人负责基金的投资操作，但并不参与基金资产的保管，基金资产的保管由独立于基金管理人的基金托管人负责。这种相互制约、相互监督的制衡机制给投资者的利益提供了重要的保障。基金管理人一般拥有大量的专业投资研究人员和强大的信息网络，能够很好地对证券市场进行全方位的动态跟踪与深入分析。因此，投资者只需付少量的费用，就可享受到专业性的投资管理服务，尽可能地减少投资决策的失误，提高资产的运作效率。

（三）投资少、费用低

证券投资基金最低投资额的起点要求一般较低，可以满足小额投资者对于证券投资的需求。在我国，每份基金单位面值为人民币1元，证券投资基金最低投资额一般较低（目前我国封闭式基金最低可买100个基金单位，开放式基金最低投资金额为1 000元）。投资者可以根据自己的财力决定购买多少基金份额，从而解决了中小投资者"资金少、入市难"

的问题。

投资基金将小额资金汇集起来，其经营具有规模优势，可以降低交易成本。此外，很多国家和地区为了支持基金业的发展，还对基金的税收给予优惠，使投资者通过基金投资证券所承担的税赋不高于直接投资于证券所承担的税赋。这样，就大大减少了基金的投资费用。

（四）流动性强、变现性高

证券投资基金的买卖程序非常简便。对开放式基金而言，投资者既可以向基金管理公司直接购买或赎回，也可以通过证券公司等代理销售机构购买或赎回，或委托投资顾问机构代为买卖。对封闭式基金而言，可以在证券交易所或者柜台市场上市交易，买卖程序与股票相似。因此，证券投资基金大多有较强的流动性，这种较高的变现能力在给投资者带来盈利机会的同时，也可在一定程度上避免不利的市场环境给投资者带来的损失，这也是吸引投资者投资证券投资基金的有利因素。

相关链接

证券投资基金与股票、债券的区别

证券投资基金属于一种组合投资工具，与股票、债券的区别主要有以下几点。

(1)投资者的地位不同。股票投资者是公司的股东，享有股东权益，反映的是所有权关系；债券的投资者是债券发行人的债权人，享有到期收回本金和利息的权利，反映的是债务关系；证券投资基金的投资者是基金的受益人，反映的是信托关系。

(2)风险收益情况不同。一般情况下，股票的收益不确定，其大小取决于股份公司的经营效益和股利政策，投资股票风险较大，收益也较高；债券的收益率一般是事先确定的，收益比较稳定，本金安全性很高，风险性小；而证券投资基金由于实现了组合投资，把资金投资于不同种类的有价证券，分散了风险，从理论上讲，证券投资基金的风险和收益水平高于债券但小于股票。

(3)投资方式不同。股票和债券是一种直接投资工具，所筹集的资金主要由筹资者投向于实业；而证券投资基金是一种间接投资工具，其所筹集的资金交由基金管理人进行管理，主要投向有价证券。

(4)投资回收方式不同。股票投资是无限期的，除非公司破产清算，投资者不得从公收回投资，如要收回资金，只能在证券市场上转让变现。债券投资有一定期限，期满后可以收回本金。证券投资基金则视所持有的基金形态不同而有区别：封闭式基金有一定的期限，到期后，投资者可按持有的份额分得剩余资产，在到期前也可以在交易市场上转让变现；开放式基金没有期限，投资者可以随时向基金管理人要求赎回基金。

三、证券投资基金的分类

根据证券投资基金的组织形式、投资渠道、资金募集方式的不同，可对其进行不同的分类。

▶ 1. 按照组织形式划分，证券投资基金可以分为契约型基金和公司型基金

契约型基金也称信托型基金，是指以信托法为基础，根据当事人各方之间订立的信托

契约，由基金发起人发起设立的基金，基金发起人向投资者发行基金单位筹集资金。公司型基金是指以公司法为基础设立，通过发行基金单位筹集资金并投资于各类证券的基金。公司型基金的认购人和持有人是基金的股东，股东选举产生的董事会代表股东负责基金运作的相关事宜。

▶ 2. 按照基金单位是否变动划分，基金可分为封闭式基金和开放式基金

封闭式基金和开放式基金的主要区别如表 1-1 所示。封闭式基金是指基金单位的数目在基金设立时就已确定，在基金存续期内基金单位的数目一般不会发生变化，但出现基金扩募的情况除外。尽管封闭式基金的基金单位数不变，但基金的资产规模随单位资产净值的变化而变化。由于封闭式基金发行的是不可赎回证券，基金不必随时准备将基金资产变现以应对投资者赎回的请求。开放式基金是指基金股份总数是可以变动的基金，它既可以向投资者销售任意多的基金单位，也可以随时应投资者要求赎回已发行的基金单位。基金单位总数的变动必然带来基金资产的变化。如果基金向投资者发行新的股份，基金就可以用新筹集的资金进行投资，基金的资产也相应增加；如果投资者赎回基金股份，基金则将投资组合中的现金或非现金资产变现用于支付。

表 1-1 封闭式基金与开放式基金的区别

	封闭式基金	开放式基金
基金规模和存续期限	存续期内基金规模不变	基金单位根据投资人申购和赎回的需要而随时增减
交易关系	交易在基金投资者之间完成	申购和赎回始终在基金投资者和基金管理者之间
交易价格	由市场供求关系确定	根据基金单位资产净值增加、减少的一定费用确定
交易费用	在基金价格之外要付出一定比例的证券交易税和手续费	投资者需要缴纳的费用均包含在基金价格之中
投资策略	流动性要求相对较低，可采用长期投资策略	为应付投资者赎回的需要，保留现金更多，一般投资于变现能力较强的资产
基金管理人的约束	对基金管理人的约束相对较弱	由于受到流动性限制，对基金管理人的约束能力较强

▶ 3. 按照投资渠道的不同，可分为股票基金、债券基金、货币市场基金

股票基金的投资标的主要是股票，债券基金的投资标的是债券，而货币市场基金的投资标的主要为货币市场的金融产品，如短期国债、外汇等。

▶ 4. 按照是否公开发行，可分为公募基金和私募基金

公募基金是向社会不特定公众发行，而私募基金则向特定对象发行。在美国，公募发行的公司型基金通常被称为共同基金，而私募基金主要为对冲基金。

投资之"道"

在每年的业绩浪中，绩优成长股几乎都能得到市场的追捧。投资者买入股票获利的渠

道可以概括为两大方面：一是二级市场的买卖价差；二是上市公司的分红。巴菲特认为，衡量上市公司是否值得投资的基本标准是持续稳定的盈利能力，赚钱才是硬道理。

巴菲特在1988—1989年，以13亿美元投资可口可乐，至今已盈利70亿美元。除了超级长期稳定业务和超级经济特许权等持续竞争优势外，巴菲特还看中可口可乐的超级产品盈利能力和超级资本配置能力，例如可口可乐在过去十年里营业收入增长了2.75倍。

我们听说过很多关于巴菲特的故事。他在证券投资中所积累的经验更是为人们所津津乐道，其中巴菲特投资理念精华的"三要三不要"理财法更是被崇拜者奉为"圣经"。

要投资那些始终把股东利益放在首位的企业。巴菲特总是青睐那些经营稳健、讲究诚信、分红回报高的企业，它们最大限度地避免股价波动，确保投资的保值和增值；而对于总想利用配股、增发等途径榨取投资者血汗的企业一概拒之门外。

要投资资源垄断性行业。从巴菲特的投资构成来看，道路、桥梁、煤炭、电力等资源垄断型企业占了相当份额，这类企业一般是外资入市并购的首选，同时独特的行业优势也能确保效益的平稳。

要投资容易了解、前景看好的企业，巴菲特认为凡是投资的股票必须是自己了如指掌的，并且是具有较好行业前景的企业。不熟悉、前途莫测的企业即使被说得天花乱坠也毫不动心。

不要贪婪。1969年整个华尔街进入了投机的疯狂阶段，面对连创新高的股市，巴菲特却在手中股票涨到20%的时候就非常冷静地悉数全抛。

不要跟风。2000年，全球股市出现了所谓的网络概念股，巴菲特却称自己不懂高科技，没法投资，一年后全球出现了高科技网络股股灾。

不要投机。巴菲特常说的一句口头禅是：拥有一只股票，期待它下个早晨就上涨是十分愚蠢的。

看完以上内容，你觉得你会是一名合格的投资者吗？

资料来源：巴菲特是有史以来最伟大的投资家．[2023-3-20]. https://www.docin.com/p-83471527.html.

任务五　金融衍生证券

20世纪70—90年代，随着金融自由化和国际化的逐步发展，任何有价资产的持有者都会面临由汇率或利率变动而造成直接损失或间接损失的风险。虽然分散资产可以降低非系统性风险，但对系统性风险却完全没有帮助。因此，市场对一些能够对冲风险的工具需求十分殷切。在高度自由竞争的环境下，金融衍生工具市场的出现满足了这类需求，这其实是一个很自然的过程。金融衍生工具是以合约形式制定的，其价值往往引申自另一个或多个基础变数。这些变数可以是任何形式的资产价格，如股票、货币、商品等资产价格，亦可以是指数或其他经济指标等。金融衍生工具市场能够迅速发展到今天的规模，还有赖于其他因素，包括科技和计算机技术的进步、银行和金融机构的积极推广、相关理论的形成等。

一、金融衍生工具市场参与者

市场上从事金融衍生工具买卖的参与者，基本上分为三类：对冲者（hedgers）、投机者（speculators）和套利者（arbitrageurs）。对冲者又称保值者，其主要目的是避免或降低面对的风险；投机者则与对冲者相反，投机者期望的是市场未来的不确定性，他们并不一定持有资产，或对未来投资做保值，而在于获得资产未来真实价格和现在的远期价格之间的差额；套利者是通过两个或以上的不同市场，同时买卖某一种（或两种类似的）资产或商品，以期获得无风险的利润。

二、金融衍生工具的基本特征

由金融衍生工具的定义可以看出，它们具有以下四个显著特征。

▶ 1. 跨期性

金融衍生工具是交易双方通过对利率、汇率、股价等因素变动趋势的预测，约定在未来某一时间、按照一定条件进行交易或选择是否交易的合约。无论是哪一种金融衍生工具，都涉及未来某一时间金融资产的转移，跨期交易的特点十分突出，这就要求交易双方对利率、汇率、股价等价格因素的未来变动趋势做出判断，而其判断的准确与否直接决定了其在交易中的成败。

▶ 2. 杠杆性

金融衍生工具交易一般只需要支付少量的保证金或权利金就可签订远期大额合约或互换不同的金融工具。例如，期货交易保证金通常是合约金额的5%，也就是说，期货投资者可以控制20倍于所投资金额的合约资产，实现以小博大。因此，金融衍生工具交易具有杠杆效应，保证金越低，杠杆效应越大，风险也就越大。在收益可能成倍放大的同时，投资者所承担的风险与损失也会成倍放大，基础工具价格的轻微变动也许就会带来投资者的大悲大喜。

▶ 3. 联动性

联动性是指金融衍生工具的价值与基础产品或基础变量紧密联系、规则变动。通常金融衍生工具与基础变量相联系的支付特征由衍生工具合约规定，其联动关系既可以是简单的线性关系，也可以表达为非线性函数或者分段函数。

▶ 4. 不确定性或高风险性

金融衍生工具的成败有赖于投资者对未来市场价格的预测和判断，金融工具价格的变幻莫测，决定了金融衍生工具交易盈亏的不稳定性，也成为金融衍生工具高风险性的重要诱因。金融衍生工具的风险性不仅仅在于金融工具的不确定性一个方面，国际证券交易组织在一份报告中认为金融衍生工具还伴随着以下几种风险：①交易中对方违约，没有履行所做承诺而造成损失的信贷风险；②因资产或指数价格不利变动而可能带来损失的市场风险；③因市场缺乏交易对手而导致投资者不能平仓或变现所带来的流动性风险；④因交易对手无法按时付款或交割而可能带来的结算风险；⑤因交易或管理人员的人为错误或系统故障、控制失灵而造成的运作风险；⑥因合约不符合所在国法律，无法履行或合约条款遗漏及模糊而导致的法律风险。

三、金融衍生工具的类型

金融衍生工具按照不同的标准,可以划分成不同的类型。

(一) 按照基础工具种类划分

按照基础工具种类划分,金融衍生工具可以划分为股权式衍生工具、货币衍生工具和利率衍生工具。

▶ 1. 股权式衍生工具

股权式衍生工具是指以股票或股票指数为基础工具的金融衍生工具,主要包括股票期货、股票期权、股票指数期货、股票指数期权以及上述合约的混合交易合约。

▶ 2. 货币衍生工具

货币衍生工具是指以各种货币作为衍生工具的金融衍生工具,主要包括远期外汇合约、货币期权、货币互换以及上述合约的混合交易合约。

▶ 3. 利率衍生工具

利率衍生工具是指以利率或利率的载体为基础工具的金融衍生工具,主要包括远期利率协议、利率期货、利率期权、利率互换以及上述合约的混合交易合约。

(二) 按照基础工具的交易形式划分

按照基础工具的交易形式,金融衍生工具可以划分为两类。

第一类是交易双方的风险收益对称,都负有在将来某一日期按一定条件进行交易的义务。属于这一类的有远期合约、期货合约、互换合约。

第二类是交易双方风险收益不对称,合约购买方有权选择履行合约与否。属于这一类的有期权合约、认股权证、可转换债券等。

(三) 按照金融衍生工具自身交易的方法及特点划分

按照金融衍生工具自身交易的方法及特点可以分为金融远期、金融期货、金融期权、金融互换。

▶ 1. 金融远期

金融远期是指合约双方同意在未来日期按照固定价格交换金融资产的合约。金融远期合约规定了将来变换的资产、交换的日期、交换的价格和数量,合约条款因合约双方的需要不同而不同。金融远期合约主要有远期利率协议、远期外汇合约和远期股票合约。

▶ 2. 金融期货

金融期货是指买卖双方在有组织的交易所内公开竞价的形式达成的,在将来某一特定时间交收标准数量特定金融工具的协议。主要包括货币期货、利率期货和股票指数期货三种。

▶ 3. 金融期权

金融期权是指合约双方按约定价格,在约定日期内就是否买卖某种金融工具所达成的契约,包括现货期权和期货期权两大类。

▶ 4. 金融互换

金融互换是指两个或两个以上的当事人按共同商定的条件,在约定的时间内交换一定支付款项的金融交易,主要有货币互换和利率互换两类。

思考问答

一、名词解释

证券投资 投资 实物投资 金融投资 长期投资

二、简答题

1. 简述证券投资的含义及要素。
2. 简述证券投资学的研究对象。
3. 简述证券投资理论的形成与发展。

在线自测

项目二 证券市场

学习目标

1. 掌握证券发行市场、证券交易市场的概念和功能。
2. 掌握学习证券交易市场的定义、功能、结构及分类。
3. 掌握证券市场监管的主要内容。

问题导入

中国证券市场与西方证券市场有哪些不同?

情景写实

证券市场是谁的财富盛宴

是不是上市公司的老总们最赚钱呢?创业板首批28只股票上市后,一天就造就了123位亿万富翁。但是,也有一些身家上亿的老总,因为经营不善,股票退到三板,身家大跌;也有因违法经营,触犯法律而锒铛入狱,失去自由,成为阶下囚的。总之,上市公司的老总有一夜暴富的,也有身败名裂的,最终不一定都赚钱。沪深证券交易所是国家直接主办的,主要为企业融资服务,并不以营利为主要目的。是不是金融机构、基金管理公司最赚钱呢?到了熊市,他们也赔得一塌糊涂。至于说到散户群,历来是赚少赔多。

【问题】"商场如战场"描述了商场竞争的激烈程度和残酷性,那么证券市场上的竞争是否也很激烈。

【解析】与普通商品市场相比,证券市场竞争的激烈程度和残酷性更是有过之而无不及。

任务一 证券市场概述

一、证券市场的概念及分类

(一) 证券市场的概念

证券市场是股票、债券、证券投资基金份额等证券发行和交易的场所。从证券市场的功能和机制上理解,证券市场实质上是资金供需双方通过竞争以决定资金价格的场所。在这个市场上,资金供需双方不通过中介而直接接触,竞价和交易行为受市场法规的约束,具有很高的市场效率和很强的竞争性，这使资金价格在价值规律的基础上形成，并保证了资金的合理流向。

证券作为一种书面证明，体现了一种经济关系，即资金供需双方通过证券买卖所形成的借贷关系。证券市场则是这类经济关系的总和。国家、企业、个人等各种投资主体参与其中，各种信息在这里交换传递，一个个经济机会在这里创造出来，代表不同利益的各种力量和各方面因素在这里汇集，由此而形成的证券市场为证券所代表的经济关系提供经济和法律上的保证和支持。综上所述，证券市场就是提供有效的竞争买卖证券的场所，是证券所体现的各种经济关系的总和。

（二）证券市场的分类

按照不同的标准，可以对证券市场进行不同的分类。

▶ 1. 按照市场职能不同分类

证券市场按照市场的职能不同可以分为证券发行市场和证券流通市场。证券发行市场又称为一级市场或初级市场，是证券发行人为筹集资金，按照一定的法律规定和发行程序，向投资者发售新证券的市场。证券发行一般是通过证券经营机构进行的，有时也在发行者和投资者之间直接进行。证券流通市场又称为二级市场或次级市场，是已发行证券的交易场所。投资者之间不断地进行着证券的交易和转让，于是产生了证券流通市场。正是通过证券流通市场各类证券得以顺利流通，并形成一个公开、合理的价格，以实现货币资本和证券资本的相互转化。

证券发行市场和流通市场相互依存、互相制约，是一个不可分割的整体。证券发行市场是流通市场的基础和前提，有了发行市场的证券供应，才有流通市场的证券交易，证券发行的种类、数量和发行方式决定着流通市场的规模和运行。流通市场是证券得以持续扩大发行的必要条件，为证券的转让提供市场条件，使发行市场充满活力。此外，流通市场的交易价格制约和影响着证券的发行价格，是证券发行时需要考虑的重要因素。

▶ 2. 按照交易对象不同分类

证券市场按照交易的对象不同可以分为股票市场、债券市场和基金市场。股票市场是指股票发行和买卖交易的场所。股票市场为股份制公司的设立和发展提供股权筹资的通道，也为投资者参与各行业发展、分享企业成长收益提供了机会。债券市场是公开进行债务融资的市场，通过各种债券的发行和交易实现投融资活动，形成各种债权债务关系。与股票市场一样，它也可以分为发行市场和流通市场。债券发行市场是债券发行人初次出售新债券、筹集资金的场所；债券流通市场则是已发行债券买卖转让的场所，它给投资者提供了债券变现的场所，从而实现了债券的流动性。基金市场是指进行基金证券自由买卖和转让的市场。证券投资基金是一种利益共享、风险共担的集合投资制度，通过发行基金证券，集中投资者的资金，并由专业管理机构代为进行股票、债券等金融工具的投资。

▶ 3. 按照市场组织形式不同分类

证券市场按照市场组织形式不同可以分为场内交易市场和场外交易市场。场内交易市场是由证券交易所组织的集中交易市场，它有固定的交易场所和交易时间，以符合有关法规的上市证券为交易对象，交易者为具备一定资格的会员证券公司及特定的经纪人和证券商，一般投资者只能通过证券经纪商进行证券买卖。证券交易所制定各种规则，对证券商和投资者的交易活动进行监管，以保证证券交易活动正常、持续、高效进行。同时交易所还为投资者提供各种服务,如上市公司资料、财务状况、交易报价、股利分配等信息。在大多数国家,场内交易市场是最重要的证券交易市场。场外交易市场,又称为柜台交易市场或店头交易市场,是指在交易所外进行证券交易的市场。场外交易市场通常没有固定的交易场所,是一种分散的、无形的市场,通过先进的电子交易网络和技术联结起来,交易时间也比较灵活。其交易对象以未上市证券为主,也包括一部分上市证券。投资者既可以委托证券经纪商进行买卖,也可以直接与证券自营商交易。目前,美国的纳斯达克市场是场外交易市场的典型代表。

二、证券市场的参与者

证券市场通常由证券投资者、证券发行人、证券交易场所、证券经营机构、其他证券中介机构、证券监管机构和自律组织构成。

(一)证券投资者

证券投资者是证券市场的资金供给者,也是证券的需求者和购买者。投资者是最重要的市场主体,包括个人投资者和机构投资者。

▶ 1. 个人投资者

个人投资者是指从事证券买卖的居民个人,其目的是对其剩余、闲置的货币资金加以运用,以图实现其保值或增值。个人投资者的特点是资金量一般较小,单个投资能力有限,除了注重证券的收益性之外,还要求有较高的变现性。个人投资者的数量众多,其集合资金总额相当可观。在发达国家,个人投资者一般通过证券经纪人或购买基金间接参与证券市场,这有利于集中分散资金,降低交易成本,防范交易风险。目前,我国的个人投资者多数直接参与证券市场交易。

▶ 2. 机构投资者

机构投资者是指从事证券买卖的法人单位,主要有非金融企业、金融机构和政府部门等。与个人投资者相比,其资金实力雄厚,投资分析和决策能力强,有较强的抗风险能力,对证券市场的影响力较大,各类机构投资者的投资目的各不相同。

非金融企业既是证券的发行者,也是证券的投资者。其发行的证券有股票、公司债券、可转换债券等,投资目的是资金的保值、增值,或参股、控股、兼并收购等。

金融机构投资者包括商业银行、证券经营机构、保险公司、投资基金等,是金融证券的发行人和证券市场上主要的投资者,其资金实力和特殊的经营性质,决定了它在证券市场中举足轻重的地位。

最大的政府机构投资者是中央银行,它主要是在国债市场上进行投资,目的是调节货币流通量,控制通货膨胀,稳定币值,实现货币政策目标。

相关链接

证券市场的投资者

机构投资者是市场的中间和核心力量,对市场起主导作用。机构投资者有政策面、资金面、消息面等信息的优势,以波段操作为主,趋势特征较为明显。机构投资者通常掌握大多数指标股和大市值股票,能影响大盘指数,有风险控制系统及严明的操作纪律和止损的原则。

私募资金和游资持有者：指一些个人大户或民营企业的集合，资金通常在1 000万元以上，通常以快进快出做相对波段为主，但无法构成市场的中坚力量。

散户投资者资金少、信息不灵通、容易情绪化，操作经常随意化，过多追求短线，经常跟风追涨杀跌，没有投资计划，缺少风险控制等。但其优点是"船小好掉头"，资金进出迅速，如果技术功底过硬，有较深的知识储备，有严明的操作纪律和止盈止损控制系统，通常比基金经理人做得更优秀。

（二）证券发行人

证券发行人是资金的需求者和证券的供给者，它通过在市场上发行股票、债券等各类证券来筹集资金。证券发行人包括企业、金融机构、政府部门。

▶ 1. 企业

企业发行的证券包括股票和企业债券，其目的是筹集企业生产经营所需资金。股份有限公司既可以发行股票，也可以发行公司债券，而有限责任公司和国有独资公司只能发行公司债券来筹集资金。

▶ 2. 金融机构

金融机构发行证券的主要形式是金融债券，它筹集资金的目的是向其他资金需求者提供资金，是资金供给双方的中介。金融机构通过发行金融债券筹集资金，然后通过贷款、投资等形式，投放资金并获得利差收益。由于多数金融机构的资金实力雄厚，信用等级高，因此金融债券的发行利率一般低于普通企业债券。

▶ 3. 政府部门

政府发行债券的目的主要包括弥补财政赤字、筹集建设资金、实施宏观调控等。发行人是财政部，其发行是以国家信用做保证的，通常认为不存在信用风险，具有很高的安全性，有"金边债券"之称。各国的国债市场都比较发达，可以保证其流动性。

（三）证券交易场所

证券交易场所包括集中的场内交易市场和分散的场外交易市场。场内交易是通过证券交易所进行的。证券交易所是根据国家有关法规，经证券监管部门批准成立的证券集中交易的有形场所，各类符合规定条件的证券都可以在证券交易所挂牌上市。它为证券投资者提供了一个公开的、稳定的、高效率的市场。证券交易所有公司制和会员制两种形式。目前，世界上著名的证券交易所主要有美国的纽约证券交易所、英国的伦敦证券交易所、日本的东京证券交易所、德国的法兰克福证券交易所和中国香港地区的联合交易所。中国内地目前有上海证券交易所、深圳证券交易所和北京证券交易所。场外交易目前主要通过先进的电子技术和发达的通信网络进行，市场覆盖范围越来越大，在证券交易场所中的地位也逐步提高。目前最著名的场外交易市场是美国的纳斯达克市场，我国主要的场外交易市场包括银行间债券市场、代办股份转让系统、债券柜台交易市场。

（四）证券经营机构

证券经营机构是经证券监管机构批准成立的，在证券市场上经营证券业务的金融机构。其业务范围较广泛，包括代理证券发行、代理证券买卖或自营证券买卖、兼并收购业务、研究咨询服务、金融创新以及其他相关业务。按其业务范围，证券经营机构可以分为证券承销商、证券经纪商和证券自营商。一家证券经营机构可以具有一个或同时具有多个职能。

证券经营机构在各国的业务范围有所差别，对证券经营机构的称谓也不尽相同。在美国，把经营证券业务的非银行金融机构，特别是从事发行承销业务和兼并收购业务的金融机构统称为投资银行，以区别于经营存贷业务的商业银行，而那些经营经纪业务的证券经营机构则称为证券公司。日本的证券经营机构称为证券公司，英国称为"商人银行"，而允许银行、证券合业经营的德国等国家将证券经营机构称为"全能银行"。

我国实行银行和证券分业经营，商业银行只能参与除股票以外的其他证券业务，而经国务院证券监管机构批准成立的证券公司则实行分类管理，确定其相应的业务范围。综合类的证券公司可以从事证券经纪、自营、承销和证券监管机构核定的其他证券业务，经纪类的证券公司只允许专门从事证券经纪业务。

（五）其他证券中介机构

证券中介机构是除了证券经营机构外，在证券市场上为各类市场参与者提供服务的机构，包括从事证券业务的会计师事务所、律师事务所、资信评估机构、登记清算机构、证券投资咨询公司、证券金融公司等。

《中华人民共和国证券法》（以下简称《证券法》）对证券登记结算机构和证券交易服务机构做了明确规定，包括其资格认定、管理办法、业务范围、收费标准和法律责任各个方面。

（六）证券监管机构和自律组织

证券监管机构是证券市场的重要组成部分，它根据证券法规对证券的发行和交易，以及各类市场主体的市场行为实施监督与管理，以维护市场秩序，促进证券市场的有序运行和健康发展。由于各国的证券市场监管模式不同，证券监管机构的设置也不尽相同。如美国采取的是集中立法管理模式，由美国证券交易委员会负责制定和执行证券法律，统一对证券市场实行监督和管理。以英国为代表的一些国家则采取自律管理模式，英国证券业理事会和证券交易所协会是证券监管体系的核心机构。另外，还有的国家采取以政府机构，如财政部、中央银行等为主体的监管机构体系。

目前，中国证券监督管理委员会（后文简称证监会）是直属国务院的证券监督管理机构，全权负责我国证券、期货业务的监管和建立全国统一的证券期货监管体系。

证券自律组织是指各类证券行业性组织，它们根据证券法规和行业规定，履行法定职责，实施自我监管。《证券法》明确规定："证券业协会是证券业的自律性组织，是社会团体法人。证券公司应当加入证券业协会。证券业协会的权力机构为全体会员组成的会员大会。"

三、证券市场的功能

证券市场是市场经济中一种高级的市场组织形态，是市场经济条件下资源合理配置的重要场所。世界经济发展的历史证明，证券市场不仅可以推动本国经济的迅速发展，而且对国际经济一体化也具有深远的影响。因此，证券市场在整个市场经济体系中发挥着重要功能。证券市场的功能主要表现为以下几个方面。

（一）融通资金的功能

证券市场的首要功能是融通资金。在市场经济条件下，要使社会再生产顺利进行，要求市场主体能够迅速地筹集到所需的长期、巨额资金。对于企业来说，融资方式主要包括银行间接融资和发行证券直接融资。企业通过发行证券所筹集的资金，具有长期稳定的优点，如发行股票可以迅速地把社会闲散资金汇集成长期资本，而且可以无限期使用；发行债券则可以根据企业自身的需要确定融资条件和期限，使用时一般也不受债权人的限制。对于政府而言，传统的税收收入远远不能满足日益增长的财政支出，而通过发行政府债券，可以迅速地筹集长期、巨额资金，投入到生产建设之中，而且发行政府债券目前已经成为世界各国弥补财政赤字的最主要手段。

（二）配置资源的功能

现代市场经济中最重要的资源是资金，证券市场配置资源主要是对资金进行有效配置，发挥资金的导向作用。证券市场中的证券价格取决于证券的收益率，而投资者选择投资对象时的主要参考依据就是证券的收益水平和风险大小。一般而言，生产经营有方、技术先进、产品市场广阔的企业有良好发展前景，效益较好，对投资者的吸引力较强。投资者可以通过各种市场信息渠道了解企业状况，选择投资对象。那些符合经济发展需要的、经济效益好的企业吸引到大量的资金，而那些业绩差、前景黯淡的企业则难以过证券市场获得所需资金，从而使资金在各产业部门之间进行再分配。因此，证券市场在引导社会资金流向、调整产业结构方面发挥着重要作用。20世纪90年代以来，高新技术产业上市公司的迅猛发展就是证券市场优化资源配置的典型。

此外，政府在证券市场发行债券融资，一般无信用风险，而且收益稳定，流动性较好，很容易吸收大量的社会资金，从而引导社会资金投入到符合国民经济发展要求的行业和项目中去，减少资金的盲目使用，使有限的资源得到合理配置。

（三）转换机制的功能

企业如果要通过证券市场筹集资金，必须改制为股份有限公司。股份有限公司组织形式是社会化大生产和现代市场经济发展的产物，这种企业组织形式对企业所有权和经营权进行了分离，并且有一系列严格的法律、法规对其进行规范，使企业能够自主地提高经营管理水平和资金使用效率。而且企业成为上市公司之后，会一直处于市场各方面的监督和影响之中：股益与企业效益息息相关，因此它们必然会关心企业的生产经营和发展前景；企业股票价格的涨跌会直接影响企业形象，而且长期经营不善的企业会成为收购兼并的对象；证券监管部门和市场中介机构也会对企业实施一定的监督和制约，这些都是企业健康发展的促进因素。

总之，企业上市之后，有利于形成产权清晰、权利明确、政企分开、管理科学的治理结构，有利于企业经营管理的规范化、科学化和制度化，有利于健全企业的风险控制机制和激励机制。

（四）宏观调控的功能

证券市场是国民经济的"晴雨表"，它能够灵敏地反映社会政治、经济发展的动向，为经济分析和宏观调控提供依据。证券市场的动向是指市场行情的变化，通常用证券价格指数来表示。如果在一段时间内，国家政治稳定，经济繁荣，整体发展态势良好，证券价格指数就会上升；反之，如果政治动荡，经济衰退，或发展前景难以预测，证券价格指数就会下跌。如1999年，美国的道琼斯指数屡创新高，突破万点大关，正是美国经济持续发展、长期保持较低失业率的良好经济态势的反映。

政府可以通过证券市场行情的变化对经济运行状况和发展前景进行分析预测，并且利用证券市场对经济实施宏观调控。政府利用证券市场进行宏观调控的手段主要是运用货币政策的三大工具——法定存款准备金率、再贴现率和公开市场业务。特别是公开市场业务，完全依托证券市场来运作，通过证券的买入卖出调节货币的供给，影响和控制商业银行的经营，进而实现调节和控制整个国民经济运行的目的。

（五）分散风险的功能

证券市场不仅为投资者和融资者提供了丰富的投融资渠道，而且还具有分散风险的功能。对于上市公司来说，通过证券市场融资可以将经营风险部分地转移和分散给投资者，公司的股东越多，单个股东承担的风险就越小。另外企业还可以通过购买一定的证券，保持资产的流动性和提高盈利水平，减少对银行信贷资金的依赖，提高企业对宏观经济波动的抗风险能力。对于投资者来说，可以通过买卖证券和建立证券投资组合来转移和分散资产风险。投资者往往把资产分散投资于不同的对象，证券作为流动性、收益性都相对较好的资产形式，可以有效地满足投资者的需要，而且投资者还可以选择不同性质、不同期限、不同风险和收益的证券或证券组合，分散投资风险。

任务二　证券发行市场

一、证券发行市场的概念与特点

（一）证券发行市场的概念

证券发行市场是新证券首次向社会公众发行的市场，也称初级市场，由发行者、投资者和证券中介机构组成。证券发行市场一方面为资金的需求者提供筹集资金的场所，另一方面为资金的供给者提供投资获利的机会，同时通过新证券发行创造出新的金融投资品种，增加有价证券总量和社会投资总量，是实际资本职能转化的场所。

（二）证券发行市场的特点

证券发行市场是证券交易市场的基础，它与证券交易市场构成一个统一的整体，两者相辅相成，相互联系，相互依赖。证券发行市场相对于证券流通市场而言，主要具有以下特点。

▶ 1. 没有固定场所

从空间上看，证券发行市场没有固定的场所，既可以利用交易所的交易系统实现发行，也可以在证券公司或银行等其他金融机构的柜台发行；既可以由发行者自行向投资者发售，也可以由投资银行承销后再向投资者分销，更普遍的做法是由证券机构进行承销。

▶ 2. 没有统一的交易时间

从时间上看，证券发行市场没有统一的发售时间，一般也没有例行的规定和要求，发行者可以根据自己的需要和市场行情自行选择何时发行。但每次具体的发行都有发行期限的限制，时间比较集中。

▶ 3. 证券发行价格的确定十分复杂

从价格确定机制上看，证券发行价格的确定十分复杂，往往由发行机构根据发行主体的资产净值情况及发展状况，在充分了解市场需求信息的基础上，采用一定的投标竞价方式来确定。证券发行价格一般与证券票面价格较为接近，尤其是债券，通常是按照其票面面值发行。

二、证券发行的基本原则

我国证券发行的基本原则可以概括为以下三个方面。

(一) 核准性原则

我国目前对于各类证券的发行采取严格的审查标准制(即核准制),而不是实行注册制。核准制是指任何发行人发行任何证券,以及任何证券进入各种类型的交易市场都必须经过主管机关和证券监管部门的实质性审查和批准。证券发行注册制,实质上是一种发行证券公司的财务公开制度,它要求发行证券的公司提供关于证券发行本身以及同证券发行有关的一切信息,并要求它们对所提供信息的真实性、可靠性承担法律责任,在满足了上述条件的情况下,证券就可以公开发行。

(二) 公开性原则

自从美国在1934年《证券交易法》中确定了公开性原则以来,这一规则为各国证券法所强调,即任何类型的证券发行必须遵循公开性原则,以使得投资者对于其所购买的证券具有充分、真实、准确、完整并不受误导的了解。我国证券法规中关于公开性原则的具体表现主要有:招股文件必须按必要条款和必要内容编制的规则;各类证券招募文件预先披露的规则;证券发行人持续性信息披露责任的规则;发行人和承销人对于信息披露真实性和完整性保证的规则;证券发行方式的规则等。

(三) 公平诚信原则

依照这一原则,证券发行中的欺诈行为、舞弊行为、内幕交易行为、大户操纵行为和其他一切不公平交易行为,均不具有合法效力,并应当承担违法行为责任。

三、证券发行的管理制度

证券发行制度主要有两种:一是注册制,以美国为代表;二是核准制,以欧洲各国为代表。

(一) 注册制

证券发行注册制实行公开管理原则,实质上是一种发行公司的财务公开制度。它要求发行人提供关于证券发行本身以及和证券发行有关的一切信息。发行人不仅要完全公开有关信息,不得有重大遗漏,并且要对所提供信息的真实性、完整性和可靠性承担法律责任。发行人只要充分披露了有关信息,在注册申报后的规定时间内未被证券监管机构拒绝注册,就可以进行证券发行,无须再经过批准。证券发行实行注册制要求发行人向投资者提供证券发行的有关资料,但监管机构并不保证发行的证券资质优良,价格适当。

(二) 核准制

核准制是指发行人申请发行证券,不仅要公开披露与发行证券有关的信息,符合公司法和证券法所规定的条件,而且要求发行人将发行申请报请证券监管机构决定的审核制度。证券发行核准制实行实质管理原则,即证券发行人不仅要以真实状况充分公开为条件,而且必须符合证券监管机构制定的若干适合于发行的实质条件。只有符合条件的发行人经证券监管机构批准后方可在证券市场上发行证券。实行核准制的目的在于证券监管机构能依据法律赋予的职能,使发行的证券符合公众利益和证券市场稳定发展的需要。

四、我国的证券发行制度

我国证券发行制度主要采用注册制。证券发行的注册制又叫"申报制"或"形式审查制"，是指政府对发行人发行证券，事先不作实质性审查，仅对申请文件进行形式审查，发行者在申报申请文件以后的一定时期以内，若没有被政府否定，即可以发行证券。它区别于核准制。

证券发行注册制实行公开管理原则，实质上是一种发行公司的财务公开制度。它要求发行人提供关于证券发行本身以及和证券发行有关的一切信息。发行人不仅要完全公开有关信息，不得有重大遗漏，并且要对所提供信息的真实性、完整性和可靠性承担法律责任。发行人只要充分披露了有关信息，在注册申报后的规定时间内未被证券监管机构拒绝注册，就可以进行证券发行，无须再经过批准。证券发行实行注册要求发行人向投资者提供证券发行的有关资料，但监管机构并不保证发行的证券资质优良，价格适当。

《关于2015年深化经济体制改革重点工作的意见》提出，实施股票发行注册制改革，不仅可以探索建立多层次资本市场转板机制，发展服务中小企业的区域性股权市场，开展股权众筹融资试点。还能够推动利率市场化改革，适时推出面向机构及个人发行的大额存单，扩大金融机构负债产品市场化定价范围，有序放松存款利率管制。加强金融市场基准利率体系建设，完善利率传导机制，健全中央银行利率调控框架，不断增强中央银行利率调控能力。

五、证券发行的方式

证券发行方式的选择对于能否顺利地发售证券、筹足资金是非常关键的。依照不同的分类标准，可以划分出以下几类主要的证券发行方式。

（一）直接发行与间接发行

按证券的发行是否要通过承销机构，可分为直接发行与间接发行。直接发行是指发行人不通过证券承销机构而自己发行证券的一种形式。发行人自己直接发行证券，多是私募发行。间接发行也称承销发行，是指发行人不直接参与证券的发行过程，而是委托给一家或几家证券承销机构承销的一种方式。根据证券承销商与发行人签署的承销条件的不同，间接发行包括代销、包销和助销三种方式。

按照我国《证券法》的规定，股票发行必须采取间接发行的方式，而债券的发行，特别是企业债券的发行则可选择直接发行方式或间接发行方式。

（二）私募发行与公募发行

按发行对象的不同，可分为私募发行与公募发行。私募发行又称不公开发行或内部发行，是指面对少数特定的投资者发行证券的方式。私募发行的对象主要有两类：一是个人投资者，如公司股东或公司内部员工等；二是机构投资者，如大的金融机构或与发行人有密切往来关系的企业等。私募发行的数额一般较小，发行程序也比较简单，所以发行人不必委托中介机构办理推销，可以节省手续费开支、降低成本。但由于私募发行不经过严格的审查和批准，所以一般不能公开上市，流动性较差。

公募发行又称公开发行，是指发行人向不特定的社会公众投资者发售证券。在公募发行的情况下，任何合法的投资者都可以认购证券。公募发行一般数额较大，发行常委托证券承销商代理发行，因而发行成本较高；公募发行须经过严格的审查，发行程序比较复杂，但信用度较高且流通性较好。如果公募发行的证券是债券，其发行利率一般低于私募发行的利率。

（三）初次发行与增资发行

按证券发行时间的不同，可分为初次发行与增资发行。初次发行又称首次发行，是指新组建股份公司时，或原非股份制企业改制为股份公司时，或原私人持股公司转为公众持股公司时，公司首次发行股票。前两种情况又称设立发行，后一种发行又称为首次公开发行。增资发行是指随着公司的发展，业务的扩大，为达到增加资本金的目的而发行股票的行为。股票增资发行，按照取得股票时是否缴纳股金来划分，可分为有偿增资发行、无偿增资发行和有偿无偿搭配增资发行三种。有偿增资发行是指股份公司增发股票时，认购者必须按股票的某种发行价格支付现款才能获取股票的发行方式。无偿增资发行是指公司原股东不必交纳现金就可获得新股的发行方式，发行对象仅限于原股东。

任务三　证券交易市场

一、证券交易市场的定义

证券交易市场也称证券流通市场、二级市场、次级市场，是指对已经发行的证券进行买卖、转让和流通的市场。证券交易市场具有非常重要的功能和作用，第一为证券持有者提供将证券变现的场所；第二为新的投资者提供投资机会的市场；第三为各类有价证券在二级市场上的顺利流通提供条件，有利于形成一个公平合理的价格，并实现货币资本与证券资本的相互转换。

二、证券交易市场的形式

证券交易市场有场内交易市场和场外交易市场两种形式。

（一）场内交易市场

场内交易市场又称证券交易所市场或集中交易市场，是指由证券交易所组织的集中交易市场，有固定的交易场所和交易活动时间，在多数国家它还是全国唯一的证券交易场所，因此是全国最重要、最集中的证券交易市场。证券交易所接受和办理符合有关法令规定的证券上市买卖，投资者则通过证券商在证券交易所进行证券买卖。

▶ 1. 证券交易所的定义

根据我国的《证券法》，证券交易所是为证券集中交易提供场所和设施，组织和监督证券交易，实行自律管理的法人。依法发行的股票、债券及其他证券应当在依法设立的证券交易所上市或者在国务院批准的其他证券交易场所转让。

证券交易所不仅是买卖双方公开交易的场所，而且为投资者提供了多种服务，交易所随时向投资者提供关于在交易所挂牌上市的证券交易情况，如成交价格和数量等；提供发行证券企业所公布的财务情况供投资者参考。交易所制定各种规则，对参加交易的经纪人和自营商进行严格管理，对证券交易活动进行监督，防止操纵市场、内幕交易、欺诈客户等违法犯罪行为的发生。交易所还要不断完善各种制度和设施，以保证正常交易活动持续、高效地进行。

▶ 2. 证券交易所的组织形式

证券交易所的组织形式可以分为会员制和公司制两种。会员制证券交易所是由会员自愿组成，不以营利为目的的社会法人团体。公司制证券交易所是以股份有限公司为组织形式，以营利为目的的法人团体。例如我国的上海证券交易所和深圳证券交易所均为会员制，北京证券交易所为公司制。凡在证券交易所上市交易的股份公司称为上市公司；符合公开发行条件、但未在证券交易所上市交易的股份公司称为非上市公众公司，非上市公众公司的股票将在柜台市场转手交易。

▶ 3. 证券交易所的特征

证券交易所具有如下特征。

（1）集中交易。场内交易市场集中在一个固定的地点（证券交易所），所有的买卖双方必须在证券交易所的管理之下进行证券买卖。

（2）公开竞价。场内交易市场证券的买卖是通过公开竞价的方式形成的，即多个买者对多个卖者以拍卖的方式进行讨价还价。

（3）经纪制度。在场内交易市场买卖证券活动必须通过专业的经纪人，这是多年形成的规矩。

（4）市场监管严密。在场内按照公正、公平、公开的原则进行交易，证券监督部门及证券交易所对从事证券交易各种活动监管严密，以保证场内交易高效有序的运行。

▶ 4. 证券交易所的职能

我国《证券法》规定，证券交易所有如下职能：提供证券交易的场所和设施；制定交易所的业务规则；接受上市申请，安排证券上市；组织监督证券交易；对会员进行监督；对上市公司进行监管；设立证券登记结算机构；管理和公布市场信息；中国证监会许可的其他功能。

▶ 5. 证券交易所的交易原则和交易规则

（1）证券交易所的交易原则是价格优先原则和时间优先原则。价格优先原则即价格较高的买入申报优先于价格较低的买入申报，价格较低的卖出申报优先于价格较高的卖出申报。时间优先原则即同价位申报，依照申报时序决定优先顺序，即买卖方向、价格相同的，先申报者优先于后申报者。先后顺序按证券交易所交易主体接受申报的时间确定。

（2）证券交易所的交易规则包括以下几方面。

① 交易时间。交易所有严格的交易时间，在规定的时间开始和结束交易。

② 交易单位。交易所规定每次申报和成交的数量单位，一个单位为一手（100股），委托买卖的数量通常为100股或者100股的整数倍。卖出股票、基金、权证时，余额不足100股（份）的部分，应当一次性申报卖出。股票、基金、权证交易单笔申报最大数量应当不超过100万股（份），债券交易和债券质押式回购交易单笔申报最大数量应当不超过1万手，债券买断式回购交易单笔申报最大数量应当不超过5万手。

③ 价位。交易所规定每次报价和成交的最小变动单位。我国A股、债券交易和债券买断式回购交易的申报价格最小变动单位为0.01元人民币，基金、权证交易为0.001元人民币，B股交易为0.001美元，债券质押式回购交易为0.005元。

④ 报价方式。现代证券采用电脑报价方式，交易所规定报价规则。

⑤ 价格决定。交易所按照连续、公开竞价方式形成证券价格，当卖方和买方在价格

和数量上取得一致时,便立即成交并形成价格。我国上海、深圳证券交易所的价格决定采取集合竞价和连续竞价方式。集合竞价是指在规定时间内接受的买卖申报一次性集中撮合的竞价方式。连续竞价是指对买卖申报逐笔连续撮合的竞价方式。证券竞价交易按价格优先、时间优先的原则撮合成交。

⑥涨跌幅限制。我国股票、基金交易实行价格涨跌幅限制,其涨跌幅比例为10%,其中ST股票和*ST股票价格涨跌幅比例为5%。股票、基金涨跌幅价格的计算公式为:

涨跌幅价格=前日收盘价×(1±涨跌幅比例)

计算结果按照四舍五入原则取至价格最小变动单位。其中,首次公开发行上市的股票和封闭式基金,增发上市的股票,暂停上市后恢复上市的股票等首个交易日没有价格涨跌幅限制。

⑦大宗交易。在交易所市场进行的单笔买卖证券达到交易所规定的最低限额,可以采取大宗交易方式。我国具体规定如下:A股单笔买卖申报数量应当不低于50万股,或者交易金额不低于300万元人民币;B股单笔买卖申报数量应当不低于50万股,或者交易金额不低于30万元美元;基金大宗交易的单笔买卖申报数量应当不低于300万份,或者交易金额不低于300万元;国债及债券回购大宗交易的单笔买卖申报数量应当不低于1万手,或者交易金额不低于1 000万元;其他债券单笔买卖申报数量应当不低于1 000手,或者交易金额不低于100万元。在上面几个条件下,可采用大宗交易。有涨跌幅限制证券的大宗交易成交价格,由买卖双方在当日涨跌幅价格限制范围内确定。无涨跌幅限制证券的大宗交易成交价格,由买卖双方在前日收盘价的上下30%或当日已成交的最高、最低价之间自行协商确定。大宗交易不纳入即时行情和指数的计算,成交量在大宗交易结束后计入该证券成交总量。

(二)场外交易市场

场外交易市场又称柜台交易或店头交易市场,是证券交易所以外的证券交易市场的总称。场外交易市场没有固定的场所,其交易主要利用电话、传真、计算机网络进行。场外交易市场交易的证券以不在交易所上市的证券为主,在某些情况下也对在证券交易所上市的证券进行场外交易。

场外交易市场与证券交易所的区别是不采取经纪制。投资者与证券商直接进行交易。证券商兼具证券自营商和代理商的双重身份。证券商先行垫入资金买进若干证券作为库存,挂牌对外交易,赚取差价。在场外交易市场上,证券采取一对一的交易方式,不存在公开竞价机制,而是买卖双方协商议价。即证券公司对自己所经营的证券同时挂出买入价和卖出价,并无条件地按买入价与卖出价分别买入、卖出相应证券,券商可随时调整所挂的牌价。

场外交易市场是证券发行的主要场所,为政府债券、金融债券、企业债券以及按规定公开发行又不能到二级市场交易的股票提供了流通场所,为投资者提供了兑现的机会,是证券市场场内交易市场的必要补充。

三、证券交易

(一)证券交易的定义

证券交易是指已发行的证券在证券市场上买卖或转让的活动。证券交易与证券发行有着密切的联系,两者相互促进、相互制约。一方面,证券发行为证券交易提供了对象,决定了证券交易的规模，是证券交易的前提；另一方面，证券交易又是证券发行的保证，因为证券交易使证券的流动性特征显示出来，从而有利于证券发行的顺利进行。证券交易的特征主要表现为证券的流动性、收益性和风险性。证券只有通过流动，才有变现能力；证券的流动能为其持有者带来一定收益，证券在流动中也存在因其价格的变化给持有者带来损失的风险。

（二）证券交易的原则

证券交易的原则是反映证券交易宗旨的一般法则，它贯穿于证券交易的全过程。为了保障证券交易功能的发挥，以利于证券交易的正常运行，证券交易必须遵循公开、公平和公正原则。

▶ 1. 公开原则

公开原则，又称为信息公开原则，指证券交易是一种面向社会的、公开的交易活动，其核心要求是实现市场信息的公开化。通常包括两个方面，证券信息的初期披露和持续披露。信息初期披露是指证券发行人在首次发行公开证券时，应当依法如实披露有可能影响投资者做出决策的所有信息。信息持续披露是指证券发行后，发行人应当依法定期向社会提供经营与财务状况的信息，以及不定期公告有可能影响公司经营活动的重大事项等。按照这个原则，投资者对于所购买的证券可以进行充分、真实、准确、完整的了解。

▶ 2. 公平原则

公平原则，是指参与交易的各方应当获得平等的机会。它要求证券交易活动中的所有参与者都有平等的法律地位，各自的合法权益都能得到合法保护。公平是指所有的市场参与者处于一个机会均等、平等竞争的环境。依照这一原则，对证券市场所有参与者来说，不能因其在市场中的职能差异、身份不同、资金数量不同、交易能力大小不同而给予不公平的待遇或者使其受到某些方面的歧视。否定一切大户操纵行为和其他一切不公平交易行为，有违法行为的必须承担相应责任。

▶ 3. 公正原则

公正原则是针对证券监督管理机构监管行为而言的，意指证券监督管理部门在公开、公平的基础上，应公正地对待证券交易的参与各方以及处理证券交易事务。实践中，公正原则体现在很多方面。例如，公正地办理证券交易中的各项手续，公正地处理证券交易中的违法、违规行为等。

（三）证券交易的种类

证券交易种类通常是根据交易对象的品种划分，主要包括股票交易、债券交易、可转换债券交易、认股权证交易、金融期货交易、金融期权交易和存托凭证交易等。

▶ 1. 股票交易

股票交易，是以股票为对象进行的流通转让活动，可以在证券交易所中进行，也可以在场外交易市场进行。前者称为上市交易，后者可称为柜台交易。目前，我国公开发行的股票均在证券交易所交易。在股票上市交易后，如果发现不符合上市条件或由于其他原因，可以暂停交易直至终止上市交易。股票交易的竞价方式有口头竞价、书面竞价与计算机竞价。目前，我国通过证券交易所进行的股票交易均采用计算机竞价方式。

▶ 2. 债券交易

债券交易，是以债券为对象进行的流通转让活动。债券主要有政府债券、公司债券和金融债券三大类,这三类债券都是债券市场上的交易品种。在19世纪70年代,股份公司未广泛成立之前,证券交易的主要对象是国家发行的债券。19世纪70年代到20世纪中叶,股份公司广泛发展,货币资本迅速集中,股票和债券成为证券交易所的主要交易对象。

▶ 3. 可转换债券交易

可转换债券交易是以可转换债券为对象进行的流通转让活动。可转换债券是一种介于股票与债券之间的混合证券,具有债权和股权的双重性质。正因为可转换债券附有股权的价值在内,所以可转换债券的利率一般要低于普通企业债券利率。根据我国《可转换债券管理暂行条例》,可转换债券的利率为同期银行存款的利率水平。一方面,债券持有者可在规定的转换期限内,选择有利时机请求发行公司按规定的价格和比例,将债券转换为股票;另一方面,也可继续持有直至偿还期满时收回本金和利息。对于上市流通的可转换债券,在发行公司的股票价格上扬时,债券持有者可以通过在债券市场上抛售债券来实现收益,并不一定要转换成股票。

▶ 4. 认股权证交易

认股权证本身不是股票,既不享受股利收益,也没有投资权,只是规定其持有者可按照特定的价格、在特定的时间内购买一定数量该公司股票的选择权凭证,其实质是一种普通股票的看涨期权。但与看涨期权相区别的是,认股权证的执行需要发行新股,公司总股本增加,并为公司带来了现金增量。认股权证的交易方式与股票交易类似,既可以在证券交易所内进行,也可以在场外交易市场上进行。

▶ 5. 金融期货交易

金融期货交易,是指以金融期货合约为对象进行的流通转让活动。金融期货合约是由交易双方订立的、约定在未来某日期按成交时所约定的价格交割一定数量的金融商品的标准化契约。金融期货的品种很多,目前世界上的金融期货主要包括利率期货、货币(外汇)期货和股票价格指数期货三种。

▶ 6. 金融期权交易

金融期权交易又称选择权交易,是指以金融期权合约为对象进行的流通转让活动。投资者在支付了期权费以后,就有权在合约所规定的某一特定时间或一段时期,以事先确定的价格向卖出者买进或卖出一定数量的某种金融商品或者金融期货合约的权利,但不是义务,也可以放弃期权,或把期权转卖给他人。

▶ 7. 存托凭证交易

存托凭证是一种在一国证券市场上流通的代表外国公司有价证券的可转让凭证,存托凭证交易是以存托凭证为对象进行的流通转让活动。存托凭证可以使投资者在本国市场上投资他国证券,并按本国标准进行清算和交割,免付国际托管费用。

(四)证券交易的方式

证券交易的方式就是证券交易的买卖方法与形式。早期的证券交易跟商品交易方式相同,主要是现货交易,一手交钱一手交券。但随着证券市场的逐步成熟和证券交易规模的日益扩大,预防风险意识的加强和投资偏好的变化,期货交易、信用交易、期权交易、股指期货交易等交易方式不断产生,证券交易方式也不断从低级逐渐走向高级,从简单走向复杂,从单一交易方式发展成为复合交易方式。

根据不同的标准,证券交易方式可以进行不同分类。按证券交易完成的交割期限的不同,证券交易方式可分为现货交易、期货交易、信用交易和期权交易;按证券交易付款资金的来源,可分为现金交易、保证金交易;按交易价格形成方式的不同,可分为市商交易和竞价交易;按证券交易场所的不同,可分为场内交易和场外交易。

目前,市场常用的交易方式有以下几种。

▶ 1. 现货交易

现货交易又称现金现货交易,是指证券交易双方在成交后即时清算交割证券和价款的交易方式。现货交易的双方为持券待售者和持币待购者,这是证券交易最古老、最原始、最常见的一手交钱一手交券的钱券两清交易。但随着股票债券交易品种和交易量的增加,买卖成交后很难立即交割,现实中,证券的成交和证券的实际清算与交割之间通常有一定的时间间隔,以便给证券交易所和其他证券中介机构允足的时间进行账务处理,给大宗交易人一定时间准备款项调券。至于交割时间长短,依据各国证券法规和证券管理部门规定而定。在国际上,现货交易的成交与交割之间的时间一般不超过20日。例如,依照"T+1"交割规则,证券公司与投资者之间应在成交后的下一个营业日办理完毕交割事宜,如果下一个营业日正逢法定休假日,则交割日顺延至下一个营业日。若依照"T+0"交割规则,证券公司与投资者之间应在成交当日办理完毕交割事宜。

现货交易作为历史上最古老的证券交易方式,适应信用制度和交易规则相对简单的社会环境,并有助于减少交易风险,是一种比较安全的证券交易形式,也是目前场内交易和场外交易中广泛采用的证券交易形式。

▶ 2. 期货交易

期货交易,又称期货合约交易、定期清算交易,是指证券交易双方在将来某一特定时间以事先协定的价格进行证券清算和交割的交易方式。对于买者,它是预购;对于卖者,它是预销。成交时,必须签订合同(期货合同),并按约履行交货付款手续。订约时间为成交时间,履行时间为交割时间。因此买卖双方在达成期货合同时并无意等到指定日期到来时再进行实际交割证券资产,而是企盼在买进期货合约后的适当时机再行卖出,以谋取利益或减少损失,从而出现多头交易和空头交易。多头交易和空头交易是以对期货价格走势的不同判断为基础而进行的,但作为基本交易方式,均属低买高卖并借此牟利的行为。

▶ 3. 信用交易

信用交易,又称保证金交易、店头交易,即由经纪商给买进证券的客户贷款,或给委托卖出证券的客户贷款而进行的交易方式。信用交易使客户手头无现款或无证券时,凭借自己的信誉只需向经纪人交付一部分的保证金,仍然可以完成证券买卖。利用保证金信用交易,投资者要交一定数量的现款作为保证金。保证金与要买卖的证券总值之比称为保证金比率,一般情况下保证金比率约为50%。

信用交易是现货交易与期货交易的结合,即经纪商与证券交易所之间是现货交易,投资人与经纪商之间是一种期货交易。信用交易是一种委托买卖契约的关系,投资者在事后偿还经纪商的"贷款"与"贷券"。

▶ 4. 期权交易

期权交易,又称选择权交易、契约交易,指投资者在付出一定的费用(期权费)后,可以在一定期限内按约定价格向对方买进或卖出一定数量的债券的交易方式。期权买方通过支付期权费就可取得在一定期限内按约定价格买进或卖出一定数量的证券的权利。契约赋予期权买方的是权利，但不是义务，他可以在契约有效期内行使期权，买进或卖出，也可放弃期权，任其作废；而期权卖方则要承担在买方要求行使期权时履行期权契约的义务。

（五）证券交易的流程

证券经纪业务可以在交易所和场外市场进行，但一般交易所市场的规模较大，所以往往要讨论证券交易所的业务流程。目前我国证券市场上交易的品种主要有 A 股、B 股、国债、基金等，不同品种的证券，交易程序也不尽相同。本书仅以 A 股为例来说明证券委托买卖的流程，其流程主要包括开设账户、委托买卖、竞价成交、证券结算与过户四个环节。

▶ 1. 开设账户

开设账户包括开设证券账户和开设资金账户。

（1）开设证券账户。证券账户是指中国结算公司为申请人开出的记载其证券持有基本功能的权利凭证。开立证券账户是投资者进行证券交易的先决条件。根据《证券账户管理规则》的规定，中国结算公司对证券账户实施统一管理，投资者证券账户由中国结算上海分公司、深圳分公司及中国结算公司委托的开户代理机构负责开立。其中，开户的代理机构是指中国结算公司委托代理证券账户开户业务的证券公司、商业银行及中国结算公司境外 B 股结算会员。

目前，我国证券账户的种类有两种划分依据：一是按交易场所划分为上海证券账户和深圳证券账户，分别用于记载在上海证券交易所和深圳证券交易所上市交易的证券以及中国结算公司认可的其他证券。二是按用途划分证券账户可以划分为人民币普通股票账户、人民币特种股票账户、证券投资基金账户和其他账户。上海证券账户当日开立，次交易日生效。深圳账户当日开立当日即可用于交易。

（2）开设资金账户。投资者委托买卖，必须在证券经纪商处开立证券交易结算资金账户。所谓证券交易结算资金账户，是指投资者用于证券交易资金清算的专用账户，投资者只要在证券经纪商处开立了证券交易结算资金账户并存入证券交易所需的资金，就具备了办理证券交易委托的条件。目前我国开立资金账户有两种类型，一是通过经纪商开户；二是直接在指定银行开户。资金账户主要分为现金账户和保证金账户两种。现金账户指客户通过证券商买入或卖出证券时，必须在清算日或清算日之前交清全部价款或将证券交割给证券商。一般情况下，清算日会注明在给客户的"成交通知单"上。开设现金账户的客户最为普遍，大部分个人和几乎所有大额投资者，如保险公司、企业或政府的退休基金、互助基金等，开设的都是现金账户。一般都用现金交易，只要能迅速付款和交付证券，客户就可以在这种账户下委托经纪商进行证券买卖。保证金账户是指客户按账户规定的保证金比例支付所购买证券的价款，余款由证券公司提供贷款垫付，贷款利息以证券公司的借款成本为基础折算。在这种账户下，客户可以用少量的资金买进大量的证券，所有的信用交易（如买空、卖空交易和大部分期权交易）都只能在这种保证金账户下进行。开户前，证券经纪商与客户都必须进行一定的调查，然后进行双向选择。经纪商需要了解客户的基本情况、客户的投资目的和客户的资信状况等，以便为客户提供个性化的服务，而非被动地接受客户指令，成熟市场条件下的信用交易，出于自身资产安全性的考虑，更需对客户的实力与资信等级进行了解。当然，客户也会审慎地选择证券商，一般会考虑经纪商的经营规模、资金实力、会员席位、业务水平、服务质量及服务设施、地理位置等。

2. 委托买卖

投资者在开设股票账户和资金账户后，就可以在证券营业部办理委托买卖，其整个过程是：投资人报单给证券商；证券商通过其场内交易员将委托人的买卖指令输入计算机终端；各证券商的场内交易员发出的指令一并输入交易所计算机主机，由主机撮合成交；成交后由证券代理投资人办理清算、交割和过户手续。

3. 竞价成交

我国的证券市场为竞价市场。交易的中心环节是竞价成交，在高度组织化的证券交易所内，会员经纪商代表众多的买方和卖方，按照一定规则和程序公开竞价，达成交易。

（1）竞价原则。证券交易按"价格优先、时间优先"的原则竞价成交。价格优先原则即价格较高的买进申报优于价格较低的买进申报，价格较低的卖出申报优先于价格较高的卖出申报。时间优先原则即同价位申报，依照申报时间顺序决定优先顺序。其关键是申报时间先后的确定：电脑申报竞价时按计算机主机接受的时间顺序排列；书面申报竞价时，按中介经纪人接到的书面凭证顺序排列；口头申报竞价时按经纪人听到的顺序排列；在无法区分时间的先后时，由中介经纪人组织抽签决定。目前，书面申报竞价和口头申报竞价已很少采用。在申报价格、时间都相同时，一般按申报的交易股份规模排序，规模越大，其次序就越靠前，这是因为大额交易所面临的风险较大，且为市场提供了较高的流动性。有人把这种现象归结为竞价交易方式的第三个原则，即"规模优先"原则。

（2）竞价方式。目前，证券交易一般采用两种竞价方式：集合竞价和连续竞价。这两种方式存在于不同的交易时段。集合竞价在每个交易日的开始用于产生第一笔交易，第一笔交易的价格称为开盘价。沪深股市交易日的9：15—9：25为集合竞价时间。其他正常交易时间采用连续竞价，沪深股市交易日的9：30—11：30，13：00—15：00（其中14：57—15：00为深市收盘集合竞价时间）为连续竞价时间，交易价格采用连续竞价方式进行。在集合竞价方式下，所有的交易订单不是在收到之后立刻予以竞价撮合，而是由交易中心（如证券交易所的电脑撮合中心）将在不同时点收到的订单积累起来，到一定的时刻再进行集中竞价成交。连续竞价是在集合竞价结束后，正式开始当天的交易，即开始连续竞价，直到收市。

（3）竞价结果。证券交易竞价的结果有三种可能：全部成交、部分成交和不成交。

4. 证券结算与过户

（1）证券清算。证券清算是指证券交易所的清算中心或所属的清算公司将各证券经纪商之间发生的证券买卖数量与价款分别予以轧抵，对证券和资金的应收或应付净额进行计算的处理过程。

在证券交易过程中，当买卖双方达成交易后，应根据证券清算的结果，在事先约定的时间内履行合约。买方需交付一定款项获得所购证券，卖方需交付一定证券获得相应价款。在钱货两清的过程中，证券的收付称为交割，资金的收付称为交收。证券的清算、交割、交收统称为证券结算。

证券结算主要有两种方式：逐笔结算和净额结算。各国的清算交割日规定不同。我国的A股、基金、债券都是在交易日的次日（T+1）交割，我国的B股和日本是在交易日起第4天（T+3）交割，美国和加拿大是在交易日起的第5天（T+4）交割。

(2) 过户。证券过户是指股权(债权)在投资者之间转移。记名式证券在交易后，必须办理过户手续。不记名证券不存在过户问题。目前，在我国利用电脑的无纸交易中，股票成交后，证券公司要通过电脑在交易双方的股票上增加或减少股票数，并把有关所有权转移事项记入证券发行公司的账簿中。只有这样，买方才能正式成为公司股东，享有股东权利、领取公司派送的股息或红利等。

过户分为交易性过户、非交易性过户和账户挂失转户三种。交易性过户是指记名证券的交易使股权(债权)从出让人转移到受让人，从而完成股权(债权)的过户；非交易性过户是指由于继承、赠予、财产分割或法院判决等原因而发生的权益转移；账户挂失转户是指不进行财产转移即可直接办理过户。

四、我国的证券交易市场

我国的证券交易市场包括主板市场、中小企业板市场和创业板市场。

▶ 1. 主板市场

主板市场是一个国家或地区证券发行、上市及交易的主要场所。一般而言，各国主要的证券交易所即代表着国内主板市场。主板市场对发行人的经营期限、股本大小、盈利水平、最低市值等方面的要求标准较高，上市企业多为大型成熟企业，具有较大的资本规模以及稳定的盈利能力。相对创业板市场而言，主板市场是资本市场中最重要的组成部分，很大程度上能够反映经济发展状况，有"宏观经济晴雨表"之称。

▶ 2. 中小企业板市场

2004年5月，经国务院批准，中国证监会批复同意，深圳证券交易所在主板市场内设计中小企业板块市场。设立中小企业板块的宗旨是为主业突出、具有成长性和科技含量的中小企业提供直接融资平台，是我国多层次资本市场体系建设的一项重要内容，也是分步推进创业板市场建设的一个重要步骤。

中小企业板块的设计要点包括以下四个方面。

(1) 暂不降低发行上市标准，而是在主板市场发行上市标准的框架下设立中小企业板块，这样可以避免因发行上市标准变化带来的风险。

(2) 在考虑上市企业的成长性和科技含量的同时，尽可能扩大行业覆盖面，以增强上市公司行业结构的互补性。

(3) 在现有主板市场内设了中小企业板块，可以依托主板市场形成初始规模，避免直接建立创业板市场初始规模过小带来的风险。

(4) 在主板市场的制度框架内实行中小企业板块相对独立运行，目的在于有针对性地解决市场监管的特殊性问题，逐步推进制度创新，从而为建立创业板市场积累经验。

从制度安排看，中小企业板块以运行独立、监察独立、代码独立和指数独立与主板市场相区别，同时，中小企业板块又以其相对独立性与创业板市场相衔接。

中小企业板块市场在监管方面主要采取两项措施：一是改进交易制度，完善开盘集合竞价制度和收盘价的确定方式，在监控中引入涨跌幅、振幅及换手率的偏离值等指标，完善交易异常波动停牌制度；二是完善中小企业板块上市公司监管制度，推行募集资金使用定期审计制度、年度报告说明会制度和定期报告披露上市公司股东持股分布制度等措施。

▶ 3. 创业板市场

创业板市场又称为二板市场，是为具有高成长性的中小企业和高科技企业融资服务的资本市场。创业板市场是不同于主板市场的独特的资本市场，具有前瞻性、高风险、监管要求严格以及明显的高技术产业导向的特点。与主板市场相比，在创业板市场上市的企业规模较小、上市条件相对较低，中小企业更容易上市募集发展所需资金。创业板市场的功能主要表现在两个方面：一是在风险投资机制中的作用，即承担风险资本的推出窗口作用；二是作为资本市场所固有的功能，包括优化资源配置、促进产业升级等作用，而对企业来讲，上市除了融通资金外，还有提高企业知名度、分担投资风险、规范企业运作等作用。因而，建立创业板市场是完善风险投资体系，为中小高科技企业提供直接融资服务的重要一环，也是资本市场的重要组成部分。

经国务院同意、中国证监会批准，我国创业板市场于 2009 年 10 月 23 日在深圳证券交易所正式启动，主要面向成长型创业企业，重点支持自主创新企业，支持市场前景好、带动能力强、就业机会多的成长型创业企业，特别是支持新能源、新材料、电子信息、生物医药、环保节能、现代服务等新兴产业的发展。

我国创业板的推出和发展，将发挥对高科技、高成长创业企业的"助推器"功能，为各类风险投资和社会资本提供风险共担、利益共享的进入和退出机制，促进创业投资良性循环，逐步强化以市场为导向的资源配置、价格发现和资本约束机制，提高我国资本市场的运行效率和竞争力。

创业板是我国多层次资本市场体系的重要组成部分。创业板的开板，标志着我国交易所市场在经过 20 年发展后，已经逐步确立了由主板（含中小板）、创业板构成的多层次交易所市场体系框架。

任务四　证券市场的监管

一、证券市场监管的概述

证券市场监管是指证券管理机构运用法律的、经济的以及必要的行政手段，对证券的募集、发行、交易等行为以及证券投资中介机构的行为进行监督与管理。我国证券市场经过 30 多年的发展，逐步形成了以国务院证券监督管理机构、国务院证券监督管理机构的派出机构、证券交易所、行业协会和证券投资者保护基金公司为一体的监管体系和自律管理体系。国务院证券监督管理机构依法对证券市场实行监督管理，维护证券市场秩序，保障其合法运行。国务院证券监督管理机构由中国证监会及其派出机构组成。对证券市场实行监管的必要性来自以下几个方面。

（一）投资者之间实力、地位的悬殊

在证券投资活动中，投资者的实力和地位存在着非常明显的差异，与普通投资者相比，机构投资者具有资金、信息等方面的优势，具有一定程度左右证券价格的能力，因此客观上存在着因具有优势地位来操纵市场、控制价格，从而损害中小投资者利益的可能性。所以，只有政府出面进行监管，才能保护处于市场劣势地位的中小投资者的利益。

(二)证券市场中的经营者即券商之间存在的不平等现象

有的券商可能享有某些经营方面的特权,而有的券商可能规模十分庞大,这些券商就有可能利用自己的特权或规模优势构筑市场堡垒,阻碍市场竞争。为了促进证券市场营争机制的形成,防止部分券商搞垄断经营,获得排他性的高额利润,也需要对证券市场进行合理的监管。

(三)信息不对称现象的普遍存在

在证券市场中,信息不对称是一个普遍的现象,券商、投资机构、上市公司高层管理人员要比普通投资者了解更加充分的信息,包括很多可能会影响市场变化趋势的各种内幕消息。如果没有市场监管措施,处于信息优势地位的一方就完全有可能利用自己掌握的信息牟取不当利益,从而严重破坏社会公正。同时,也会有人为了自己的私利,利用特殊地位散布虚假消息,愚弄普通投资者。

总之,证券市场是一个利益对立比较明显的场所,一方盈利可能就是另一方亏损,如果对于每一个市场参加者追求自身利益的行为没有一定的约束,那么在利益发生冲突的过程中,某些人就会利用自身的优势对他人造成损害。所以,对证券市场的监管是十分必要的。

二、证券市场监管的原则

(一)依法监管原则

依法治国是我国在总结新中国成立以来若干经验教训基础上形成的共识,中国证券市场形成发展的历史也充分说明了依法监管的重要性。首先,依法监管要求"有法可依",从目前情况看,我国的证券法律法规体系正逐步健全,但还需要进一步制定相关细则;其次,依法监管还要求"有法必依",加强对证券市场违法违规行为的查处力度,维护证券市场的正常秩序。

(二)保护投资者利益原则

投资者保护不仅关系到资本市场的规范和发展,而且也关系到整个经济的稳定增长。投资者,尤其是中小投资者,由于信息不对称、持股比例小,相对于控股股东和公司管理层处于弱势地位等,需要重点保护。投资者的合法权益受到保护,投资者对市场就有信心,入市的资金和人数也会相应增加。从资本市场的发展历程来看,保护投资者利益,让投资者树立信心,是培育和发展市场的重要环节,是证券监管机构的首要任务和宗旨。国际研究表明,一国或地区对投资者保护得越好,资本市场就越发达,抵抗金融风险的能力就越强,对经济增长的促进作用也就越大。投资者保护不仅在我国有很强的现实性,同时也是全球证券市场的一个共性问题,即使在成熟市场上,侵害中小投资者利益的事件也时有发生。因此,严厉打击损害中小投资者利益的行为,全力维护市场的"三公",是各国证券监管的首要任务。

(三)"三公"原则

一是公开原则,这一原则要求证券市场具有充分的透明度,要实现市场信息的公开化;二是公平原则,这一原则要求证券市场不存在歧视,参与市场的主体具有完全平等的权利;三是公正原则,这一原则要求证券监管机构在公开、公平原则的基础上,对被监管对象给予公正待遇。

（四）监督与自律相结合的原则

这一原则是指在加强政府、证券监管机构对证券市场监管的同时，也要加强从业者的自我约束、自我教育和自我管理。国家对证券市场的监管是证券市场健康发展的保证，而证券从业者的自我管理是证券市场正常运行的基础。国家监督与自我管理相结合的原则是世界各国共同奉行的原则。

三、证券市场监管的内容

证券市场的监管涉及方方面面，其主要内容可以概括如下。

（一）对证券发行的监管

发行新证券是证券投资的起点，所以证券市场监管也是从证券发行开始的。证券发行监管的主要目的是规范证券发行活动，强化发行者的信息披露，防止虚假集资的欺诈行为，保护投资者的正当利益。我国目前对证券发行实行的是核准制。核准制对证券发行的管理比较严格，对投资者利益保护的作用较强，但是发行申请手续比较复杂，发行效率相对较低。

（二）对证券交易的监管

▶ 1. 证券交易所的信息公开制度

信息公开制度是指上市公司在证券发行和交易过程中，必须真实、准确、完整、及时地按照法律规定的形式向公众投资者公开一切有关公司重要信息的制度，从而使上市公司的证券能够在有效、公开、知情的市场中进行交易。

▶ 2. 对操纵市场行为的监管

操纵市场行为是指某一组织或个人以获取利益或者减少损失为目的，利用其资金、信息等优势，或者滥用职权，影响证券市场价格，制造证券市场假象，诱导或者致使投资者在不了解事实真相的情况下做出证券投资决定，扰乱证券市场秩序的行为。对操纵市场行为的监管包括事前监管与事后处理。事前监管是指在发生操纵行为前，证券管理机构采取必要手段以防止损害发生。事后处理是指证券管理机构对市场操纵行为者的处理及操纵者对受损当事人的损害赔偿。事后处理主要包括两个方面：第一，对操纵行为的处罚；第二，操纵行受害者可以通过民事诉讼获得损害赔偿。

▶ 3. 对欺诈客户行为的监管

欺诈客户行为是指以获取非法利益为目的，违反证券管理法规，在证券发行、交易及相关活动中从事欺诈客户、虚假陈述等行为。对欺诈客户行为的监管包括：禁止任何单位个人在证券发行、交易及其相关活动中欺诈客户。证券经营机构、证券登记或者清算机构以及其他各类从事证券业的机构有欺诈客户行为的，将根据不同情况，限制或暂停证券业务及其他处罚。因欺诈客户行为给投资者造成损失的，应该依法承担赔偿责任。

▶ 4. 对内幕交易行为的监管

内幕交易又称知内情者交易，是指公司董事、监事、经理、职员、主要股东、证券市场内部人员或市场管理人员，以获取利益或减少经济损失为目的，利用地位、职务等便利，获取发行人未公开的、可以影响证券价格的重要信息，进行有价证券交易，或泄露该信息的行为。对内幕交易的监管，我国《证券法》第53条规定："证券交易内幕信息的知情人和非法获取内幕信息的人，在内幕信息公开前，不得买卖该公司的证券，或者泄露该信息,或者建议他人买卖该证券。持有或者通过协议、其他安排与他人共同持有公司百分之五以上股份的自然人、法人、非法人组织收购上市公司的股份,本法另有规定的,适用其规定。内幕交易行为给投资者造成损失的,应当依法承担赔偿责任。"

(三) 对证券经营机构的监管

证券经营机构是联系证券投资者和证券发行者的桥梁和纽带,是证券投资活动中不可缺少的媒介,加强对证券经营机构的监管具有重要的意义。对证券经营机构的监管与对交易所的监管一样,主要包括设立的监管和日常业务的监管。我国实行核准制,只有具备规定条件并获得批准的机构才允许其进行证券经营活动。

在日常业务的监管方面,主要分为承销业务、自营业务和经纪业务的监管三大块。其中对经纪业务监管的重点主要集中在:要求经纪商必须严格按照客户的委托买卖证券,未经委托不得擅自买卖;经纪商不得与客户建立所谓的"全权委托"关系,代替客户进行证券的炒作,以防止风险;经纪商必须为客户提供客观的咨询和行情分析,禁止向客户提供虚假信息和夸张的行情分析;经纪商必须将客户账户与自营账户严格区分,禁止挪用客户资金和证券。

(四) 对证券信息的监管

证券信息是与证券投资有关的各种消息的总称,分为财务信息、市场信息和交易数据三大类。各类证券信息可以通过证券发行人的法定信息披露制度、证券经营机构和证券服务机构的投资报告或投资指南、政府和央行的经济统计报告以及报纸、杂志、电视网络等新闻媒体传播给投资者。证券信息与证券价格有密切的关系,是投资者关注的焦点,如能在第一时间获得最新信息就可以取得投资决策的主动权。实际生活中投资者获取信息的地位是不平等、不对称的。因发行者、内部人员等信息特权人的存在,故要求对证券信息进行监管,以使证券市场公平、有序。

思考问答

一、名词解释

证券市场　　证券发行市场　　证券交易市场　　股票价格指数

二、简答题

1. 交易所市场与场外交易市场是如何组织的?试比较分析两者的异同。
2. 证券发行中,注册制与核准制各自的含义是什么?
3. 在证券交易所中,证券交易的开盘价以及之后的成交价是怎样形成的?
4. 试述影响股票发行价格的因素有哪些?

在线自测

项目三　上市公司分析

学习目标

1. 了解行业及行业地位、区域、产品分析。
2. 理解公司的经营能力和成长性分析。
3. 掌握公司资产负债表、利润分配表、现金流量表的解读方法。

问题导入

上市公司现金流充裕，是不是财务状况就一定很好？

情景写实

投资者小李经过慎重分析，认为某上市公司 A 股是一只绩优股，值得长期投资。于是小李在 20×5 年 5 月以每股 15.22 元的价格买入 1 000 股该股票，准备长期持有。令小李失望的是，此后不久，该股票的价格就开始下跌。最令小李无法接受的是，该股票的中报显示其业绩极差，每股收益竟为 -0.234 元。于是小李果断出局，在当年 8 月 13 日以每股 12.01 元的价格抛出该股票。

【问题】上述事实说明了什么问题？

【解析】公司的业绩对股票价格的影响较大，业绩差的公司其股票价格下跌的可能性大。

任务一　公司基本面分析

一、行业与行业地位分析

（一）行业分析

行业分析是看目标公司在市场结构中处于什么位置，是处于竞争市场还是垄断市场中，看目标公司是属于增长性行业、周期性行业还是防守性行业，看目标公司处于行业生命的初创期、成长期、成熟期还是衰退期。通常投资者应当选择处于垄断市场结构中的公司，这种垄断可以是资源性垄断，也可以是技术性垄断，尽量回避处于竞争性市场结构中的公司，因为市场的激烈竞争会直接影响上市公司的利润与生存。投资者同样也应该选择属于增长性行业的上市公司，尤其在经济处于衰退期时，回避处于周期性行业的公司。对于处于行业生命周期不同阶段的上市公司，不同的投资者可以采取不同的投资策略。偏好风险的投资者可以选择初创期的公司，在承担巨大风险的同时，也有可能获取暴利，20世纪末21世纪初的网络股投资者就是此类人；稳健的投资者则可以选择处于成长期或成熟期的上市公司。

（二）行业地位分析

行业地位分析的目的是找出公司在所处行业中的竞争地位，如是否领导企业，在价格上是否具有影响力，有没有竞争优势等。在大多数行业中，无论其行业平均盈利能力如何，总有一些企业比其他企业具有更强的获利能力。企业的行业定位决定了其盈利能力是高于还是低于行业平均水平，决定了其行业内的竞争地位。衡量公司行业竞争地位的主要指标，是行业综合排名和产品的市场占有率。

二、区域分析

任何一个企业的经济活动都是在特定的地域进行的，上市公司的投资价值与区域经济的发展密切相关，通过对上市公司的区域分析，有助于了解上市公司未来发展的前景，确定上市公司的投资价值。

在进行区域分析时，要注意三个问题。

▶ 1. 区域内的自然条件与基础条件

自然条件与基础条件包括矿产资源、水资源、能源、交通、通信设施等，它们在区域经济发展中起着重要作用，也对区域内上市公司的发展起着重要的限制或促进作用。分析区域内的自然条件和基础条件，有利于分析该区域内上市公司的发展前景。如果上市公司所从事的行业与当地的自然和基础条件不符，公司的发展可能会受到很大的制约。如贵州茅台的水资源是它得天独厚的优势，其他地域无法与它相比。再如我国临海、沿江的经济地区拥有较长的海岸线和优良的港口，该区域对外贸易和航运方面的上市公司就有着相对的优势。

▶ 2. 区域内政府的产业政策

为了进一步促进区域经济发展，当地政府一般都会相应地制定经济发展战略规划，提出相应的产业政策，确定区域优先发展和扶持的产业，并给予相应的财政、信贷及税收等诸多方面的优惠措施。这些措施有利于引导和推动相应产业的发展，相关产业内的公司将因此受益。如果区域内的上市公司的主营业务符合当地政府的产业政策，一般会获得诸多政策支持，对上市公司的进一步发展有利。如20世纪90年代初，中央与上海地方政府对开发浦东的优惠政策，大大加快了浦东开发的步伐，不过30年的光阴一个现代化的浦东很快崛起在黄浦江东岸，与西岸的外滩"万国建筑"遥相呼应，浦东的东方明珠和金贸大厦也成为上海的标志性建筑。"宁要浦西一张床，不要浦东一间房"的俗语成了历史。

▶ 3. 区域内的经济特色

区域内的经济特色是指经济发展环境、条件与水平、经济发展现状等有别于其他区域的特色。特色在某种意义上意味着优势，比如，某区域在电脑软件或硬件方面已经形成了优势和特色，那么该区域内的相关业务上市公司，在同等条件下比其他区域主营业务相同的上市公司具有更大的竞争优势和发展空间。

三、产品分析

上市公司作为经济活动的实体,必定会有自己的产品或提供某种服务,这种产品的特质对公司的生死存亡和发展前景都是至关重要的。产品分析着重在以下几个方面。

▶ 1. 产品的竞争能力

一个产品有没有竞争能力取决于以下几个方面:成本、技术、质量与售后服务。成本优势是指公司的产品依靠低成本获得高于同行业其他企业的盈利能力。在很多行业中,成本优势是决定竞争优势的关键因素。企业一般通过规模经济、专有技术、优惠的原材料和低廉的劳动力实现成本优势。如某地处新疆的上市公司,生产聚氯乙烯PVC项目,公司所在石河子周边地区有充足的煤炭、原盐和化工焦炭产能,运价仅为东部地区的50%左右,使得该公司在业内具有相当强的成本竞争力。

技术优势是指企业拥有的比同行业其他竞争对手更强的技术实力及研究与开发新产品的能力。这种能力主要体现在生产的技术水平和产品的技术含量上。如某公司引进美国PPG生产技术建设的600T/D超白生产线成功生产出超白玻璃产品,该产品广泛应用于高档建筑、高档家具、太阳能光电幕墙等领域,不仅填补了国内空白,而且其售价是普通玻璃的6~10倍,附加值很高,目前国内只有该公司能够生产,因此该产品便具有强大的竞争力。

质量优势是指公司的产品以高于其他公司同类产品的质量赢得市场,从而取得竞争优势。消费者在进行购买选择时,产品的质量始终是影响他们购买倾向的一个重要因素。具有质量优势的上市公司往往在该行业中占据领先地位。如在国际上,德国产品口碑很好,我国的海尔产品同样是消费者信得过的产品。

▶ 2. 产品的市场占有率

市场占有率是指一个公司的产品销售量占该类产品整个市场销售总量的比例。市场占有率越高,表示公司的经营能力和竞争力越强,公司的销售和利润水平越好、越稳定。

▶ 3. 品牌战略

品牌是一个商品名称和商标的总称。一个品牌不仅是一种产品的标识,而且是产品质量、性能、满足消费者效用的可靠程度的综合体现。品牌竞争是产品竞争的深化和延伸,当产业发展进入成熟阶段,产业竞争充分展开时,品牌就成为产品及企业竞争力的一个越来越重要的因素。

四、公司经营能力分析

一个公司经营管理能力的好坏,直接体现为能否最充分地利用各种生产要素,它直接关系到公司的生存与发展。对公司经营管理能力的分析,主要从公司的治理结构、行政管理能力、管理风格及经营理念、经营效率等几个方面入手。

▶ 1. 公司法人治理结构

健全的法人治理机制至少体现在以下几个方面:规范的股权结构、完善的独立董事制度、监事会的独立性和监督责任、优秀的经理层和相关利益者的共同治理。

我国现有的上市公司中普遍存在着公司治理结构不完善的问题,典型表现就是上市公司中股权结构不合理,股权高度集中。这个问题是造成我国上市公司综合绩效低下的一个重要原因。有关资料显示,上市公司股权集中度与公司经营效率成反比。

▶ 2. 经理层的素质

经理人员的素质是决定企业能否取得成功的一个重要因素。在一定意义上，是否有卓越的企业经理人员和经理层，直接决定着企业的经营成果。对经理人员的素质分析是公司分析的重要组成部分。一般而言，企业的经理人员应该具备如下素质：一是从事管理工作的愿望；二是专业技术能力；三是良好的道德品质修养；四是人际关系协调能力。此外，还要看公司高级管理人员的年龄结构、学历层次、主要经历等。

▶ 3. 公司从业人员素质

公司的经济活动是通过公司的员工来完成的，决策再好，没有一支良好的从业人员队伍去落实等于零。公司员工素质高，公司的经营能力、盈利水平高，发展的潜力也大。

作为公司的员工，应该具有如下的素质：敬业精神、团体合作精神、专业技术能力、创新能力、相关的工作经验、较高的文化水平等。此外，年龄与性别的构成也是需要注意的问题。如果一个上市公司是由原国有企业改制而来，人员负担沉重，则经营效率必受影响。

五、成长性分析

投资者在选择上市公司时，要注重上市公司的成长性，可从以下几个方面考虑。

（1）公司规模的扩张是由供给推动还是由市场需求拉动引致，是通过公司的产品创造市场需求，还是生产产品去满足市场需求？是依靠技术进步，还是依靠其他生产要素？等等，以此找出企业发展的内在规律。

（2）纵向比较公司历年的销售、利润、资产规模等数据，把握公司的发展趋势，是加速发展、稳步扩张，还是停滞不前。

（3）将公司销售、利润、资产规模等数据及其增长率与行业平均水平及主要竞争对手的数据进行比较，了解其行业地位的变化。

（4）分析与预测公司主要产品的市场前景及公司未来的市场份额。对公司的投资项目进行分析，并预计其销售和利润水平。

（5）分析公司的财务状况以及公司的投资和筹资能力。

对上市公司除了上述五个方面分析外，还要注意上市公司的背景和历史沿革。在这方面，要注意的是公司性质、集团及其关联企业、公司的规模，股本结构和主要投资者、公司的中长期发展战略和发展方向的历史沿革等。

为何股票总是不涨？

好股票为什么总是涨不起来的原因有很多，股市里许多通过基本面分析来挑选股票的投资者经常会抱怨自己发现的"好股票"为什么总是涨不起来。其中一个重要的原因是公司本身未来的成长性如何。实际上，他们从公司业绩、行业背景和估值等角度分析认为的所谓好公司、好股票，并没有获得市场的认可。这里有两种可能的情况。一种可能是市场问题，你对这只股票的"超前"判断可能还未形成市场的共识，但你要坚信自己，只要你的判断基础是正确的，公司的业务发展也的确如你所料，市场里的其他人迟早都会转变观点，加入到你的行列里来；另一种可能就是你的判断失误，这种失误要么是对公司业绩的成长性及相应的估值没有准确把握,要么是犯了对股票类型及相应投资策略认识模糊的错误,在不适宜的时机买入了不适宜的股票。事实上,目前所接触到的个人投资者的选股失误多是自身的问题而非市场的问题,而且很多投资者都是犯了一些不符合最基本的股票投资常识的错误。这里有一个真实的例子。一家地处东北、主营业务为造纸的上市公司A,基本面在当时看上去很不错,处在一个与烟草包装有关的相对垄断的行业里,进入壁垒较高,竞争不是很激烈,因此公司盈利能力较为出众,毛利率在35%左右,净利润率也在10%以上。从估值来看,如果预期这家公司20×6年每股收益可以增长10%,则可以达到0.6元左右,当时7元多的股价,动态市盈率只有11.7倍,似乎很便宜,但这只股票在20×6年的涨幅却明显落后于大盘。一切看上去都很完美,但为什么就涨不起来呢?其实,投资者在这里忽视了一个更为关键的因素,即公司的成长性。股市里非常看重的一个选股指标是PEG,即当前市盈率除以未来3年或5年每股收益(EPS)复合增长率,这是投资大师彼得·林奇发明的选股指标。PEG将公司的估值和成长性结合起来,用于说明一个很实在的投资逻辑关系——现在的股价可以反映公司未来盈利的增长吗?比如一家公司的股票目前以20倍市盈率交易,未来公司EPS增长率为20%,则PEG为1,说明股价正好反映其成长性,当前的价格不贵也不便宜;如果未来EPS增长率为40%,则PEG为0.5,显示当前股价明显低估了公司业绩的成长性,具有很好的投资价值;但如果未来的EPS增长率只有10%,PEG高达2,则说明价值已被高估,股价有下跌的内在需要。此外,PEG还可以在同一板块的股票之间进行对比,从而找出哪只股票的价格被相对低估,更有投资价值。再回到上面那个例子,A公司的成长性过去一直不很突出,当时判断该公司20×6年的业绩似乎只有一位数增长的可能(事实上该公司20×6年业绩出现明显下滑)。即便乐观地估计未来3年公司EPS增长率可以达到10%,按当时市价计算PEG为1.17,其实并不诱人,而且很有可能其未来的EPS增长率还达不到10%;假设EPS增长率是5%,则PEG高达2.34,说明当前的股价已经太高了。这就是为什么机构投资者当时不热衷于介入这只股票的原因,除非市场上多数人预期该公司业绩会出现高增长,否则股价肯定难以上涨。所以,仅仅通过市盈率来估值,有时是不充分的,还必须和公司成长性结合起来,这也是为什么钢铁股在正常情况下只能有10倍的市盈率,而高科技、新能源类股票的市盈率可以达到30倍甚至更高的原因,原因就在人们对于它们的成长性预期的不同上。选股真正的难度及关键在于对公司成长性的判断上。投资者需要花费更多的精力来研究和把握商业周期、产品周期以及盈利周期的变化更迭,了解公司产品或业务的市场销售状况、成本及利润率变化趋势等,这些因素最终都归结到公司盈利的成长性上。这才是形成投资决策的基础。

资料来源:大盘涨个股却不涨的原因是什么[EB/OL].(2019-03-27)[2023-03-09].https://www.sohu.com/a/304121109_100273263.

任务二　资产负债表分析

一、公司财务报表概述

为了避免投资风险,减少投资的盲目性,投资者应当善于分析公司的经营状况,而分析上市公司的财务报表就是常用的手段之一。公司的财务报表是公司经营活动的原始资料的重要来源。一个股份公司一旦成为上市公司,就必须遵守财务公开的原则,即定期公开自己的财务状况,提供有关财务资料,便于投资者查询。投资者可以通过分析财务报表来了解公司的经营状况并相应地进行其投资决策活动。

上市公司公布的一整套财务资料中,主要是一些财务报表。而这些财务报表中对投资者最为重要的有:反映一个公司实力的资产负债表;反映公司的经营和盈利状况与分配的利润及利润分配表;现金流量表。投资者如果掌握了基本会计知识,就能较为顺利地读懂财务报表。

财务报表分析的功能概括起来有三条:一是通过分析资产负债表,可以了解公司的财务状况,对公司的偿债能力、资本结构是否合理、流动资金充足性等做出判断;二是通过分析利润表,可以了解分析公司的盈利能力、盈利状况、经营效率,对公司在行业中的竞争地位、持续发展能力做出判断;三是通过分析现金流量表,可以了解公司获得现金和现金等价物的能力,并据此判断公司的收益质量,预测企业未来的发展前景。

财务报表分析通常运用的方法也有三种:一是单个年度的财务比率分析;二是不同时期比较分析;三是与同行业其他公司之间的比较分析。

财务比率分析是指对公司一个财务年度内的财务报表各项目之间进行比较,计算比率,判断年度内偿债能力、资产管理效率、经营效率、盈利能力等情况。对公司不同时期的财务报表进行比较分析,可以对公司持续经营能力、财务状况变动趋势、盈利能力做出分析,从一个较长的时期来动态地分析公司状况。

与同行业其他公司进行比较分析,可以了解公司各种指标的优劣,在群体中判断个体。使用此方法时常选用行业平均水平或行业标准水平,通过比较得出公司在行业中的地位,认识优势与不足,真正确定公司的价值。

在对财务报表进行一般阅读时要注意以下几个问题:①阅读注册会计师的鉴证意见,以了解注册会计师对报表的意见,尤其要注意查账报告中注册会计师特别说明的内容部分;②明确报表编制的报告日或报告期,明确报告的口径和范围;③明确报表编制的方法,例如是公司本部报表,还是合并报表。

此外,还应仔细阅读会计报表的各个项目,这是会计报表的主要内容。在阅读时,尤其要注意金额较大的项目,了解其影响;应该结合报表附注说明来分析项目结构;同上期数据比较,分析其变化趋势;分析这些数据变化的合理性等,例如应收款太大,就要分析其结构如何。

下面我们对上述三种财务报表分别进行介绍和分析。

二、资产负债表的基本内容

资产负债表是反映公司在某一特定日期(年末或年中)的财务状况的静态报告,它反映的是公司的资产、负债(包括股东权益)之间的平衡关系。资产负债表由资产和负债两部分组成,每部分各项目的排列一般以流动性的高低为序。资产部分表示公司所拥有的或所掌握的,以及其他公司所欠的各种资源或财产。负债部分包括负债和股东权益两项。负债表示公司所应支付的所有债务;股东权益表示公司的净值,即在清偿各种债务以后,公司股东所拥有的资产价值。资产、负债和股东权益的关系用公式表示为:

（总）资产＝负债＋股东权益

阅读资产负债表能够全面了解公司的财务状况，通过阅读资产可以了解公司的规模，阅读股东权益可以知道资本的构成，比较流动资产与流动负债可以判断公司的偿债能力，并且利用其中的数据计算多种比率，预测公司未来的财务趋势。

关于资产的分类，通常分为流动资产和非流动资产两大类。我们把能在一年以内或者一个正常的营业周期内可以变现、出售或耗用的资产称为流动资产，也就是说用时间作为划分流动和非流动资产的标准。所以现金、银行存款、存货都属于流动资产，而厂房、设备因为耗用期通常都超过一年，所以划为非流动资产。

下面就资产负债表中的一些主要项目进行介绍。

（一）资产

▶ 1. 流动资产

流动资产是指在一年之内或者一个正常营业周期内可以变现、出售或耗用的资产，当营业周期比一年短时，选一年作为时间标准，当营业周期超过一年时用营业周期作为标准。由于只有少数行业（如林业、矿业）的营业周期超过一年，所以通常以一年为标准。常见的流动资产有货币资金、短期投资、各类应收款项和预付款项，以及存货等。而它们根据变现能力的强弱，又可分货币性和非货币性流动资产。上面提到的项目中，存货变现能力较差，是非货币性的。其他几种有的本身是货币，有的很容易变为货币，一般就归为货币性流动资产。流动资产对企业短期内的经营活动有重大影响，所以常被用于计算各类财务指标，应予以重视。

▶ 2. 货币资金

货币资金是反映公司库存现金、银行存款和在途资金的合计数，是公司最具有流动性的资产，其特点如下。

（1）转化迅速。货币资金一经使用，该项货币资产就会消失，相应地会引起存货资产、固定资产或其他资产的增加或公司负债的减少。

（2）存量不稳定。公司货币的存量是由一定的流入量和流出量决定的。货币收支业务的经常性和偶发性使公司的货币资金难以保持稳定的持有量。

（3）有一定的投资性。货币如以现金形式存在，则丧失了增值的机会；如以银行存款的形式存在，可以得到一定的存款利息；如将其购买有价证券，可能得到较高的投资报酬。因此，广义上的货币资金包括有价证券。

公司所持有货币资金量的多少，直接制约着公司的资产规模和支付能力。如果公司将资金全部投资于实物资产，虽然可以带动较大的经营规模，但却会使公司失去支付能力，日常开支也难以保证；如果过多地保留货币资金，又会使相当一部分资金丧失投资增值的机会。因此，货币资金管理涉及公司生存、发展以及兴衰成败的全局，必须予以高度重视。

▶ 3. 短期投资

短期投资是反映公司购入的可随时变现，并准备随时变现的股票和债券的实际成本。短期投资是货币资金的一种转化形式，具有较强的变现能力，因此也称货币性投资。短期投资是公司既能充分利用闲置资金，又能达到资产流动性要求而进行的一种临时性投资。当公司需要资金时，这些投资就能迅速转化为现金。公司短期投资的目的与公司本身经营业务的需要无关，而主要是为了取得最大的投资报酬率，以及尽可能减少物价波动带来的风险和损失。因此，短期投资选择的对象，都是那些在交易所中交易活跃，容易出售，并且盈利性较强的有价证券。短期投资具有流动性和盈利性的特点。在我国，公司短期投资按照支付款项登记核算。

▶ 4. 应收票据

应收票据是反映公司收到而尚未到期的票据和未向银行贴现的应收票据，包括商业承兑汇票和银行承兑汇票。通常不论票据是否带有利息，都按票面金额入账。应收票据易于变现，当公司需要资金时，可持未到期的应收票据到银行申请贴现，银行按一定的贴现率从票据到期价值中扣除贴现期的利息后，以其净额付给公司。在我国，由于商业汇票不带息，公司贴现的应收票据实得款项一般低于票面金额。

应收票据一般分为汇票、本票和支票。票据是一种证明债权与债务关系的书面凭证。票据一般有三方面当事人：出票人、受票人和收票人。通俗地讲，出票人就是开出票据的人，受票人就是被要求付款给收款人的那一方。出票人开出的要求受票人付款给收款人的票据叫汇票，这类似于讨债书。如果受票人就是出票人，称为本票，类似于欠条。而存款人开出的要银行付款的就是支票。企业在应收票据中处于收款人地位。票据具有较强的法律上的保证，所以企业在急需资金时，可以在票据背面签章（背书）转让给别人，因此流动性较强，所以在资产负债表中列于应收账款之前。

▶ 5. 应收账款

应收账款是反映公司因销售产品、材料、提供劳务等业务，应向购货单位或接受劳务单位收取的那些在一年内或超过一年的一个生产周期内应收账款的数额。即指企业在正常的经营过程中，由于赊销商品和提供劳务所发生的客户欠的账款。也就是说，由卖方先供货或劳务，买方在一段时间以后再付款。但赊销业务并不是等到收到货款时才承认，而是在供货的同时就承认下来，只不过货物换来的不是钱而是债权。另外，应收账款在计价时一般受商业折扣和销售折扣的影响，商业折扣就是成交价低于零售价的差额，这一部分须从应收款总额中减去。销售折扣是卖方因买方提前交款而给的优惠。在我国，这一部分折扣通常到发生时才承认。例如买 1 000 只杯子，零售价 5 元，成交价 4.5 元，应收账款就是 4 500 元，规定 30 天后付款，但 10 天内交款给 2% 的优惠。若买方 10 天内交款，只能收到 98% 的钱，即 4 410 元，90 元就是销售折扣。

在现实生活中，几乎每一个企业都程度不同地存在应收账款的问题。由于应收账款这一资产本身在资金循环过程中并不会增值，而且应收账款账龄越长越有可能成为坏账。因此，善于管理的人会将应收账款账龄尽可能地缩短，而作为投资者在应收账款的问题上，同样要注意应收账款账龄长短以及应收账款收回能力，因为这往往能反映出一家公司在资金管理上的能力。具体来说，要注意以下几点：

（1）应收账款占主营收入的比重。计算方式是用应收账款除以主营业务收入。该值越小越好。该指标以 20% 为限，超过 20% 的时候，说明该企业的销售状况不佳；如果超过 40%，应该高度警惕了。

（2）应收账款账龄的长短。在做分析的时候还可以把 1 年以上的应收账款量乘以 2，把 2 年以上的应收账款乘以 3，把 3 年以上的应收账款乘以 5。因为期限越长的欠款越难讨回。

(3) 应收账款值的波动情况。如果应收账款逐年上升，说明企业的销售状况不佳。

(4) 结合其他应收款一起考虑。在我国，许多企业的其他应收款往往比应收账款还多，因此，对其他应收款的分析应同应收账款一样进行。

当然对于上市公司的应收账款问题，也应具体情况具体分析。如在20×4年年报中，A集团应收账款的增长源于上半年主营业务收入增长迅猛。而其应收账款的增长并非受宏观调控影响，上半年公司集装箱销量增幅约为28%，价格上升30%～40%，因此应收账款数额相应增大。但也有部分上市公司的应收账款增幅远大于主营业务增幅，它们大多属于受宏观调控直接影响的行业。如××铜业，其应收账款增幅约为主营业务增幅的7倍。该公司称，这主要是因为销售和回款的时间差造成的。××钢构则在其半年报中表示，应收账款较多主要是因为国家实行适当的收紧银根的货币政策，使公司工程款的回收速度减慢。作为钢铁行业龙头的某钢铁股份，上半年应收账款同比增长约74%，而主营收入则增长近30%。该公司某负责人称，相关会计政策的调整导致了应收账款的高增长，同时，上半年钢价上涨和购销两旺的局面也是导致应收账款增长的原因之一。

▶ 6. 坏账准备

坏账准备是反映公司为弥补可能发生的坏账损失，按照规定标准所提取的准备金。坏账损失是指由于债务人破产、撤销或者死亡，以其财产或遗产清偿后，仍然不能收回的应收款；或者因债务人逾期未履行偿债义务，超过3年仍不能收回的应收款。我国坏账准备采用余款的百分比计提，根据不同行业的具体情况，对其坏账准备提取的百分比也不同。

▶ 7. 预付款项

预付款项是指公司根据购货合同规定预付给供货单位或个人的货款，或多付给供货单位的款项，按实际发生额计价。在这个业务过程中，买方单方面提供货款，而卖方则要到一段时间以后才提供货物。但这时买方企业的货币资金已经减少，而存货尚未增加。如果不设立预付款项这个账户，资产总额就会少于负债与权益之和，资产负债表就不平衡了，而这在记账时是不可能的。若货币资金的减少等到货物得到时再记，那么这一间隔时间中货币资金所反映的值就是不真实的。所以预付款项的设立是很必要的。当货物运到后，预付款项已不再具有预付的性质，将被销掉，而存货就相应地增加。在市场经济下，由于受供求关系等影响，企业可能因买不到急需的原材料而停产，所以采取预付款项的办法常能起到保持生产连贯性和降低成本的作用。

▶ 8. 其他应收款

其他应收款是反映公司除应收账款、应收票据、预付账款以外的其他应收、暂付款项。其具体内容包括应收的各种赔款，应收的各种罚款，应收出租包装物租金，应向购货单位收取的代缴的燃油特别税，应向职工收取的各种垫付款，租出物保证金（如包装物的租金），应收、暂付上级单位、所属单位的款项，拨给职能部门和职工的备用金。

例如，在年末企业投资的债权产生了一部分利息，但是利息要到下一个年度中才能领取，而本年度产生的利息应作为本年度的收益，所以企业要把这部分利息作为收益确立下来，同时在资产负债表中，这笔利息收入就记在"其他应收款"的账户下，成为企业的一部分资产。到收到钱款时，再把它从其他应收账款中转到"货币"账户下。

其他应收款的金额相对较小，而且它不是由企业的主营业务所带来的，但仍需对它进行管理，使之尽早收回。

▶ 9. 存货

存货是指公司期末生产经营过程中为销售或者供生产用的在库、在途和在加工中的各项资产的实际成本，包括各种材料、库存产品、在途产品等。判断存货最根本的依据是所有权的归属，凡是在盘存日期，法定所有权属于公司所有的一切货品，不论其存放地点都应视为存货；反之，凡所有权不属于公司的，即便存放于本公司，也不属于本公司存货。通常，存货占流动资产的份额较大，储备适量的存货，可以保证公司生产经营过程中销售和耗用的及时需要，为公司生产和销售创造有利条件。但任何存货都是一项资金的占用，存货过量会造成公司资金的积压和浪费。因此，加强存货的计划控制，是公司财务管理的主要内容之一。

在分析存货方面，投资者要注意以下几点。

（1）存货占主营收入的比重。该值的计算是用存货除以主营业务收入，该值应偏低才好。存货占主营业务收入的比重以低于25％为好，即有三个月的存货量比较健康；如果超过40％，即有5个月以上的存货，状况就很不好了。

（2）存货的具体内容。由于存货包括材料、库存产品与在途产品等，而不同的存货意义是不同的。在做分析的时候，可以把产成品的存货乘以2，因为产成品的存货更有实质意义，它反映了企业产品的市场销售状况。而材料则要具体情况具体分析，是由于销路不好造成材料积压还是以防材料涨价而多备材料，若是后者的话，在材料涨价时多储备材料有利于企业的市场竞争，从而获得一部分超额利润。

（3）产成品库存值的波动状况。对此应值得重视，当该值上升的时候，说明企业的产品开始积压。

▶ 10. 待摊费用

待摊费用是反映公司已支出但应由本期和以后各期分别负担的分摊在一年以内的各种费用。它包括低值易耗品的摊销、出租出借包装物的摊销、预付保险费、应由销售产品分摊的中间产品税金、固定资产修理费，以及一次购买的印花税和一次缴纳印花税税额较大尚需分摊的数额、开办费以及摊销期在一年以上的其他待摊费用。

比如企业3月预付了企业4、5、6月三个月的保险费，共计3万元。因为是预付，不能算作费用，所以就记在"待摊费用"名下。那么，到4月时，就要承认1万元的费用，这1万元就从待摊费用中减去，还剩下2万元待摊；5月和6月各自再分摊1万元的费用，到6月就摊销完都转为实际的费用了。这就是待摊费用的意义和作用。

▶ 11. 固定资产

固定资产是指公司为满足生产经营活动的需要，所拥有的使用期限超过1年的房屋、建筑物、机器、机械、运输工具和与其他生产经营有关的设备、器具、工具等，不属于生产经营主要设备的物品，使用年限超过2年的，也应当作为固定资产。固定资产是企业的劳动手段，也是企业赖以生产经营的主要资产。

▶ 12. 长期股权投资

长期股权投资是指通过投资取得被投资单位的股份。企业对其他单位的股权投资，通常是为了长期持有，以及通过股权投资达到控制被投资单位，或对被投资单位施加重大影响，或为了与被投资单位建立密切关系，以分散经营风险。在我国，长期股权投资的取得方式主要有两种：一是在证券市场上以货币资金购买其他企业的股票，以成为被投资单位的股东；二是以资产（包括货币资金、无形资产和其他实物资产）投资于其他单位，从而成为被投资单位的股东。

▶ 13. 在建工程

所谓在建工程是指公司正在处于施工前期准备，正在施工中和虽已完工尚未交付使用的建筑工程和安装工程所实际发生的各项支出。在建工程按性质分为固定资产新建工程、改建工程和大修工程。在建工程反映公司为今后生产、经营活动而正在改造、扩建和新建的使用期限超过一年的劳动资料。在建工程的建成投入使用，将形成公司新的生产规模和利润来源。因此，对在建工程项目及其进展程度的分析，有利于判断公司未来的生产格局、市场竞争力和今后的盈利状况。

▶ 14. 无形资产

所谓无形资产是指公司长期使用而没有实物形态的资产，包括专利权、商标权、专有技术（诀窍）、土地使用权、著作权等。无形资产具有以下四个特征。

(1) 不具备实物形态，但具有价值。

(2) 能在较长时间（至少超过一个经营周期）给公司带来收益。

(3) 无形资产所代表的未来经济效益具有很大程度的不确定性。

(4) 无形资产具有独占性，并受法律、法规保护，任何非所有者不得无偿占有。

股东投入的无形资产，按评估确认的价值计价；购进的无形资产，按实际支付价款计价；自行开发并依法申请取得的，按研制开发创造过程中的相关支出汇总计价；捐赠的按捐赠者所付单据金额计价，若无所附单据，可参照同类无形资产的市场计价。其中，商誉只有在公司合并和向外购入情况下才作价入账。

无形资产按其直线法分期摊入管理费用。有规定使用年限的，按规定合作年限分期摊销；没有规定使用年限的，摊期不得少于10年。

无形资产的存在，或者表明公司拥有的特殊权益，或者有助于公司获得高于一般水平的收益。我国规定，股份有限公司申请公开发行股票前一年年末，无形资产（不包括企业土地使用权）在净资产中所占的比例不高于20%，中国证监会另有规定的除外。

▶ 15. 开办费

开办费是反映公司在筹建期间为生产经营活动做准备而实际发生的各种未摊销的费用，包括筹建期间人员的工资、培训费、办公费、差旅费、印刷费、注册登记费以及不应计入固定资产和无形资产购置成本的汇兑净损益、利息及其他支出。我国财务制度规定，除汇兑净损益外，开办费从开始经营月份的次日起，按照不短于5年的期限平均摊入管理费用。若筹建期间汇兑净损益为损失，按开办费摊销办法进行；如果为净收益，从企业开始生产、经营月份的次日起，按不短于5年的期限平均转销，或者留待弥补生产经营期间发生的亏损，或者留待并入企业的清算收益。

(二) 负债与股东权益

以上所述是公司的资产，这些资产是怎么来的，是自有的还是借来的，就是下面提及的负债与股东权益。

▶ 1. 负债

负债按照其流动性划分为流动负债与非流动负债。

1) 流动负债

流动负债是指在一年或者超过一年的一个营业周期内应偿还的债务。流动负债除具有负债的一般特点以外，典型的特征是偿还期短，必须在短期内以公司资产或劳务加以偿还，是公司短期内面临的一种还款负担。在一般情况下，流动负债主要包括短期借款、应付票据、应付账款、预收账款、应付职工薪酬、应交税金、应付股利、其他应付款和预提费用等。

（1）短期借款。

短期借款是企业为了弥补流动资金的不足，从银行或其他金融机构借入的偿还期限在一年以内的各种借款，包括短期流动资金借款、结算借款、卖方信贷、票据贴现借款，以及企业借入的借款期在一年或长于一年的一个经营周期以内的新产品试制借款、引进技术借款、进口原材料短期外汇借款等。

在实际生产经营活动中，企业很可能发生流动资金不足的情况，即企业现有资金不足以购买生产所需的原材料等物资，使得生产停顿、受阻。在这种情况下，企业向银行或其他金融机构借入期限在一年以下的一定数额的款项来弥补流动资金的不足，这笔款项即为企业的短期借款。因为短期借款必须在一年之中归还，所以短期借款属于流动负债。企业借入短期借款之后，到期归还本金并支付利息。一旦企业到期无法偿还借款，必须按较高的利率支付逾期借款利息。所有的利息支出均记入"财务费用"科目，从而减少当期利润。在会计年度末，企业在资产负债表上以"短期借款"科目反映尚未偿还的短期借款额。

（2）应付票据。

应付票据是反映在延期付款的商品交易中，由公司签发的允诺按票据上规定日期支付票面金额的商业汇票。由于商业汇票按规定最长付款期为9个月，因此应付票据属于流动负债。付款方在商业汇票兑现以后，即构成付款方的一种债务责任。

（3）应付账款。

应付账款是反映公司购买材料、商品或者接受劳务应付而暂未付给供应单位的款项，是公司在商品交易活动尚未结算的负债，是流动负债的重要组成部分。当企业购买商品、材料、物质或接受劳务等经济业务发生后，如果对方允许，可采用"先取货、后付款"的付款方式，即人们通常所讲的"赊购"。这时，企业这笔尚未支付给供应者的款项被称为应付账款。应付账款必须在短期内支付，一般来说，大多数企业以30天为限，所以应付账款属于流动负债。供应者为尽快回笼资金，对在更短期内付清货款者提供折价优惠，这种期限一般以10天为限。例如，甲企业向乙企业赊购某产品100万元，如果甲企业能够按乙企业规定在10天内付清货款，则可享受2%的折扣优惠。即甲企业有两种付款选择，在10天付出98万元或在剩下的20天内付100万元给乙企业。此时，甲企业可根据自身状况做出相应的决定。一个企业可能有相当多的供应者，因此企业可以根据不同的供应者分别设立不同的明细账户，同时设立相应的总账，以此概括应付账款总额。在会计年度末，企业在资产负债表上以应付账款科目反映尚未支付的应付账款额。

造成公司应付账款的原因有：因公司资金紧张，在短期内又难以全部支付或者完全不能支付账款；由于划拨转账和货款结算需要一定时间，因而产生应付款；一些特殊商业活动产生应付款，如委托代销商品的应付款等。若由第一种原因造成过多的应付账款，将会影响公司的商业信用,给今后的融资借款、赊销等业务带来困难。

(4) 预收款项。

预收款项是反映公司对客户订货、工程项目预定以及劳务提供预约,在公司产品交货、工程完工验收、劳务提供之前,预先按全货款的一定比例收取部分或全部款项,也就是人们通常熟知的"定金"。公司预收账款后,要根据合同承诺在收款后一定日期发送商品或提供劳务,如果无法履行合同交货时,要负责如数退还预收的款项并承担相应损失。

由于企业预收了客户的部分货款,而实际并未提供任何商品或劳务,这部分货款对企业来说就是负债。一旦企业完成合同所规定必须提供的商品或劳务后,这笔预收货款才能由债务转为企业的收入。这期间的时间一般较短,具体视合同而言,所以预收货款属于流动负债。例如,甲企业根据乙企业的订货生产价值100万元的某产品,预收20%的定金,那么甲企业就承担了20万元的流动负债直到合同履行为止。

一个企业可以拥有很多不同的客户,企业可以根据不同的客户分别设立不同的明细账户,同时设立相应的总账,以此计算预收货款总额。在会计年度末,企业在资产负债表上以预收货款科目反映当时所负担的预收货款额。

(5) 应付职工薪酬。

应付职工薪酬是指应支付给职工的工资总额。具体包括计时工资、计件工资、奖金(指生产奖、节约奖、劳动竞赛奖、质量奖等,不包括按国家有关规定发放的创造发明奖、科技进步奖、合理化建议奖等)、津贴和补贴、加班加点工资,以及非工作时间工资(主要指工伤、产假、探亲假等非工作期间内支付的工资)等。资产负债表中"应付工资"项目反映的是在报表编制日企业应付未付的职工工资。

(6) 应交税金。

应交税金是反映公司某一会计期间应负担而尚未支付的各种税金,是公司对国家负债。税金是国家根据税法规定的税率向企业征收的税款,是国家取得财政收入的一种手段,是国家参与国民收入分配和再分配的一种方式。在我国,企业所得税按年计征,按期预交,所缴金额作为减项记入"应交税金"账目。到会计年度末,"应交税金"账目内一般出现正项,这说明公司应交额超过预计额。这个差额即为公司当年度的未交税金,它是公司的一项负债,并且必须在规定的较短期限内与税务机关清算,补足这项差额,所以未交税金属于流动负债。例如,某公司预交税金30万元,而到年底结算发现实际应交35万元税金,此时应交税金账目内出现5万元的正项,企业必须在当年末的资产负债表上列出这5万元未交税金的流动负债。如应交税金账目出现负项,说明企业当年应交税金小于预交税金。

公司应缴纳的税金有增值税、营业税、消费税、城市维护建设税、房产税、车船税、土地使用税、所得税、资源税、固定资产投资方向调节税等。企业缴纳的印花税以及其他不需预计应交数的税金不包括在内。

(7) 应付股利。

应付股利是指根据股东大会决议确定的公司应付而未付给各种股东的股利。未付股利是未付已宣告股利的简称,在会计年度末,企业在资产负债表上以"未付股利"科目反映应付而尚未支付给股东的股利总额。股利,是公司对股东的投资回报。公司将当期部分利润按投资者持股比例大小分别支付给各个不同的股东，可以是现金，或者是本公司股票，还可以是实物资产或者其他公司的股票、债券之类。股利分配方案必须经公司股东大会审议、通过，由董事会宣告方才生效。股利分配方案自宣告之日至实际支付之日这段时期内，这笔尚未支付的股利即成为公司的一项负债。由于这段时期一般较短，所以未付股利属于流动负债。例如，某年12月15日某企业董事会宣布将于第二年1月10日发放股利若干，12月15日起这笔股利即成为该企业一项应付款，并在当年会计年度末12月31日的资产负债表上列出这笔流动负债，直至支付日1月10日止。

（8）其他应付款。

其他应付款是反映公司除应付票据、应付账款等以外应付、暂收其他单位或个人的款项。企业由于与非商品、劳务交易的企业和个人所发生的经济往来而产生的应付款项称为其他应付款。如应付租入固定资产和包装物的租金、存入保证金、退付保险费、应付赔偿款等，这些应付未付费用都是企业对其他单位或个人的负债，并被要求在短期内支付，所以其他应付款属于企业的流动负债。

其他应付款与应付账款不同。其他应付款是与非商品、劳务交易的企业和个人往来所发生的，而应付账款是与商品、劳务交易的企业和个人所发生的，两者发生的前提是不同的。

（9）预提费用。

预提费用是指企业按照规定从成本费用中预先提取但尚未支付的费用，如预提的租金、保险费、借款利息、固定资产修理费用等。

2）非流动负债

非流动负债是指偿还期在一年或超过一年的一个营业周期以上的债务。非流动负债是公司向债权人筹集，可供公司在较长时间内加以运用的资金。在一般情况下，非流动负债具有还款期长、金额较大、利息高于流动负债应付利息等特点。非流动负债主要包括长期借款、应付债券和长期应付款等。

（1）长期借款。

长期借款是反映公司向金融机构、银行或其他单位借入，偿还期在一年或超过一年的一个营业周期以上的贷款。长期借款主要用于固定资产投资和技术改造，还款期一般比较长，是公司可以在较长时间内使用的一种资金。

（2）应付债券。

应付债券是反映公司发行的尚未偿还，还款期限在一年以上的各种债券的本息。

（3）长期应付款。

长期应付款是反映公司除长期借款、应付债券以外的其他各种长期应付款，包括采用补偿贸易方式下引进的国外设备价款、应付融资租入固定资产的租赁费等。长期应付款的特点在于数额较大，偿还期长，具有分期付款的性质，可以避免公司取得固定资产时一次性支付大量开支的困难。对于融资租入的固定资产，长期应付款核算内容包括设备实价、运杂费、途中保险费、安装费、调试费等。

▶ 2. 股东权益

股东权益，即净资产，是指投资人对公司净资产拥有的所有权，包括股本、资本公积或资本公积金、盈余公积和未分配利润等。从股东权益的内容上讲，所谓股东对公司净资产的权利，包含三层含义：股东对公司净资产的所有权；股东依股东权益而对现金和财产的分配权；公司清算时股东剩余资产的索取权。股东权益是公司财力状况的重要标志，其形成和使用直接关系到公司财力的分配和资本的积累，关系到公司与投资人之间的经济利益。

(1) 股本。

股本是反映投资人实际投入的股本总额，包括国家资本、其他单位投资、个人投资、集体投资及外商投资。股本即为企业注册资本，是公司股东权益最重要的组成部分。它决定了投资人各自投入资金的比例，决定投资人在公司中所拥有的权利和责任的大小，以及对公司净资产、收益与承担风险比例的大小。在资本保全原则的制约下，注册资本在公司正常经营期间不得冲减和抽回。公司注册资本如需增加应经有关部门批准。

(2) 资本公积。

资本公积是反映公司在筹集资本金以及生产经营过程中形成的属于投资者所有的资本性积累，是一种资本储备形式，包括公司超面值发行股票所得的溢价部分（如某股票发行价为每股8元，其溢价为每股7元，7元就进入资本公积）、资产评估的增值部分、现金和其他资产的捐赠及其他款项。资本公积的形成与企业盈余没有关系，可以按法定程序转增股本，按股东原有股份比例向股东发送新股。

在此值得注意的是每股资本公积，它等于资本公积除以总股本，该值越高越好。如某公司资本公积为3亿元，总股本为1亿股，则每股资本公积为3元。企业的每股资本公积高，则企业就有了扩股的能力。

(3) 盈余公积。

盈余公积是指从公司税后利润提取的，包括法定公积金和任意公积金。法定公积金，是指按照公司法规定，公司必须根据当年税后利润，以减去弥补亏损后的余额的10%强制计提的公积金。法定公积金只有达到注册资本的50%以后，才可以免提。任意公积金是指根据公司章程或股东大会决议而从税后利润中自由计提的公积金，其目的是应对可能的风险和不测。

法定公积和资本公积之间是有区别的，具体如下。①根据《公司法》规定，公司的法定公积金可用于弥补公司的亏损、扩大公司生产经营或者转为增加公司资本，但是，资本公积金不得用于弥补公司的亏损。②尽管法定公积和资本公积一样，都可用于公司的增资扩股，即转增股本，但规定，法定公积金在转增股本后的留存不能少于转增前公司注册资本的25%，且盈余公积金转增股本涉及公司代个人股东缴个人所得税的问题，而资本公积金不会有这些问题。所以，目前公司在转增股本时一般考虑用资本公积金增股。

(4) 未分配利润。

未分配利润是指公司留待以后年度分配的利润或待分配利益，主要来自历年留存利润积累和当年税后利润，其权益归公司投资者所有。《公司法》第166条第1款规定，公司分配当年税后利润时，应当提取利润的10%列入公司法定公积金。公司法定公积金累计额为公司注册资本的50%以上的，可以不再提取。第168条规定，公司的公积金用于弥补公司的亏损、扩大公司生产经营或者转为增加公司资本。但是，资本公积金不得用于弥补公司的亏损。法定公积金转为资本时，所留存的该项公积金不得少于转增前公司注册资本的

25%。当然，企业视公积金及自身发展的需要，情况又各不相同。那些公积金很高的企业，往往在提取法定公积金后，全部用于送股或分红利，其动用未分配利润的比例可高达95%。相反，那些公积金低的企业，首先要考虑填补法定公积金，如果法定公积金与股本之比不足50%，则更需要税后利润来填补法定公积金，这样其送股或分红自然有限。倘若一个企业需要用未分配利润来大补公积金，那么靠其动用公积金来送股也是空想。假定一个公司法定公积金超过法定要求（50%之临界），其动用未分配利润每股送股数则为（未分配利润×90%）÷股本。

在股东权益中，有三个指标值得注意：每股权益（净资产）、每股公积金和每股未分配利润。这三者直接影响到投资者的利益保障与投资回报。

每股权益（净资产）＝年度末股东权益÷年度末股份总数

每股公积金＝年度末公积金÷年度末股份总数

每股未分配利润＝未分配利润÷年度末股份总数

三、如何分析资产负债表

资产负债表中有一大堆数据，对于一般投资者来说难以很好地把握，因此可以着重关注如下一些要点。

（一）浏览资产负债表了解其主要数据及变动状况

浏览资产负债表了解其主要数据及变动状况，由此就会对公司的资产、负债及股东权益的总额及其内部各项目的构成和增减变化有一个初步的认识。由于公司总资产在一定程度上反映了公司的经营规模，而它的增减变化与公司负债和股东权益的变化有极大的关系，当公司股东权益的增长幅度高于资产总额的增长时，说明公司的资金实力有了相对的提高；反之，则说明公司规模扩大的主要原因是来自负债的大规模上升，进而说明公司的资金实力在相对降低，偿还债务的安全性亦在下降。对资产负债表中的一些重要项目，尤其是期初与期末数据变化很大或出现大额红字的项目要进一步分析，如流动资产、流动负债、固定资产、有代价或有息的负债（如短期银行借款、长期银行借款、应付票据等）、应收账款、货币资金以及股东权益中的具体项目等。例如，公司应收账款过多，占总资产的比重过高，说明该公司资金被占用的情况较为严重；而其增长速度过快，说明该公司可能因产品的市场竞争能力较弱或受经济环境的影响，公司结算工作的质量有所降低。此外，还应对报表附注说明中的应收账款账龄进行分析，应收账款的账龄越长，其收回的可能性就越小。又如，公司年初年末的负债较多，说明公司每年的利息负担较重，但如果公司在这种情况下，仍然有较好的盈利水平，说明公司产品的获利能力较佳，经营能力较强，管理者经营的风险意识较强，魄力较大。再如，在公司股东权益中，如资本公积大大超过公司的股本总额，这预示着公司将有良好的股利分配政策。但与此同时，如果公司没有充足的货币资金作为保证，预计该公司将会选择送配股增资的分配方案而非采用发放现金股利的分配方案。另外，在对一些项目进行分析评价时，还要结合行业的特点进行。就房地产公司而言，如该公司拥有较多的存货，意味着公司有可能存在着较多的、正在开发的商品房基地和项目，一旦这些项目完工，将会给公司带来很高的经济效益。

（二）对一些基本财务指标进行计算与分析

在资产负债表中，有些数据是一目了然的，投资者知道这些数据就大致可以做出选择，而有些数据是要通过计算才能发掘其背后的意义，而其意义对投资者来说也相当重要。以下是几项主要财务指标的计算及其意义。

▶ 1. 反映公司财务结构的指标

（1）净资产比率。

$$净资产比率＝股东权益总额÷总资产$$

该指标主要用来反映公司的资金实力和偿债安全性。净资产比率的高低与公司资金实力成正比，但该比率过高，则说明公司财务结构不尽合理。该指标一般应在50%左右，但对于一些特大型公司而言，该指标的参照标准应有所降低。

（2）固定净资产率。

$$固定净资产率＝固定资产净值÷固定资产原值$$

该指标反映的是公司固定资产的新旧程度和生产能力，一般该指标应超过75%为好。该指标对于工业公司生产能力的评价有着重要的意义。

（3）资本化比率。

$$资本化比率＝非流动负债÷（非流动负债＋股东权益）$$

该指标主要用来反映公司需要偿还的及有息非流动负债占整个长期营运资金的比重，因而该项指标不宜过高，一般应在20%以下。

▶ 2. 反映公司偿还债务安全性及偿债能力的指标

（1）流动比率。

$$流动比率＝流动资产÷流动负债$$

该指标主要用来反映公司偿还债务的能力。一般来说，流动比率高表明流动负债受偿的可能性大，短期债权人的利益有保障。但该比率过高和过低都不理想，一般来说，该指标应保持在2∶1的水平。过高的流动比率是反映公司财务结构不尽合理的一种信息，它们包括：①公司某些环节的管理较为薄弱，从而导致公司在应收账款或存货方面居高不下；②公司可能因经营意识较为保守而不愿扩大负债经营的规模，而现实中举债经营是现代公司经营的一大特色，这一方面是由于现实经济条件下公司难以实现无负债经营，另一方面是因为在权益资金成本大于债务资金成本时，举债经营可以成为提高股东权益报酬率的有力手段；③股份制公司在通过发行股票、增资配股或举借长期借款、债券等方式筹得资金后尚未充分投入营运。但就总体而言，过高的流动比率主要反映了公司的资金没有得到充分利用；而该比率过低，则说明公司偿债的安全性较低。此外，计算出来的流动比率还要与同行业平均流动比率、本公司历史的流动比率进行比较，才能知道这个比率是高还是低。

（2）速动比率。

$$速动比率＝（流动资产－存货）÷流动负债$$

由于在公司流动资产中包含了一部分变现能力（流动性）很弱的存货，为了进一步反映公司偿还短期债务的能力，通常，人们都用这个比率来予以测试，因此该比率又称为"酸性试验"。在通常情况下，该比率保持在1∶1是较为理想的，因为一个公司速动比率越大，说明该公司可以立即偿付短期债务的能力越强。该比率如果过高，则可能是该公司由于货币资金闲置过多所致,是一种浪费;但比率太低,则公司的偿债能力差,带来的投资风险就相应加大,不过这一切也必须视公司的性质而区别对待。公司的速动资产是指流动资产扣除存货后的余额,主要包括现金、有价证券、应收账款、应收票据。存货是公司流动资产中流动性较差的一种,它的变现常常须经出售和收账两重手续,不仅所需时间较长,而且在变现时很可能发生损失,因此,在评价时要将公司的存货从流动资产中减去。因此,速动比率与流动比率相比,从前者更能准确地看出公司流动资产内部结构的变化情况及对公司偿债能力的影响程度。投资者在衡量一个上市公司短期偿债能力强弱时,应将该公司的速动比率与流动比率两者结合起来进行分析判断。但在实际工作中,速动比率和流动比率的评价标准还需根据行业特点来判定,不能一概而论。例如,采用大量现金销售的商店,几乎没有应收账款,大大低于1的速动比率是正常的;相反,一些应收账款较多的公司,速动比率可能要大于1。

▶ 3. 反映股东对公司净资产所拥有的权益的指标

反映股东对公司净资产所拥有的权益的指标主要有每股净资产。

$$每股净资产 = 股东权益总额 \div 总股数$$

该指标说明股东所持的每一份股票在公司中所具有的价值,即所代表的净资产价值。该指标可以用来判断股票市价的合理与否。一般来说,该指标越高,每一股股票代表的价值就越高。与此密切相关的一个问题就是净资产倍率问题。一般投资者往往注重股票的市盈率标准,而忽略对净资产倍率的关注。其实,净资产倍率与市盈率一样,是投资参考的重要风险指标之一。

$$净资产倍率 = 股价 \div 净资产值$$

该指标反映的是企业的资产对应于股价的关系。该值越小越有投资价值,相应地,投资风险也较小。例如,世界著名的美国"王安电脑"公司由于经营不善,宣布破产保护,但由于其多年发展,网点遍布全球各地,净资产值很高,换块牌子后又东山再起,投资者并没有受到多大损失。在股市,历来有"市盈率是朝上看发展,净资产倍率是朝下看保底"之说,这也是投资时最良好的愿望与最坏的打算两个标准的依据所在。当然,一个发展潜力巨大的上市公司,无论其盈利能力与净资产值的增长都是很快的,但对于一个发展趋于饱和的公司,关心其净资产倍率指标尤显重要。所以对一个成熟的投资者来说,择股的标准应是多元的,除市盈率、税后利润、营业收入等财务指标需要加以注意外,净资产倍率也很重要,因为它毕竟反映了该企业固定资产的实际状况和企业今后利润增值的重要基础。当然,净资产倍率并不是一个绝对的数字。在中国香港,有的企业的净资产倍率只有 0.5,而有的则可达到 7~8。因此,相对于成长的市盈率,该指标可以仅作为参考。

在净资产与净资产倍率问题上还要注意两点。一是该公司净资产的质量。有些公司表面上看净资产很高,但其中的资产有相当大的问题,如上市公司达尔曼的问题尚未暴露时,每股净资产高达 4.6 元之多,问题暴露后其净资产竟为负值。二是净资产高并不意味着公司经营状况好,因为每股净资产比重较高可能是由于公司在股票发行时取得较高的溢价所致。

任务三　利润及利润分配表

一、利润及利润分配表的基本内容

公司财务报表中第二份重要的报表是利润及利润分配表。它是反映一个会计时期内企业经营成果及分配情况的报表，包括下述一些内容。

▶ 1. 营业收入

营业收入是反映公司已销售商品和提供劳务等经营业务的实际收入。如房地产公司的房地产销售收入、工业企业的产品销售收入、商贸企业的商品销售收入等。

▶ 2. 营业成本

营业成本是反映公司已销售商品和提供劳务等经营业务的实际成本。根据我国的会计制度，工业企业计算成本的方法由完全成本法改为制造成本法，其特点是把企业全部成本费用划分为制造成本和当期费用两类。制造成本是指工业产品的生产成本，包括企业在生产经营过程中实际消耗的直接材料、直接工资、其他直接支出和制造费用。企业发生的与生产经营没有直接关系和关系不密切的费用，如管理费用、财务费用和销售费用不摊入产品成本，作为当期费用直接计入当期损益。

▶ 3. 营业税金及附加

营业税金及附加是反映应由公司销售商品和提供劳务得到的营业收入负担的税金，包括产品税、增值税、营业税、出口税及城市维护建设税等几种，又称流转税。

▶ 4. 销售费用

销售费用是指企业在产品销售等过程中所发生的费用，包括运输费、装卸费、包装费、保险费、展览费、广告费，以及为销售本企业产品而专设的销售机构的职工工资、福利费、业务费等经营费用。

▶ 5. 管理费用

管理费用是指公司行政管理部门为管理和组织经营活动的各项费用，其内容与现行的企业管理基本一致。具体包括公司经费、工会经费、职工教育经费、排污费、绿化费、土地使用费、土地损失补偿费、技术转让费、无形资产摊销、开办费摊销、业务损失补偿费、业务招待费、坏账损失、存货盘亏以及其他管理费用。

▶ 6. 财务费用

财务费用是指公司为筹集资金而发生的各项费用，包括公司生产经营期间发生的利息净支出（减利息收入）、汇兑净损失、调剂外汇手续费、金融机构手续费以及筹资发生的其他财务费用等。公司发生的短期借款的利息，按新制度的规定也应计入财务费用中。

筹集资金是企业开展生产经营活动的前提，因此财务费用是必不可少的资金耗费，应作为期间费用在企业当期损益中列支。此外应注意的是企业为购建固定资产而筹集资金所发生的费用，在固定资产尚未完工交付使用前发生的，应计入企业有关固定资产价值内，不在财务费用内核算。

财务费用按费用项目,例如,长、短期借款等设置具体明细科目并分类入账,会计期末将财务费用科目余额转入本年利润科目中。

▶ 7. 投资收益

投资收益是反映公司以各种方式对外投资所取得的收益,其中包括分得的投资利润、债权投资的利息收入以及认购股票应得的股利等。采用权益法进行长期投资核算的,若接受投资单位股东权益增加,其增加部分作为投资收益。

▶ 8. 营业利润

营业利润是反映公司一定时期的业务活动的最终财务成果,是公司利润总额的主要构成部分。

▶ 9. 营业外收入

营业外收入指与公司生产经营没有直接关系的各项收入,包括罚款收入、确定无法支付的按规定应转作营业收入的应付款项、教育费附加返还款,以及其他非经营性收入。

▶ 10. 营业外支出

营业外支出是指企业发生的与企业日常生产经营活动无直接关系的各项支出。包括非流动资产处置损失、非货币性资产交换损失、债务重组损失、公益性捐赠支出、非常损失、盘亏损失等。公司的营业外收入减去营业外支出,即为营业外收支净额。

▶ 11. 利润总额

利润总额反映公司在一定会计期间从事生产经营活动的财务成果,包括营业利润、投资收益和营业外收支净额等。利润总额是一项综合指标,集中反映公司生产经营活动各方面的效益,是公司财务成果的最终表现,也是衡量公司生产经营管理的重要指标。关于利润总额问题,投资者在研判时要关注的是营业利润占利润总额的比重,即营业利润÷利润总额,该值一般偏大为好。企业做假账主要是通过投资收益和其他意外收入来实现的,比如有的出卖资产,有的出卖股权,有的享受特别退税,有的调整以前年度的账目等。但营业造假相对比较难,因为作假的一方必须按照市场合理价格卖给庄家,庄家要帮助上市公司实现利润有一定的难度。比如主力如果要给一家啤酒生产企业1 000万元利润,最少要帮助企业卖掉3 000万瓶啤酒,这个难度可想而知。

▶ 12. 所得税

所得税反映公司在会计期间内发生的应当由当期利润负担的所得税税额。

▶ 13. 净利润

净利润反映的是利润总额扣除本年度应交所得税及少数股东本期的收益后可供分配的净额,该指标反映企业的成长状况。净利润的增长率是值得关注的,该值以稳定在某一水平为好,也可以是逐步增长的。

二、如何分析利润及利润分配表

根据利润及利润分配表中的数据,并结合年度报告中的其他有关资料,特别是资产负债表中的有关资料,投资者可以从以下几个方面进行阅读和分析。

▶ 1. 从总体上观察企业全年所取得的利润大小及其组成是否合理

通过将企业的全年利润与以前利润比较,能够评价企业利润变动情况的好坏;通过计算利润总额中各组成部分的比重，能够说明企业利润结构是否正常合理。通常情况下，企业的主营业务利润应是其利润总额的最主要的组成部分，其比重应是最高的，其他业务利润、投资收益和营业外收支相对来讲比重不应很高。如果出现不符常规的情况，那就需要多加分析研究。比如，其他业务利润超过主营业务利润比重，是否表明企业目前的主营业务有被其他业务替代的可能，而企业的其他业务是否有发展前景。再如，当企业的投资收益比重很高时，就需了解企业的投资结构如何，各种投资项目的风险程度如何，是否存在某些看似投资效益良好但风险较大从而可能危及企业长远利益的项目等。通过这些分析，并根据企业历年来的结构变动情况对比，就能对企业的总体经营成果做出自己的评价。

▶ 2. 通过对企业毛利率的计算，来判断企业主营业务的盈利能力大小

毛利率的计算公式为：

$$毛利率＝（主营业务收入－营业成本）÷主营业务收入×100\%$$
$$＝毛利÷主营业务收入×100\%$$

如果企业毛利率比以前提高，可能说明企业生产经营管理具有一定的成效，同时，在企业存货周转率未减慢的情况下，企业的主营业务利润应该有所增加；反之，当企业的毛利率有所下降，则表明企业的业务拓展能力和生产管理效率方面存在某些问题。

▶ 3. 通过有关比率指标的计算，来观察企业的盈利能力和投资报酬

如每股收益，这一指标反映企业普通股每股在一年中所赚得的利润，其计算公式为：

$$每股收益＝净利润÷年度末普通股股份总额$$

再如净资产收益率，其计算公式为：

$$净资产收益率＝净利润÷年度末股东权益×100\%$$

还有总资产利润率，其计算公式为：

$$总资产利润率＝净利润÷总资产×100\%$$

在一般情况下，上述几个指标都是越高越好，越高越值得投资。现在比较常用的判断企业盈利水平的指标是净资产利润率，但它还不够全面。因为对一家企业来说，能给它带来利润的绝不是只有净资产，而更多的是总资产。总资产的利润率也反映了企业运作资产的水平。这两者可结合起来一起考虑。

三、结合资产负债表考察公司的经营能力

我们在分析利润及利润分配表时，可以结合资产负债表的有关内容综合研判。

上市公司千差万别，如偿债能力指标和盈利能力指标在每个企业的表现形式又是多种多样，有的企业偿债能力较强，有的企业则盈利能力较强，可以说，没有一个企业是一样的。虽然如此，在多种多样的各种能力指标组合中，仍有规律可循，据此可以帮助我们具体分析各个企业的财务状况，并得到答案。

▶ 1. 偿债能力和盈利能力都较强的企业

预示该企业有取得良好发展的可能性，若配合正确的经营策略，则肯定会取得较好的业绩。值得注意的是，有些偿债能力指标并不是越高越好，最重要的是取得一种平衡，既要保持发展的动力，又要避免债务风险，同时维持较强的盈利能力，这样的企业才可以被评为财务状况优良。

2. 偿债能力强、盈利能力弱的企业

预示该企业有进一步发展的潜力，若该企业有正确的经营策略，则有尽快扭转局面的可能性。当然，对盈利能力要做具体分析，若盈利能力弱是因为整个行业衰弱和市场萎缩，则企业未来的发展会困难一些；若盈利能力差是因为生产规模、市场开发的问题，以及其他经营性的问题，则这类企业的业绩更易改观。

3. 偿债能力差、盈利能力强的企业

预示该企业有较大债务风险，易受宏观环境的影响，若没有新的资本投入，该企业虽可维持其盈利能力，但发展潜力较小，若遇经济不景气，则盈利能力将受打击；但如果注入资本，这类企业将有较大的发展潜力，成为财务状况优良的企业。

4. 偿债能力差、盈利能力差的企业

表示该企业难以维持现在的经营，前景十分令人担忧，在相当一段时间内无法改变局面，除非注入资本，全面调整经营策略和管理体制。

由上可见，企业的优劣并不是绝对的，而企业内在价值的分析就在于对企业的各种可能性做出评估。应该强调的是，能力指标并没有标准值。在分析中，应该结合各个企业的具体情况，判断各项指标是否在合理的范围内，是否能适应企业的发展。另外，指标分析，特别是盈利能力分析，要结合经营成果分析才能得到正确的结论。盈利能力指标显示某企业有较强的盈利能力，若其利润来源于短期投资收益、资产处理收益或者调整以前年度利润，则其盈利能力要大打折扣，这一点是非常重要的，不然就会为一些短期的现象所蒙蔽，造成投资损失。

综上所述，企业的内在价值并不一定简单地表现为几个业绩指标，高收益企业可能存在隐忧，低收益企业也不乏机会。要正确认识企业价值，要进行综合财务分析，将经营成果分析和财务分析结合起来，才能得到相对可靠的结论。

任务四　现金流量表

一、现金流量表的作用与意义

在市场竞争中，一些企业的破产解体往往是因为经营不善，发生严重亏损而导致资不抵债的后果。在现实经济生活中，则存在另一番情景，一些企业虽然财务报表显示利润迅速增加，但好景不长，一年半载之后却遭遇现金短缺，资金支付发生困难，被迫变卖资产，或者在很高的成本及不利的条件下"借新债还旧债"。这种情形轻则影响企业的正常经营，重则情况会不断恶化，以致无法用现金偿还到期债务，使公司面临着破产的风险。

一个赚钱的企业为什么也会出现破产的危机？这种自相矛盾的现象是由下列原因造成的，即财务管理中会计核算的收支不等于现金实际收付。从会计核算的角度看，只要产品一卖出，收入就形成了，只要机器一运转，支出就发生了，而不管实际上有无现金流入或流出。因此，财务报表上的销售收入，不一定都是现金收入；财务报表上的费用支出，不一定都是现金支出；财会核算出来的利润数额，也不一定是实际溢出的现金数额。

实际的现金收付则反映另外一方面的问题。企业在经营过程中都需要资金的投入，除准备足够的现金供支付日常交易之用外，另需投资大量资金用于固定资产及制造或购买存货上，即使存货能及时卖出，但卖出后有时还无法立刻转换成现金，而是以应收账款的形式存在，而且可能有部分款项一时收不回来或永远收不回来，会成为呆账，此一过程通常称为资金周转。

在资金周转过程中，企业有可能为了追求规模效益，将生产经营资金投向固定资产，而未能提高资金周转率，增加效益，或者盲目扩大生产使存货卖不出去，或者应收账款无法及时收回，如此将会对企业资金构成挤占。一个企业资产再雄厚，如果各项资产之间不能顺利地流转，利润就无法实现，积占于存货、应收账款、固定资产等方面的资金就无法转换成可用的现金。等到应付账款或其他需以现金支付的债务到期时，或需要现金购买原材料用于正常生产时，企业就会面临着因现金余额不足而无法如期偿付，进而产生信用危机或无法进行正常生产的情况，最后躲不开倒闭的厄运。

即使一个企业的盈利率高达20%，若该企业的每笔交易的收款时间需180天，而应付账款、工资等支出时间短过前述收款天数时，该企业就有可能遇到支付困难，甚至是破产的危机。

现金流量表就是把涉及现金收支的生产经营业务列表进行编制，将损益表中以权责发生制为基础的收入与费用项目，转换成以收付实现制为基础的收入与支出，来反映企业在一定时期内的现金收入、现金支出及现金收支净额。现金流量表可使企业经营者掌握企业的现金收支情况，从而更有效地进行资金监管。同样，现金流量表也有助于投资者真正了解一个企业。

具体来说，现金流量表具有以下作用。

（1）现金流量表能使企业经营管理不断加强，财务收支更加合理。现金流量表可让经营者通过企业现金收支状况了解企业经营的财务结果，明确未来必须加强经营管理的工作重点。也就是说，现金流量表所体现的由营业活动产生的净现金流量，以及与投资筹资有关的现金收支，实际上是经营者依据市场状况及业务发展之估计，以及对未来做出通盘考虑和整体设想的情况下，所进行的经营活动结果的综合反映。

（2）现金流量表有助于企业合理估计和预测企业未来的支付能力和偿债能力，做好还债、投资、分配股利等方面的支出计划。一般而言，若现金流量表中营业活动所产生的现金为净流入，往往是对获利、存货及账款余额进行有效控制所取得的。在这种情况下，企业资金周转良好，财务结构平稳，就会有较充裕的现金从事投资活动、偿还债务和发放现金股利，从而能保持较高的信誉，并给股东带来良好的投资回报。

（3）现金流量表可避免资产负债表和损益表的一些缺陷，能真实反映企业的经营情况，为企业管理者及有关人员提供有用的决策信息。生产经营中的管理不善，包括盲目采购、产品积压、成本费用超支、投资失误，甚至管理上的核算不实、虚盈实亏等，都必然会在现金流量表上反映出来。

既然现金流量表有着如此重要的作用，我们应对此给予高度重视。

二、现金流量表的内容

现金流量表反映企业一定期间现金的流入和流出，表明企业获得现金和现金等价物的能力。企业的现金流量分为三种，即经营活动产生的现金流量、投资活动产生的现金流量和筹资活动产生的现金流量。其中，经营活动产生的现金流量是企业最重要、最基本的现金来源渠道，正常的经营活动现金流量对企业的生存和发展至关重要。

下面分别介绍三种现金流量的构成。

▶ 1. 经营活动产生的现金流量

经营活动产生的现金流量分为收到与支付两部分。收到部分包括销售商品、提供劳务收到的现金；收到的税费返还；收到的其他与经营活动有关的现金等。支付部分包括购买商品、接受劳务支付的现金；支付给职工以及为职工支付的现金；支付的各项税款；支付的其他与经营活动有关的现金等。收到部分减去支付部分即为经营活动产生的现金流量净额，可能为正，也可能为负。通常，为正表明经营良好，为负则表明经营不良。

通过单独反映经营活动产生的现金流量，可以了解企业在不动用企业外部筹得资金的情况下，凭借经营活动产生的现金流量是否足以偿还负债、支付股利和对外投资。

▶ 2. 投资活动产生的现金流量

投资活动产生的现金流量同样也分为收到与支付两部分。收到部分包括：收回投资所收到的现金；取得投资收益所收到的现金；处置固定资产、无形资产和其他非流动资产而收回的现金；收到的其他与投资活动有关的现金等。支付部分包括：购建固定资产、无形资产和其他非流动资产所支付的现金；投资所支付的现金；支付的其他与投资活动有关的现金等。

通过单独反映投资活动产生的现金流量，可以了解为获得未来收益和现金流量而导致资金流出的程度，以及以前资金转出带来的现金流入信息。

▶ 3. 筹资活动产生的现金流量

筹资活动产生的现金流量，其收到部分包括：吸收投资所收到的现金；借款所收到的现金；收到的其他与筹资活动有关的现金等。支付部分包括：偿还债务所支付的现金；分配股利、利润或偿还利息所支付的现金；支付的其他与筹资活动有关的现金等。

通过单独反映筹资活动产生的现金流量，可以帮助投资者和债权人预计对企业未来现金流量的要求权，以及获得前期现金流入而付出的代价。

三、现金流量表的解读

现金流量表的解读需要有一定的财务知识和专业判断能力。一般认为，本期现金流入应大于流出，但不能把问题简单化，不能简单地认为现金只有本期增加才是好的。有人从现金流量表中看到现金及现金等价物净增加额为负数即判定企业财务状况欠佳，这种理解就有些片面。

要正确理解现金流量表，需要从几个方面综合把握。

▶ 1. 要与企业资产负债表、利润表相互对照阅读

我们知道，现行会计制度是按权责发生制为基础确认收入和费用的，企业的资产负债表和利润表的编制也遵循这一原则。这一制度的缺点是不能直观反映企业现金及现金等价物的流动情况，而现金流量表正好弥补了这一不足。

▶ 2. 应当研究现金流量表的分类结构，仔细分析各类构成要素对现金流量总量的最终影响结果

一般而言，经营活动产生的现金净流量应为正值，因为企业现金主要还是从经营活动

中取得。若经营活动现金净流量为负值，就要引起我们的高度重视，这种情况往往是由于应收账款过多所致。对于投资活动产生的现金流量需结合企业实际情况具体分析。比如一般情况下，企业处于扩张时期时其投资活动产生的现金净流量可以为负值，只要企业有好的项目作为投资对象，能给企业未来带来更好的收益就行。筹资活动产生的现金净流量一般也应为正值。通过对现金流量表这三个大的构成要素的分析，我们便可得到企业较为全面的资金增减变动的印象。

▶ 3. 要将企业的现金流动情况放在企业持续经营活动的过程中进行判断

企业经营是一个持续不断的过程，因此企业的财务状况也总处于一个不断变化的过程之中。某一企业某段时间的状况不佳，通过努力也是可以改变的。

▶ 4. 现金流量表的阅读还应结合其他资料进行

如阅读报表、报告及附注，了解行业情况及公司相关背景，了解传媒中关于公司的其他信息等，这样可以直接加深对现金流量表的理解。比如企业投资活动现金净流量为负值，我们可以通过阅读上市公司的财务报表以外的其他信息披露，进一步审查是否有带来良好效益的项目投资、项目进展情况，其发展前景如何等，以进一步判断企业的整体经营素质和管理水平。

以上都是关于证券投资中的基本分析。对于基本分析要注意以下问题。

基本分析作为股市分析的一大流派，"价格总是围绕价值上下波动"是其理论基础，这一理论固然有其合理性，可以借助基本分析来选择投资品种和进行长期投资。但进行基本分析并非那么简单，单靠基本分析并不能使我们的投资成功。从理论上讲，用长远的观点看，投资于内在价值较高的公司一定有利可图。

基本分析的首要前提是投资者必须掌握全面而准确的即时材料。也就是说，进行基本分析的材料不仅要全面、准确，而且还要及时。而要做到这一点非常难，可以说是不可能的。由于众多因素都会影响证券价格，有宏观的和微观的、政治的和经济的，有自然的和社会的、有物质的和精神的、有外部的和内部的等，作为投资者不可能掌握所有的材料。即使上市公司的运作相当规范，提供的材料也是全面与真实的，但由于市场参与者获得各种信息不可能完全同步，总有捷足先登者利用先获得的信息进行买卖活动，当大家都知道某信息时，价格早已发生不利于后参与者的变化。更不要说个别上市公司还会发布虚假信息，误导甚至欺骗投资者。

基本分析还要求投资者具备基本分析的能力，而要做到这一点又是谈何容易。投资者要上知天文下知地理，通晓古今中外，证券投资涉及诸多学科，诸如政治学、经济学、财政学、会计学、统计学、心理学等。比如，天文气象知识似乎与证券投资无关，但事实并非如此。北美的气候会影响该地区的大豆产量，该产量将影响到国际上的大豆供应量，从而影响到大豆的价格，影响到榨油厂的生产成本，也会影响到豆粕的供应与价格，进而影响到饲养业。不仅与农产品直接有关的企业会受气候的影响，就是那些与农产品没有直接关系的企业也会受气候的影响。

基本分析偏重于理性，然而证券市场并不是一个纯理性的市场，在证券市场中交织着理性与非理性，人的信心、人的热情、人的贪欲、人的恐惧等非理性的心理因素都会对市场产生很大影响，再加上市场主力的操纵，在证券市场中价格往往会出现非理性的上涨与下跌。在理性较强的市场上，基本分析得出的结论可靠性较强，但在感性多于理性的市场上,基本分析者常常会发出无用武之地的感叹。

在证券市场上,还有一种普遍的现象就是人们的心理预期。比如对利率的预期,从理论上来说,利率的波动与证券市场的价格波动是反向的,即利率升证券价格跌,利率降证券价格涨,但实际情况并不那么简单。当人们预期利率要上升,那么往往在央行加息前,证券价格就开始下跌,或市场人士持一种谨慎的态度,而一旦加息公布后,价格不跌反涨。对这种现象有些市场人士大呼看不懂,其实就是不明白其中的道理。上市公司出利好股票价格跌,上市公司出利多股票价格跌,除了内幕知情者利用时间差外,人们的心理预期使该股票价格提前上涨或下跌了。

基本分析往往着重于长期投资与长线品种,但市场往往在短期出现一些偶然性因素,出现一种短期性的波动和趋势,基本分析用于指导短期投资又不一定适用。

因此基本分析法有其自身不可克服的弱点,而技术分析则从某些方面弥补了基本分析的不足。

思考问答

一、名词解释

盈利能力　　成长性　　资产负债表　　利润分配表　　现金流量表

二、简答题

1. 如何分析资产负债表?
2. 如何分析利润分配表?
3. 如何分析现金流量表?

在线自测

项目四　技术分析理论

▎学习目标▎

1. 掌握证券投资技术分析的主要理论。
2. 掌握道氏理论、波浪理论、K线理论、切线理论。
3. 反转图形理论。

▎问题导入▎

怎样对股票进行技术分析?

▎情景写实▎

技术分析的问题和争议

根据许多学者的实证研究,技术分析存在着许多问题及争议,简要说明如下。

(1)历史状况未必重演。纵使技术分析在过去数十年都有效,也未必保证未来一样可以成功。

(2)如果某项技术分析连续成功,很多投资者都会选择使用这种方法,那么这种方法的获利性就会大大降低。

(3)由于技术分析者的一致行动,可能会创造出股价形态,也就是说并不是技术分析者正确地预测股价,而是股价反映技术分析者的行动。

(4)某些技术指标必须与过去的资料比较才能做出研判,而这些数值却因时间与环境的影响而改变,以致过去使用的标准可能不适用于现在。

技术分析的一个严重的缺点是:以过去有效的技术分析方法来从事股市投资,并不保证未来也能同样地击败市场,因为超额报酬很可能是随机出现的,若仅以其偶尔或随机出现的超额收益,来推断技术分析的有效性,也是有所偏差的。技术分析方法的投资绩效,就短期而言,确实可能有效,但是就长期而言,并不可能持续地击败市场。几乎任何一项技术分析,都是有的时候有效,有的时候无效,如此一来,长期而言不可能获得太高的收益率。

技术分析另一个严重的缺点是:各种技术分析方法都在教导投资者如何选择买进点、卖出点,而根据这些方法,买进点、卖出点不断出现,投资者必须经常买进、卖出,因此常常会陷入"短线操作"的迷途,让交易成本不断地侵蚀投资收益。因此,若考虑交易成本,根据技术分析的方法投资,其收益率不可能太高。

资料来源:夏毅,蓝伯雄. 技术分析在股票投资中的实证检验[J]. 商业研究,2004,293(9):60-61.

【问题】 技术分析是灵丹妙药吗？

【解析】 目前，大多数分析师很迷恋技术分析，大多数投资者也很关心技术分析，但技术分析并非灵丹妙药。希望下面的内容能揭开它神秘的面纱，让大家明白技术分析的本质是什么。

任务一　证券投资技术分析概述

自证券市场出现以来，人们总是不懈努力，力图掌握证券市场运行的规律，除了基本分析外，技术分析是其中影响最广泛、接受者最多的一种方法。下面对这一方法进行全面和系统的分析与介绍。

一、技术分析的含义和特点

技术分析是证券投资分析的一个重要的传统方法。它主要从市场行为本身出发，运用统计学、心理学等科学原理与方法，分析价格、成交量和技术指标等已经发生的市场资料数据来预测金融市场中的各种商品价格的变动趋势。由于技术分析多用图表和各种技术指标作为市场分析的工具，故又称为图表分析。

与基本分析相比较，技术分析主要有以下三个特点。

（1）技术分析运用公开的市场信息。公开的市场信息来自市场本身，包括价格、成交量和技术指标；而基本分析则运用来自市场之外的基本信息，包括收益、销售收入、增长率和政府规制等。技术分析者认为只有市场信息是相关的。

（2）技术分析的重点在于价格变动而不是价格水平。技术分析通过对价、量、技术指标等市场信息的分析，判断价格变动的趋势，决定投资的时机。它不考虑有价证券的价格水平是否有投资价值；而基本分析侧重于分析有价证券的内在价值，根据金融市场中商品的内在价值判断价格水平是否偏高或偏低，从而做出买卖决定。

（3）技术分析侧重于投资时机的分析，帮助投资者决定何时买卖金融商品；基本分析则侧重于金融商品内在价值的分析，帮助投资者决定买卖何种金融商品。

二、技术分析的理论基础

技术分析的理论基础有三个假设：价格沿趋势运动、市场行为包含一切信息和历史会重演。

▶ **1. 假设1：价格沿趋势运动**

技术分析认为，价格是供给和需求相互作用的结果，反映了市场参与者乐观和悲观情绪的总体情况。由于投资者获取和理解信息能力的不对称性，市场参与者对价格走向会有不同见解，有的持乐观态度，有的持悲观态度。在某一时点上，由乐观态度和悲观态度所导致的买卖行为就会影响价格。随着时间的推移，市场上信息数量不断增加，透明度不断提高，市场参与者对价格走向的认同度逐渐提高，乐观和悲观态度不断发生变化，金融商品价格就会逐渐从旧的均衡点向新的均衡点移动。换言之，价格对供给和需求的变化需要时间来调整。

2. 假设2：市场行为包含一切信息

技术分析认为，价格、成交量等市场行为的要素本身就是市场参与者对各种信息反应的结果，这里的信息不仅仅是已经发生的和公开的信息，也包括预期的、未公开的信息。因此，对金融市场中的各种投资商品而言，重要的是对供需关系的变化有敏锐的洞察，并采取相应的行动，至于变化产生的原因并不重要。技术分析同时认为，由于供需关系的影响因素很多，包括政治、经济因素以及"市场心理"因素等，任何一个投资者都不可能一直获得完全准确的全部信息并始终能十分正确地分析这些信息。因此，假设2成为技术分析的基础。

3. 假设3：历史会重演

技术分析认为价格变动趋势能通过市场行为本身分析出来。这是因为，市场行为是投资者投资行为的综合反映，既然是人的行为，必然反映人性，而人性基本上不会随着时间的变动而有所差异。心理学研究表明，人类的天性相当固执，而且在类似的情况下会产生既定的反应。"人类会重复犯错"或者"历史重演"就是技术分析的一个基本假设。虽然人类的行为非常复杂，绝对不会重复完全相同的行为组合，市场行为也不会呈现完全相同的表现，但其所显示出来的类似特点足以让技术分析者判断价格变动的趋势。技术分析就是以历史预知未来，运用从价格和交易量的历史资料中概括出的规律以及反映这些规律的各种技术分析工具，分析已经发生的价格和交易量，并由此预测价格的未来走势。

三、技术分析的价、量、时、空

技术分析是以市场行为为对象，以研究众多投资者动向为目的的分析方式，投资者对市场的判断及其投资意愿最终都通过市场行为以价、量形式表现出来，因此，技术分析其实是对市场一段时间的价量关系做出分析以预测其走势的各种方法的汇总，其最终分析对象是价、量、时、空。

价，是指股票价格或指数，可细分为开盘价、收盘价、最高价和最低价。分析长期走势常以收盘价为主。价格变化是投资者最关注的因素，是市场变化的方向。

量，是指成交量，是在反映价格的单位时间中计量的成交总量，如日成交量、周成交量等。若价格反映市场变化的方向，成交量则反映投资者对这一方向的认同程度，也反映人们在这一状况下愿意和实际参与程度。量的概念十分重要，因为价格往往是主力或庄家做出来的，而量是较难做假的。

时，是指某一段行情所需要的时间，一种走势持续的时间等。某种趋势不可能无限发展，总会有调整和转势的时间，对其研究可帮助投资者把握时机。

空，即空间，是指某一趋势可能达到的高点或低点。过高或过低的股价会引起市场变盘，结合时间分析，投资者通过预测趋势的空间，可把握变盘的时间和空间，从而找到买卖时机。

1. 价量组合分析

价升量增：价格反映市场方向，成交量反映市场对这一方向的认同程度，价升量增则是市场认同后市上升，投资者大量参与，后市向好。

价跌量增：市场认同后市下跌，投资者积极卖出股票，造成股市进一步下跌，关键点位的价跌量增，反映后市悲观。

价升量减：量减一般表明市场对这一方向的怀疑，并不认同价格的上升，不愿积极参与，股价缺乏成交量的配合，随着可能下跌。这一点，对于初学者十分重要。

价升量平：说明持股多主力一致看好后市，可能会持续上涨。

价跌量减：市场不认同价跌，仍对所持股票持惜售心态，等待价格上升，因抛压不重，股价可能重拾升势。

量增价平：成交量的放大反映市场参与积极，价平则表示价格走势方向不明。若是投资者积极买入，则可能量增价平；若是投资者积极卖出，则可能量增价跌。但量增了，价格却变化不大，说明多空双方出现分歧，后市可能变盘，应密切关注。

知识链接

成交量的 8 种情形

在实战中，成交量的变化规律一般都是：向上突破时增量，回调时减量，上涨时平量或减量，天量之后向下转势；向下突破时增量（缩量也行），反弹时减量，下跌时平量或减量，地量之后向上转势。

(1) 价平量增，为转强信号，可适量买进。
(2) 价涨量增，为买入信号，积极顺势跟进。
(3) 价涨量平，可持续买入。
(4) 价涨量减，继续持有。
(5) 价平量减，为警戒出货信号。
(6) 价跌量增，一般以退出观望为主。
(7) 价跌量平，继续卖出。
(8) 价跌量减，主要为卖出信号。

▶ 2. 时空分析

时空分析的目的是寻找买卖时机。股市不可能长时间持续上涨和下降，当空间达到趋势发展的目标时，价格会发生反转，此时正是良好的买卖时机。空间目标总是限制在一定时间内，时间越短，换手要求就越强。短期内，空间越高，压力就越大；空间越低，支撑则越强。长期内，由于存在充分的换手时间，股价的长期目标可以更高或更低，其发展空间往往符合股票发行公司的发展，即符合公司业绩的变化。时空分析的工具主要包括循环周期理论、波浪理论等。

四、运用技术分析的几个要点

▶ 1. 技术分析适用于金融市场的任何交易品种

股票、债券、基金、期货、外汇等都可以运用技术分析原理和方法来研判其行情的演变。不过，在对不同种类的金融产品进行技术分析时，应根据每种金融产品的特点对具体的技术分析方法和技术指标参数进行适当的调整。如对债权、国债期货的分析差错明显大于对股票市场的分析。

▶ 2. 技术分析可以运用于价格趋势的短、中、长期预测

趋势是从时间上来衡量价格水准的变动方向，包含不同的时间架构。趋势的种类有很

多种，最重要的趋势有三种：主要趋势、中期趋势和短期趋势。主要趋势通常在一两年之间，中期趋势持续的时间在三周到六个月以上，短期趋势通常为一周到三四周。技术分析对于这三种趋势都能进行分析辨别。不过，短期趋势通常受到一些新闻事件的影响而随机变动，所以与中期或主要趋势相比，更难以辨别一些。一般来说，趋势持续时间越长，越容易辨别。

▶ 3. 技术分析的指导思想要明晰

运用技术分析时应该专注于市场的主要转折点，不要尝试预测市场的每一个转折点，预测每一个走势的期间与幅度。技术分析不是万能的灵丹妙药，世上没有任何已知的方法可以精准而稳定地做这类预测。

▶ 4. 应掌握技术分析的精髓，勇于承认错误

技术分析最大的作用是帮助人们提高判断未来价格趋势的准确性。但从技术分析方法诞生开始，对技术分析的质疑就没有中断过。在质疑者中，既有对技术分析赖以建立的理论基础加以批判的学者，也有把技术分析运用于实践的失败者。不过，200多年来，技术分析在金融市场上经久不衰的事实告诉人们，技术分析的作用毋庸置疑。技术分析并不能百分之百地告诉人们未来价格变动的趋势，其实质在于把人们对未来价格趋势研判的决策从不确定型转为风险型。因此，当投资者依据技术指标发出的信号做出了买进或卖出的决策时，并不意味着未来行情就一定会按照投资者的设想演化。换言之，技术分析允许"出错"。当事实的发展否决了当初的判断时，就应该勇于承认错误，并进行应有的调整。这就是技术分析的精髓所在：选择出现概率大的方案，但不排斥概率小的方案出现的可能。

▶ 5. 以一两种技术分析方法为主，并辅之以其他方法

技术分析方法实际上是许多具体方法的统称。这些具体方法包括波浪理论、K线图法、指标法等，它们各有优缺点和适用范围。每个投资者应该根据自己的个性、投资风格选择一两种具体的技术分析方法作为自己的主攻方向，加以研究和运用。在此基础上，尽可能参考其他的技术分析方法和所获得的信息。对技术分析方法的学习和运用，应遵循精益求精的原则，而不是多多益善。

任务二 证券投资分析的主要理论

一、道氏理论

道氏理论是美国投资者预测股市价格涨跌的最常用方法之一。道氏理论是最古老、最闻名的技术分析理论，由《华尔街日报》编辑查尔斯·H.道于19世纪末创立。但道氏生前并未形成系统的理论，后由当时的记者萨缪尔逊·A.纳尔逊和威廉·P.汉密尔顿等人，将散见于报纸中的道氏思想系统化，遂形成了道氏理论。

道氏理论创立之初并未引人注目，后因其于1929年10月23日《华尔街日报》上撰文《浪潮转向》指出：牛市已经结束，熊市即将到来。同年10月24日、10月28日、10月29日，股市持续大跌，到11月股市跌到198点，跌幅达48%。由于道氏理论成功地预测了大灾难即将来临而声名大噪，因此迄今为止，它仍是技术分析的基石。

（一）牛市和熊市的判别

道氏于1897年首先编制了道琼斯股票平均数，并认为如果平均指数的波动在一段较长时间内，其高点一个比一个高，而低点也同样一个比一个高，那就是上升趋势，即"牛市"；反之，如果指数高点一个比一个低，而低点也同样一个比一个低，便是跌势，即"熊市"。

（二）股价运动的三种趋势

道氏理论将股价波动分为以下三种趋势。

▶ 1. 主要趋势（主要运动）

主要趋势是指股价广泛或全面性上升或下跌的变动情形，其持续时间在一年以上，汉密尔顿认为多头市场平均应长达27个月之上，股价的总升（跌）幅在20%以上。主要趋势持续上升即为多头市场，也即牛市；反之则为空头市场，即为熊市（空头市场平均长度为15个月）。

▶ 2. 次级趋势（次要运动）

它与主要趋势的运动方向相反，并对其产生一定的牵制作用，因而被称为股价的修正趋势。在多头市场里，它是中级的下跌或调整行情；在空头市场里，它们是中级的上升或反弹行情。次级趋势的持续时间从两周至一两个月不等，股价上升或下跌的幅度一般为股价主要趋势的1/3～2/3，大多为50%，很少有不到1/3的。

▶ 3. 短期趋势（日常运动）

股价每天的波动，或几天内的股价走势、次级趋势，常由三个或三个以上的短期趋势所组成。

在三种趋势中，主要趋势是投资者最关心的甚至是唯一考虑的，其目的是想尽可能在多头市场上买入股票，而在空头市场形成之前及时地卖出股票。投机者则对股价修正趋势较感兴趣，目的想从股价的短期波动中获利。至于短期趋势，在道氏理论看来，这种波动没什么意义，它们也是三种趋势中唯一可以被操纵的。

（三）主要趋势的三个阶段

道氏理论侧重于分析大趋势、主要趋势，并认为无论是多头市场还是空头市场，主要趋势都由三个阶段组成。

▶ 1. 多头市场的三个阶段

（1）第一阶段：敏感有远见的投资者感到市场将有转变，开始悄悄进货，但大多数人还不明就里，还悲观地不惜斩仓抛售，此时成交量温和放大，股价跌幅变缓或停止下跌。

（2）第二阶段：经济前景明显好转。敏感者大量买进股票，成交量增加，股价有较大幅度上升。

（3）第三阶段：好消息已广为播散，公众大量涌入，成交量骤增，股价直线陡升，市场一片欢腾，投资者趁机哄抬，所有股价都在上升。

▶ 2. 空头市场的三个阶段

（1）第一阶段：随着量价背离，股价滞涨，敏感的投资者开始出货，股价上下震荡后开始下跌，但大多数投资者仍处于亢奋之中，认为是上涨中的回档，仍不断抢入，使股价反弹，成交量锐增。

(2) 第二阶段：买者渐少，卖盘大盛，股价急跌，但并无暴跌迹象。

(3) 第三阶段：市场上坏消息弥漫，业绩优良股亦因公众无信心再坚持而纷纷下跌，但后来跌势趋缓，蓝筹绩优股开始不跌了，垃圾股价又下跌，成交量急剧萎缩，通常在坏消息完全出尽之前，空头市场渐趋结束。

（四）两种指数互证

道氏理论认为，只有工业指数和铁路指数的变动出现互证时，主要趋势才能被确定。所谓互证就是指两种指数同方向按牛市、熊市的判别标准变动，否则就无法确定主要趋势的走势。比如，工业股已呈上升趋势，但铁路股并未呈同样趋势，这时，工业股会为铁路股所拖累，最终无法形成多头市场。同样，若工业股呈下跌趋势，但铁路股走势相反，亦不会形成空头市场。

两种指数的互证在时间上一般是同时发生，但有时则会相差一两天，甚至几个星期或一两个月之久。

（五）道氏理论评价

道氏理论开创了技术分析的先河，为后来的技术分析的发展奠定了基础。其主要价值在于预测股价的长期走势，并且颇为有效，因而广为长期投资者认识并采用。但是，它的缺点也颇为明显。

(1) 反应不敏感，只适合中长期。道氏理论对长期趋势反转的判断，通常要在反转行情已经进行一段时间以后才能确定，而此时已错过了投资操作的最佳时期。因此，设立一定止损、止盈点极为重要。此外，道氏理论主要用以预测对整个股市的长期趋势，对股市的中、短期波动则无能为力。

(2) 对个股无效。道氏理论是用以对整个股市的预测，因而它无法告诉投资者哪些股票会涨或会跌，也无法指示投资者选择股票。

(3) 指数失真。道氏理论用两种指数互证来判断大势，这在当时，铁路运输在美国国民经济中具有重要地位的情况下有一定道理，但在航运、海运、公路运输地位上升时，仍以铁路股指数进行互证，则未必能真实反映股市的大势。

二、波浪理论

波浪理论是 R. N. 艾略特（R. N. Elliott）教授于 1939 年提出的。他发现规律性是宇宙产生的自然法则。自然界的所有循环——不论潮汐的起伏、天体的运行、生与死、日与夜都会呈现周而复始的循环，而且在自然界的循环中往往隐含着一种特殊的数值关系，即由意大利数学家费伯纳兹于 1202 年发表的"费伯纳兹数列"。它从两个 1 开始直至无穷：

$$1, 1, 2, 3, 5, 8, 13, 21, 34, 55, 144, 233, \cdots$$

该数列有如下特性：①数列中任一项都是前两项之和；②任一项除以后一项的商都趋近于 0.618，任一项除以前一项的商都趋近于 1.618；③1.618 乘以 0.618 等于 1.0。

艾略特将他对自然界循环的观察，结合费伯纳兹数列，并分析 80 年间股票市场的资料，发现股票市场的走势遵循 5 个上升浪 3 个下跌浪而循环进行，即一个循环由 8 个浪构成，如图 4-1 所示。

当一个循环完成后又开始另一个新的 8 浪循环。另外，每一个浪里可以被细分为时间更短、级别更低的若干个子浪,也可以是另外一个级别更高、时间更长的大浪的子浪。例如,图4-2中第一浪由①、②、③、④、⑤五个小浪组成,而第①～⑤浪又可以被看作一个新的大浪的组成部分。

图4-1　8浪循环图

图4-2　8浪循环交替规则示意图

由于存在着这种"浪中有浪"的现象,使辨别浪形趋于复杂。因此,确认每一个浪形的级别就成了波浪理论的核心问题。波浪理论规定了确认浪形的一些基本原则,主要有以下几点。

(1) 在第一、三、五这三浪中,第三浪不是最短的,通常是最长的一个浪。

(2) 第四浪底不低于第一浪的顶,第二浪不低于第一浪的启动部位。

(3) 第二浪和第四浪以交替方式出现。如果第二浪以简单快速方式调整,则第四浪一般以复杂的横向盘整方式出现;反之亦然。

(4) 在第一、三、五这三浪中,如果其中有两个浪在时间和长度上趋于接近,则有一个浪会出现延长现象。所谓延长就是指一个单一浪变成了五个小浪或更多小浪的组合。如图4-2中的第一浪,走成了5个小浪的组合,第一浪就成了延伸浪。

波浪理论还有其他一些基本的规定,这些规定为正确认定波浪形态提供了必不可少的依据。

波浪理论的最大贡献在于发现了价格走势的8浪循环。这就使得原先相对独立的技术分析方法,可以在波浪理论的主线下展开。换言之,其他技术分析法可以用来帮助确认波浪形态,而一旦波浪形态被确认,投资者就如大海中驾船远航时,手持微卫星定位仪,具有很强的位置感。

波浪理论也有其不足之处。在符合其基本规定的前提下,仍然有可能存在着难以辨别浪形级别的问题,一个浪存在着几种级别的可能,这也是许多人责难波浪理论的重要原因。遇到这种情况,投资者有两个办法解决:一是结合基本分析和其他技术分析方法综合判断，二是等待。再判别不清浪形级别的时候，就选择等待，等待浪形清晰时刻的到来。做看得懂的行情，这是投资成功的关键。

三、K线图理论

K线图是18世纪日本商人本间宗久创立的用于记录米市交易行情的一种方法，以此来判断本间先生家乡出羽和当时日本首都江户的米价涨落，效果很好。因简单易懂，实用有效，后被引入证券市场。K线图先后流传到新加坡以及我国的香港和台湾等，颇受欢迎，它也是我国大陆投资者最常用的技术分析方法之一。日本把技术分析称为罫线，而罫线的读音为K，引入我国后称为K线。所谓K线，就是将股市中每交易时间单位（日、周、月、季和年等）内开盘价、收盘价、最高价和最低价，用粗线和细线的方法记录下来，画成蜡烛一样的图形，用阳或阴来表示开盘价与收盘价之间的关系。开盘价高于收盘价的K线为阴线，开盘价低于收盘价的K线为阳线，如图4-3所示。每一条K线都反映了市场上买卖双方实力较量的最终结果。阳线表示卖方实力不济，阳线实体越长，表明买方力量越强，阴线则正好相反。K线中，上影线越长，代表价格上升受到的阻力越大。下影线越长，代表买方的实力越强。K线有日K线、周K线、月K线、季K线和年K线等，分别表示买卖双方在一日、一周、一月、一季和一年内的较量结果。随着计算机技术的普遍运用，现在还有5分钟、15分钟、30分钟和60分钟分时K线。如果以时间为横轴，价格为纵轴，把每日（周、月等）K线画在坐标图上，并配以当日（周、月等）的成交量，就成了K线图。K线图充分反映了市场行为的四大要素——价、量、时间和空间。单根K线反映了一个时间单位内买卖双方的力量对比，而K线图则能反映一段时期内买卖双方的力量对比。价格趋势转折点的出现，是由多空双方最终较量的结果。这是一个从量变到质变的过程，单个K线和K线图都能反映这一过程。某些特殊的K线和K线组合图往往能够预示质变的到来，如表4-1所示。结合波浪理论，当浪形为上升第五浪时，十字星、倒T字线、怀抱线等K线及其组合的出现，往往预示着顶部的到来。当浪形为下跌第五浪时，十字星、T字线、怀抱线等的出现，则预示着下降趋势的结束。

图 4-3 K线图

表 4-1 部分特殊的K线和K线组合示意图

K线及 K线组合	+	⊤	⊥	占	▯▮	▮▯	▯▮	▮▯	▯▮	▮▯
名称	十字星	T字线	倒T字线	倒锤头	覆盖线	反迫线	怀抱线			
出现在上升 第五浪处	顶部 信号	—	顶部 信号	顶部 信号	顶部 信号	顶部 信号	顶部 信号			
出现在下降 第五浪处	底部 信号	底部 信号	—	—	—	—	底部 信号			

（一）K线基本形状及其研判

严格地讲，因有无上影线或下影线、有无明显的实体、上影线或下影线的长度有别等，而使单条K线的形状有许多种。但是，从股市实战研判的角度来说，其他多种形状的K线应该说都是基于K线基本形状而演化得来的。因此，了解K线的基本形状，领会它们的研判意义，是娴熟运用K线技术理论的前提。一般来说，K线的基本形状包括：有上下影线的阳线、有上下影线的阴线、光头阳线、光头阴线、光脚阳线、光脚阴线、光头光脚阳线、光头光脚阴线、十字星、T字线、倒T字线、一字线等12种。

▶ 1. 有上下影线的阳线

如图4-4所示，有上下影线的阳线是一种最普遍发生的K线形状，表示多方与空方之间斗争十分激烈的盘面情形。这种K线形状表明，当日盘中曾出现最高价和最低价，但开盘价高于最低价，收盘价低于最高价，而最终的收盘价却高于开盘价，因此表现为带上下影线的阳线。

研判意义：在盘面里，多空双方都曾占据优势地位，一度将股价抬到最高价位和打压至最低价位，但都遭遇对方的顽强反击，直到尾盘时段多方才将优势保持下来，从而使收盘价站到开盘价之上。至于多空双方优势地位的衡量，则应根据上下影线的长度与红色实体的长度来进行研判。首先，从上下影线的长度对比来看，上影线长于下影线表明空方占优，而上影线短于下影线则表明多方占优。其次，就红色实体的长度来说，实体越长表明多方优势越明显；而实体越短则表明多方优势较为有限。最后，综合而言，上影线越短，下影线越长，红色实体越长，反映出多方占据优势，不利于空方，呈现"明显强势"特征；而下影线越短，上影线越长，红色实体越短，反映出空方占据优势，不利于多方，呈现"强中趋弱"特征。

图4-4 有上下影线的阳线

▶ 2. 有上下影线的阴线

如图4-5所示，有上下影线的阴线是股市中最常见的一种K线形状，显示空方同多方交战的盘势。当天，盘面一度出现最高价和最低价，但开盘价低于最高价，收盘价高于最低价，而最终的收盘价却低于开盘价，因此表现为带上下影线的阴线。

研判意义：这种K线形状的研判意义与带上下影线的阳线正好相反。在盘面里，多空双方也都曾占据优势地位，一度将股价拉抬到最高价位和打压至最低价位，但都遭遇对方的顽强反击，只是到尾盘时段空方才将优势保持下来，从而使收盘价"屈居"开盘价之下。对于空方与多方的相对优势的确定，也应根据上下影线的长度与黑色实体的长度来进行研判。总体来说，上影线越长，下影线越短，黑色实体越长，反映出盘势倾向于空方占据优势，不利于多方，"弱势"特征明显；而下影线越长，上影线越短，黑色实体越短，则反映出盘势倾向于多方占据优势，不利于空方，具有"弱中趋强"特征。

图4-5 有上下影线的阴线

▶ 3. 光头阳线

如图 4-6 所示,光头阳线是一种没有上影线而只有下影线的先跌后涨型 K 线形状。在盘面里,一度出现低于开盘价的最低价位,但最终的收盘价不但高于开盘价,而且成为当天的最高价,因此表现为带下影线的光头阳线。

研判意义:当天开盘之后空方一度出击,但在多方强力反攻之下告败,整个盘势倾向于多方,多方占据优势地位。衡量多方优势的强弱,可以依据实体的长度和下影线的长度来研判。一般地,实体越长,下影线越长,表明盘中多头市场特征明显。因此,在一定程度上,光头阳线是一种涨势信号。

图 4-6 光头阳线

▶ 4. 光头阴线

如图 4-7 所示,光头阴线是一种没有上影线而有下影线的下跌抵抗型 K 线形状。其中,开盘价就是当天的最高价位,盘中一度出现最低价位,但收盘价虽然低于开盘价却站到了最低价之上。

研判意义:当日开盘价伊始即受到空方打压,在空方紧逼进攻之下股价节节走低,一度下探最低价位,但遭遇多方反击抵抗。总体来说,盘中空方"火力"较强,占据优势,多方处于守势。空方优势的大小与下影线的长度和实体的长度直接相关,下影线越短,实体越长,则空头优势更加明显。所以,在一定意义上,光头阴线是一种跌势信号。

图 4-7 光头阴线

▶ 5. 光脚阳线

如图 4-8 所示,光脚阳线是一种没有下影线而带上影线的上升压制型 K 线形状。在盘面上,开盘价成为当天最低价位,收盘价高于开盘价,但却较当日最高价位低,因而表现为带有上影线的光脚阳线。

研判意义:当天开盘后多方就咄咄逼人,尽显优势"火力"而一度将股价拉升至全天最高价位,但此时空头抛盘涌现,大力压制股价升势而留下上影线。多空双方激战的结果是,多方略胜一筹,占据优势地位。从上影线和实体长度可以判断出多方实力地位的强弱:上影线越短,实体越长,则多方优势地位越强;反之,上影线越长,实体越短,则多方优势地位越弱。

图 4-8 光脚阳线

▶ 6. 光脚阴线

如图 4-9 所示,光脚阴线是一种没有下影线而带有上影线的先涨后跌型 K 线形状。在盘中,开盘价低于当日的最高价位,而在开盘价之下的是收盘价,也即全天的最低价位,因而 K 线表现为光脚阴线。

研判意义:当天开盘后多方一度占优势,但不久即被空方击退而留下上影线,而且空方不断加强抛盘"火力"而尽显优势,股价于是节节下跌,全天盘势以空方占据优势地位而获胜。研判空方优势的大小,主要根据上影线与实体长度来进行。如果上影线越长,实体越长,则空方的优势越大;反之,上影线越短,实体越短,则空方的优势越小。

图 4-9 光脚阴线

▶ 7. 光头光脚阳线

如图4-10所示，光头光脚阳线是一种没有上下影线的纯粹上涨型K线形状。在盘中，当天的最低价位就是开盘价，而收盘价格即为全天的最高价位。

研判意义：这种以全天最低价开盘而以最高价收盘的K线，反映出多方力量强于空方居于优势地位。但是，多方优势的大小完全依赖于实体的长度——收盘价与开盘价之间的差价大小。一般，当收、开盘价差价达到3%以上时，称为光头光脚大阳线，表明多头占据明显优势地位，空头力量很弱；当天收、开盘价差价在1%~3%时，称为光头光脚中阳线，表明多头占据优势，而空头力量不容忽视；当天收、开盘价差价在1%以下时，称为光头光脚小阳线，表明多空双方力量对比悬殊非常小，但多方暂居优势。

图4-10 光头光脚阳线

▶ 8. 光头光脚阴线

如图4-11所示，光头光脚阴线是一种没有上下影线的纯粹下跌型K线形状。从盘面可见，当天的开盘价就是最高价位，而收盘价即为最低价位。

研判意义：这种K线的研判意义同光头光脚阳线正好相反，表明空方较多方而言居于优势地位。研判空方优势的强弱，只需要分析开盘价与收盘价之间的价差：如果该差价达到3%以上时则称为光头光脚大阴线，表明空头占据明显优势地位，多头力量很弱；如果该差价在1%~3%时，则称为光头光脚中阴线，表明空头占据优势，而多头力量并不可忽视；如果该差价在1%以下时，则称为光头光脚小阴线，表明空方与多方之间的力量对比悬殊非常小，但空方暂居优势。

图4-11 光头光脚阴线

▶ 9. 十字星

如图4-12所示，十字星是一种既有上影线而又带下影线的、开盘价与收盘价（几乎）相同的K线形状。在盘中，开盘价低于最高价位，收盘价高于最低价位，但开盘价与收盘价（几乎）相等。与前一交易日的收盘价相比，如果股价上涨，则在盘中表现为红十字星（或者说十字阳星）；如果股价下跌，则在盘中表现为黑十字星（或者说十字阴星）。

图4-12 十字星

研判意义：这种K线反映出多空双方在盘中有较大分歧和激烈交战的情形，对其研判意义可以从两个角度来看。其一，从上下影线的长度来说，如果两者均较长，则称为"大十字星"，表明多空分歧很大，争夺激烈，但到最后回到开始时的均衡点。进一步地，若上影线比下影线长，则说明空方占据优势地位；而若下影线比上影线长，则说明多方占据优势地位。如果两者均较短，则称为"小十字星"，表明多方与空方之间分歧较小，盘面交易清淡而使股价呈窄幅整理之势，双方优势难以定论。其二，从十字星所处价位来看，如果在相对高位出现，则称为"黄昏之星"，研判难以定论。进一步的，若此后连续两个或两个以上交易日出现股价走高并且升幅达3%以上时，短线可及时买进，相反则坚决出局。如果十字星出现在相对低位，则称为"早晨之星"，研判同样难以定论。进一步的，若此后一个交易日出现股价一路走高之势，则应坚决跟进，反之则应持观望态度。

▶ 10. T字线

如图4-13所示，T字线是一种没有上影线而带下影线的、开盘价与收盘价相同的K线形状。在盘面里，出现了开盘价、收盘价、最高价三价合一而居于最低价之上。

图4-13 T字线

研判意义：一般地说，T字线表明多方较之空方而言占据优势地位，而且多头优势的大小与下影线的长度呈正比例关系。这种图形大多出现在股价的相对低位处，时而也有在中、高位出现的情形，通常其市场意义是抓住进货的机会，或者持观望态度。

▶ 11. 倒T字线

如图4-14所示，倒T字线是一种没有下影线而带上影线的，开盘价与收盘价相等的K线形状。在盘中，开盘价、收盘价与最低价格三价合一而处于最高价位之下。

研判意义：通常来讲，倒T字线反映出空方居于优势地位。而且，空头优势的大小取决于上影线的长度，上影线越长则空头优势越大，上影线越短则空头优势越小。这种K线多出现在股价的相对高位，也有在低位出现的情况，其一般市场意义是把握逢高出货的机会，或是场外观望。

图4-14　倒T字线

▶ 12. 一字线

如图4-15所示，一字线是一种非常特殊的、极其罕见的K线形状。在盘面里，开盘价、收盘价、最低价、最高价四价合一，呈"一"字形。这种K线只是在理论上存在，但在实际中也有两种出现的情形：一是在发行一支事先确定好价格的证券时；二是在执行涨跌停板制度的股市中。在我国股市中，ST股票和PT股票，尤其是PT股票的价格走势中经常出现一字线。

图4-15　一字线

研判意义：一般地说，在具有涨跌停板制度的股市里，当出现涨停板开盘，并有大量买盘轧空时，表明多方占据绝对优势，短线升势强劲，尤其是在股价的低位或相对低位出现时；当出现跌停板开盘，并有大量卖盘排队待售时，表明空方占据绝对优势，短线跌势迅猛，特别是股价的高位或相对高位出现时。

（二）双K线组合研判

在图4-16中，将K线的区域划分为5个部分，从区域5到区域1反映出多空双方力量的对比和转化过程——空方优势减弱，多方优势加强。多空争夺的区域越是抬高，表明盘势越是倾向于多方，就是越有利股价上涨，反之则相反。这一点，在两条或两条以上的K线组合图形的研判中具有重要意义。不管有几条K线，都是根据相邻两条K线的相对位置的高低及其阴阳来判断未来的行情演变的。

双K线组合的情形数不胜数，为此，这里只选择其中几种特定的组合形态来研判其市场意义，以便领会这些双K线组合的具体含义，从而在股价实战里可以融会贯通，举一反三。

图4-16　K线的"五区"

▶ 1. 覆盖线

研判意义：如图4-17所示，覆盖线表明，继昨日收阳线后，今日多头开盘即显示实力高开股价，但很快遭遇空头猛烈掼压而使股价一路走低，全天收盘为近似昨日阳线长度的阴线，仿佛要覆盖昨日阳线一样。出现这种双K线组合时，即意味着短期趋势将会改变，上涨的方向可能转为继续下跌。如果今日阴线下探至昨日实体的1/2以下时，即表明多方优势遭遇削弱，空方力量占据优势；否则，则说明多头元气并未真正受损，反攻随时可能发生。

2. 反迫线

研判意义：如图 4-18 所示，反迫线表明，继昨日收出一条大阴线后，今日开盘伊始空头优势就一度尽显而使股价低开低走，但不久就受到多头的强力反攻，并最终使全天收盘在昨日阴线最低价附近，形成一条光头小阳线。如果该小阳线的收盘价在昨日收盘价之上，则又称该反迫线为迫入线；如果该小阳线的收盘价等于昨日最低价，则又称该反迫线为迫切线。这种双 K 线组合表明在低档处多头承接积极，乃行情反弹的前兆，尤其是出现在持续下跌多日之时，但若下一个交易日行情继续下跌，则会使行情继续看空。

图 4-17　覆盖线　　　　　　　　　图 4-18　反迫线

3. 怀抱线

研判意义：如图 4-19 所示，怀抱线表明，由于今日 K 线最低价较昨日 K 线的最低价高，最高价比昨日 K 线的最高价低，而使今日 K 线被昨日 K 线犹如怀抱在胸一般。这种双 K 线组合包括阳包阴、阳包阳、阴包阳和阴包阴四种，通常的市场意义是预示行情反转的信号。如果其出现在相对高位时，一般以逢高出货为主，尤其是行情持续上升已久时；如果出现在相对低位时，则多以积极介入为操作策略，特别是股价长期处于底部运行区域时。

4. 包容线

研判意义：如图 4-20 所示，包容线表明，今日 K 线最低价比昨日 K 线最低价更低，而最高价较昨日 K 线最高价更高，这样今日 K 线就将昨日 K 线完全包容进来。这种双 K 线组合包括四种情形，即阳包阴、阳包阳、阴包阳和阴包阴，其市场意义是发出股价涨跌的趋势将会完全改变的信号。同怀抱线的研判意义一样，只要这种双 K 线组合出现，当其在股价相对高位时，则可以确立逢高派发的操作对策；而当其在股价相对低位时，则以介入做多为操作对策。

图 4-19　怀抱线　　　　　　　　　图 4-20　包容线

5. 相遇线

研判意义：如图 4-21 所示，相遇线表明，昨日股价走势与今日完全不同，昨日低开高走并在最高价附近收盘，而今日则高开低走并在最低价附近收盘；或者昨日高开低走并在最低价附近收盘；而今日低开高走并在最高价附近收盘，同时两天的收盘价基本接近。这种双 K 线组合多为主力机构短线"作秀"现象，一般预示着短线行情的反转。

6. 平行线

研判意义：如图 4-22 所示，这是一种在连续两个交易日里出现阳线或者阴线的双 K 线组合情形，因而得名"平行线"。如果出现双阳平行线时，则表明多头实力强大，做多意愿坚决，尤其是在今日阳线比昨日阳线长出许多时，更是暗示决定性的多头行情开始展开；如果出现双阴平行线时，则反映空头优势明显，做空动力强大，特别是在今日阴线较昨日阴线长出许多时，更是暗示决定性的空头行情开始展开。

图 4-21　相遇线　　　　　　图 4-22　平行线

7. 相反线

研判意义：如图 4-23 所示，相反线表明，两个交易日的股价走势正好相反，昨日股价高开低走，而今日高开高走并在最高价附近报收；或者昨日股价低开高走，而今日则低开低走并在最低价附近报收。这种双 K 线组合多是主力机构的短线操作手法，预示短线多空行情的反转。

8. 停迷线

研判意义：如图 4-24 所示，停迷线表明，昨日股价大涨而收出大阳线，今日却在高档出现小阳线或小阴线，从而使股价走势暂时处于停迷状态，因而这种双 K 线组合也称星线。停迷线反映出多方做多意愿减弱，行情因拉高买盘不足而渐趋衰竭。尤其是在相对高位出现时，这种组合更是暗示主力出货的迹象，如果下一个交易日股价没有出现大幅跳空高开情形，则基本上可以确认空头行情已经开始。

图 4-23　相反线　　　　　　图 4-24　停迷线

(三) 三K线组合研判

在掌握基本K线形状和双K线组合的研判意义基础上，再来进一步地认识三K线组合的研判意义。显然，三条K线的组合方式比起双K线而言更为复杂，更加多样。而且，由于多了一条K线，三K线组合所反映的信息就更多一些。但是，对于三K线组合的研判，仍然是根据最后一条K线相对于前面两条K线的位置（有时最后一条K线的上或/和下影线也具有重要意义）来判断和比较多空双方的优势大小。总体来说，研判三K线组合所代表的意义具有重要的市场价值，因为它不但是以基本K线形状和双K线组合为基础的，而且极其有助于研究短期、中期乃至长期行情的演变。

▶ 1. 上升三连阳

研判意义：如图4-25所示，上升三连阳表明股价连续三天上涨，反映出多方力量逐渐加强，尤其是低位区是具有强烈的多头市场特征。但是，至于多方优势大小的衡量，还需要结合三条阳线的上下影线和实体长度进行研判，主要有以下几种情形。

(1) 如果三天K线都是中或大阳线，则表明多方优势明显，多头士气"如日中天"，但由于涨幅大，第四天多考虑离场或不介入，暂持短线观望态度，当然中线应该看涨。

(2) 如果三条K线均有较长的上、下影线而实体又较小，则表明行情处于胶着微升姿态，既有低位承接的吸筹者，又有大量的高位抛压盘。若在股价相对低价位出现时，意味着多头力量逐渐增加，即将展开"空翻多"行情；若在股价上涨已久的相对高价位出现时，则意味着空头力量已逐渐增加，后市应该看跌。

(3) 如果三条K线依次为小阳线、中阳线或大阳线，表明多方力量迅速加强，后市一般看涨，尤其是在股价低档区域时。但是，如果第四天空方大力打压，股价回调幅度很大，则应考虑出局观望。

(4) 如果三条K线依次为一大阳加两小阳，若出现在长期上涨后就意味着空头力量逐渐加强，应警惕随时可能发生反转向下的行情；若出现在长期下跌后就意味着多头力量已渐增加，大多认为行情将反转向上。

图4-25 上升三连阳　　　　图4-26 下降三连阴

▶ 2. 下降三连阴

研判意义：如图4-26所示，下降三连阴表明连续三天报收阴线，反映出空方逐渐加大打压股价的力度，特别是在高档区具有明显的空头市场特征。但是，同上升三连阳的多头市场研判一样，空头市场的趋势之强弱还有待进一步分析，主要有下列几种情形。

(1) 如果三条K线都是中、大阴线，则反映空方来势凶猛，至少中线股价应该继续下跌。不过，在短线上，第四天一般有反弹的机会，可以在续跌的下档"抢帽子"。

（2）如果三条K线都是带较长上、下影线和有小实体的阴线，则表明股价处于胶着微降态势，既有高位抛盘涌现，又有一定低位承接盘出现。若此形态出现在上涨较长时间之后，则反转向下的趋势明显；若出现在下跌已久的行情之中，则意味着行情即将稳定，开始构筑底部区域。

（3）如果三条K线依次为一大阴加两小阴，则表明空方卖盘力量减弱，多方抵抗力量有所增强，后市反弹的可能性较大，但反弹力度不会超过该段跌幅的1/2。尤其是在该形态出现在长期上涨行情之后，大多预示着"多翻空"行情即将展开，逢高出局是操作首选。

▶ 3. 反攻成功式

研判意义：如图4-27所示，反攻成功式的典型形态是，一大阳（或阴）线成功地反攻击败前两条阴（或阳）线。在图4-27(b)中，最后一条阳线一举高出前两条阴线，表明空方遭受强有力的反攻"火力"，多方充分调动力量，一举击败空方，预示行情由此反转向下；而图4-27(a)中，局势正好同图4-27(b)相反，空方反攻成功，多方已经败阵，预示空头行情开始。

▶ 4. 反攻失败式

研判意义：如图4-28所示，反攻失败式的经典形态是，连续两天阳线之后出现一条小阴线（或小阳线）被第二条K线所怀抱，如图4-28(b)所示。其中图6-28(a)表明多方力量占优势仍然控制局势，空头反击"火力"较弱而告败，多头行情大多继续；图6-28(b)表明多头反攻力量比较有限，在空头猛烈抛压下宣告失败，下跌趋势仍将继续。

图4-27　反攻成功式　　　　　　　图4-28　反攻失败式

▶ 5. 夹击式

研判意义：夹击式是指两条阳线（或阴线）中间夹着一条阴线（或阳线）的三条K线组合方式，也就是两阳夹一阴和两阴夹一阳式，如图4-29所示。

在两阳夹一阴的夹击式中，若阴线实体较长而两条阳线实体较短并呈走低之势，则表明多头力量遭遇重大损伤，行情将以空头市场为主；若三条K线呈逐渐走高之势，则表明多头依然控制局势，空头反击乏力，后市继续看涨。

在两阴夹一阳的夹击式中，若阳线实体较长而两条阴线实体较短而又呈走高之势，则表明空头反击力量比较有限，多头仍然主宰局势，后市将以多头行情为主；若阳线实体较短而两条阴线实体较长，则表明多头反击"火力"较弱，空头打击力量强大，行情将继续看跌。

▶ 6. 包容式

研判意义：所谓包容式，是指后两条阳线（或阴线）把第一天阴线（或阳线）包容起来的三条 K 线组合方式，也就是两阳吃一阴式和两阴吃一阳式，如图 4-30 所示。

(1) 在两阳吃一阴式的包容式下，大多数情况下第三条 K 线（阳线）实体较长，表明多方力量异常强大，占据优势地位，后市多头进攻势头明显，行情继续看涨。有时，第三条 K 线比较短，而且带有上影线，则表明多方持续进攻力量有所缺乏，反而空方的力量稍微占优，后市不宜看涨。

图 4-29　夹击式　　　　　图 4-30　包容式

(2) 在两阴吃一阳式的包容式中，大多数情况下第三条 K 线（阴线）实体较长，表明空方优势地位明显，后市空方主宰行情而继续看跌。有时也会出现第三条 K 线较短而带有下影线，则表明空方开始向多方反击，但多方与空方的力量对比倾向多方，后市不宜过分看跌。

(四) 应用 K 线组合分析应该注意的问题

应用 K 线组合分析应该注意以下问题。

(1) 无论是一两根还是多根 K 线，都是对市场多空博弈的一个描述。这种组合都有相当的参考价值，但都是相对的，不是绝对的，只能起一个建议作用。

(2) 由于股市庄家众多，有的会利用从众心理即技术分析派的力量，有时会在收市前最后几分钟至几秒钟拉出来假图形，投资者对这类过于完美的 K 线组合要警惕地加以参考。

(3) 当 K 线组合图形与基本分析完全对立时，当形势发生根本性变化时，放弃 K 线分析结果，服从基本分析理论。

其实，这几点也适用于其他技术分析方法。

四、切线理论

在证券市场，一定要记住：看大势者赚大钱，顺势者昌，逆势者亡。与大势对抗，无疑是在与大海对抗。

(一) 趋势分析

详见本项目任务二道氏理论的讲解。

(二) 支撑线和压力线

▶ 1. 支撑线和压力线的含义

支撑线又称抵抗线，如图 4-31(a) 所示。当股价跌到某个价位（区域）附近时，股价有可能停止下跌，甚至有可能回升，这是因为历史上曾有较多投资者在此买入。如果跌穿此价位（区域）会造成众多人亏损，谁也不愿意在此割肉，众志成城，抵抗线就形成了。支撑线起到阻止股价继续下跌的作用。

压力线又称阻力线，如图 4-31(b) 所示。当股价上涨到某个价位附近，股价会停止上涨，甚至回落。这是因为历史上曾有较多人在此被套住，一旦进入这一价位区域，被套多时的投资者会纷纷出逃，大量抛现。压力线起到阻止股价继续上升的作用。

图 4-31　支撑线和压力线

▶ 2. 支撑线和压力线的作用

支撑线和压力线的作用是暂时阻止股价朝一个方向继续运动。由于股价的变动是有趋势的，要保持这种趋势，就必须冲破障碍。即要维持下跌行情，就必须突破支撑线的阻力，创出新低点；要维持上升行情，就必须突破压力线的阻力，创出新高。可见压力线和支撑线有被突破的可能，它们不可能长久地阻止股价变动，只不过是使股价暂时停顿而已，如图 4-31 所示。

当然，有时支撑线和压力线又有彻底阻止股价按原方向变动的可能。当一个大趋势终结时，股价就不可能创出新高或新低，这时，支撑线和压力线就异常重要。

在上升趋势中，如果下一次未创新高，即未突破压力线，这个上升趋势就已经处在很关键的位置了；如果往后的股价又反身向下突破了这个上升趋势的支撑线，这就可能是一个趋势有变的很强烈信号，它可能警告这一轮上涨趋势已经结束，大势可能反转向下了，如图 4-32(a) 所示。

同样，在下降趋势中，如果下一次未创新低，即未突破支撑线，这个下降趋势就应该十分注意；如果下一步股价向上突破了这次下降趋势的压力线，这就意味着下降趋势将要结束，股价有可能走向上升趋势，如图 4-32(b) 所示。

一般来说，对支撑线或压力线的确认有三个方面：一是股价在这个区域停留时间长短；二是股价在这个区域伴随成交量的大小；三是这个支撑趋势或压力区域发生的时间距离当前这个时期的远近。显然，股价停留的时间越长，伴随的成交量越大，离现在越近，则这个支撑或压力区域就越可以确认，且对当前的影响就越大，反之就越小。

但有时，由于形势变化和股价的变动，原来的支撑线或压力线已不具有支撑或压力作用，已不完全符合上面所述的三个条件。这时，就要对支撑线和压力线进行调整、修正。

图 4-32 支撑线和压力线

对支撑线和压力线的修正其实是对新的支撑线和压力线的确认。股价到了这个区域，投资者应清楚，它有可能被突破，而到了另一个区域，它就不容易被突破，但原来的支撑线可能会变成下一次反向运动时的压力线。投资者还要根据基本面及个股的具体情况进行决策。

（三）趋势线和轨道线

▶ 1. 趋势线

趋势线是衡量价格波动方向的线条，由它可明确看出股价趋势，可作为投资参考。在上升趋势中，将两低点连成一条直线，就得到上升趋势线，如图 4-33(a) 所示的直线 M；在下降趋势中，将两高点连成一条直线，就得到下降趋势线，如图 4-33(b) 所示的直线 M。

图 4-33 趋势线

可以看出，趋势线在上升趋势起支撑作用，下降趋势起压力作用，即上升趋势线是支撑线的一种，下降趋势线是压力线的一种。

但要得到一条真正的趋势线，要经多方验证才能确认：①必须确实有趋势存在。即在上升趋势中，必须有两个依次上升低点，在下降趋势中，必须有两个依次下降高点，方能确认趋势存在，连接两点直线才可能成为趋势线；②画出直线后，还应该得到第三点验证才能确认这条趋势线是有效的，所画出的直线被触及的次数越多，其作为趋势线的有效性越被得到确认，预测就较为准确；③这条直线延续时间越长，就越具有有效性。

趋势线的作用如下。

（1）对今后价格变动起一定约束作用，即价格总保持在这条趋势线的上方（上升趋势线）或下方（下降趋势线）。

（2）趋势线被突破后，就说明股价下一步的走势有可能反转，应该引起高度注意。越重要、越有效的趋势线被突破，其转势信号就越强烈。甚至被突破的趋势线原来所起的支撑或压力作用，现在将要互换角色，如图 4-34 所示。

图 4-34　趋势线突破之后起反作用

▶ 2. 轨道线

轨道线又称通道线或管道线，是基于趋势线的一种方法。在已经得到了趋势线后，通过第一个峰或谷可以做出这条趋势线的平行线，这条平行线就是轨道线，如图 4-35 所示。

图 4-35　轨道线

两条平行线组成一个轨道，这就是常说的上升和下降轨道线。轨道线的一个作用是可能限制股价的变动范围。轨道线一旦确认，在通常情况下价格将在这一通道里变动。如果其上面或下面直线被突破则意味着有一个重要的变化将出现。

应该指出的是，与突破趋势不同，对轨道线的突破并不是趋势反转的开始，而是趋势加速的开始，即原来的趋势线的斜率将会加大，趋势线的方向将会更加陡峭，如图 4-36 所示。

图 4-36　趋势的加速

轨道线的另一个作用是提供趋势可能转向的警报，如果在股价运行中未触及轨道线，离得很远就开始掉头，这往往可能是趋势将要改变的信号。这说明，市场已经没有力量继续维持原有的趋势了。

轨道线和趋势线是有关系的，显然，先有趋势线，后有轨道线。趋势线可独立存在，而轨道线则不能。

（四）黄金分割线和百分比线

当股价持续上涨或下跌时，在一定区域遇到压力或支撑，股价方向可能改变。黄金分割线与百分比线提供了支撑线和压力线所在的几个价位，这是成熟市场中，投资者经过大量实践得到的一些经验，可供参考。

▶ 1. 黄金分割线

黄金分割是一个古老的数学方法，它包含若干个特殊的数字：0.191、0.382、0.618、0.809、1.191、1.382、1.618、1.809、2、2.618、4.236……这些数字中，0.618、1.618 和 4.236 最为重要，股价极容易在由这三个数产生的黄金分割线处产生支撑和压力。而且黄金分割线被人们发现后，又强化了人们对这几个点位的注意，在众人心理作用下，这三个数字处容易产生行情的变化。

▶ 2. 百分比线

百分比线考虑问题的出发点是人们的心理因素和一些整数位的分界点。

以某次上涨行情开始的最低点和开始向下回撤的最高点两者之间的差，分别乘以几个特殊的百分比数，就可以得到未来支撑位可能出现的位置。

设低点是 10 元，高点是 20 元。这些百分比数一共 10 个：1/8、1/4、3/8、1/2、5/8、3/4、7/8、1、1/3、2/3。

这里的百分比线中，1/2、1/3、2/3 这三条线最为重要。在很大程度上，1/2、1/3、2/3 是人们的一种心理倾向。如果没有回落到 1/3 以下，人们就认为好像没有回落够似的；如果已经回落了 2/3，人们自然会认为已经回落够了。

上面所列的 10 个特殊数字也可以用百分比表示，之所以用上面的分数表示，是为了突出整数习惯。

五、反转与持续整理图形理论

（一）反转图形理论

反转图形就是预示价格趋势将逆转的图形，当它出现时，投资者应保持高度警觉，反转图形主要如图 4-37 所示。

▶ 1. 头肩型

头肩型是最为可靠的原始反转形态，又分为头肩顶和头肩底两种形态，如图 4-37(a) 和图 4-37(b) 所示。在头肩顶中，其左肩成交量往往最大，头部附近交投（买卖交易）也很活跃，右肩成交量最小；而在头肩底中，左肩的成交量往往最大，在头部附近，交投也非常活跃，右肩在形成时，成交量明显萎缩，不过，在头肩底发生反转突破时，要有放大的成交量加以确认，而头肩顶突破向下则无此要求。头肩型有效突破的确认标志为收盘价突破颈线幅度达 3% 以上，在绝大多数情况下，第一次突破会出现对颈线的反抽，已确认突破的有效性。一旦为有效突破，未来股价上涨或下跌的幅度从颈线突破点开始算起，至少达到形态高度,所谓形态高度是指从顶点到颈线的垂直距离,即图 4-37(a)和图 4-37(b)中的虚线距离。除了图 4-37 中的头肩型外,还存在复合头肩型,其特征为,在头部或肩部同时出现两个以上的头或左、右肩。一旦复合头肩型出现,价格上升或下跌的幅度要大于简单头肩型。

▶ 2. 双重型

双重型包括双重顶(也称 M 头)和双重底(也称 W 底)两形态,如图 4-37(c)和图 4-37(d)所示。双重型的判断原理和头肩型差不多,一般而言,M 头的第二个顶的成交量会远低于第一个顶;W 底的第一个底部伴随着相当大的成交量,第二个底部的成交量则很低,但向上突破时必须要有大的成交量,通常第二个底部的价位会高于第一个底部,但即使第二个底部等于或稍微低于第一个底部,W 仍然成立。另外,无论是 M 头还是 W 底,在发生反转突破时,一般也会出现对颈线的反抽,已确认突破的有效性,双重型一经确认,上涨或下跌幅度至少达到顶或底到颈线的垂直距离。

▶ 3. 圆形

圆形又称为圆弧形、碟形、碗形等,分为圆形顶和圆形底两种形态,如图 4-37(e)和图 4-37(f)所示。圆弧形在实际中出现的机会很少,但一旦出现,则是绝好的机会,它的反转深度和高度是不可测的,这和头肩型和双重型有区别,另外,无论是圆形顶还是圆形底,在形成时,成交量都是两头多中间少,越靠近头和底,成交量越少,到达顶或底时的成交量最少。在突破后的一段,都有相当大的成交量,圆形形成所花时间越长,以后反转的力度就越强。

图 4-37 反转图形示意

（二）持续整理图形理论

持续整理图形为股价在一定范围内持续波动的图形,一般有三角形、旗形、楔形和菱形等,如图 4-38 所示。

▶ 1. 三角形

三角形分为对称三角形、上升直角三角形和下降直角三角形等几种形态,如图 4-38(a)、图 4-38(b)和图 4-38(c)所示。对称三角形由上下两条聚拢并最终相交的直线构成,上面的直线起压力作用,下面的直线起支撑作用,两条直线的交点称为顶点。对称三角形应至少

图 4-38 持续整理图形示意

有 4 个转折点,一般为 6 个,如图 4-38(a)中的 A、B、C、D、E、F 都是转折点。价格的突破在距三角形底边 1/2 或 3/4 处最为可靠,太接近顶点的突破往往以失败告终。突破后从突破点算起,价格变动幅度至少应为三角形底边的距离,即图 4-38(a)中虚线的距离。突破方向可上可下,但最大可能为原有趋势方向。上升直角三角形除了上面那条直线呈水平以外,在形状上和对称三角形没什么区别,突破方向一般向上;下降直角三角形同上升直角三角形正好相反,是看跌形态。上升直角三角形和下降直角三角形突破后上升或下跌幅度的计算方法和对称三角形相同。

▶ 2. 旗形

旗形为上下两边同时上倾或下倾并平行的图形,分为上升旗形和下降旗形两种形态,如图 4-38(d)和图 4-38(e)所示。上升旗形两边向下倾斜,看似空方占优,但最终选择向上突破,而下降旗形与之相反。旗形的上下两边起着压力和支撑作用,只要有一条被突破,旗形即告完成。旗形代表价格暂时停顿而成交量发生下降趋势。旗形完成后价格将朝原有方向发展。旗形通常位于整段走势的中点,据此可以测算突破后的目标幅度。旗形的行程时间不能太长,一般不超过三周,并且不会出现在周线图或月线图中。

▶ 3. 楔形

楔形由上下两边同时上倾或下斜的收敛的直线构成,可分为上升楔形和下降楔形两种形态,如图 4-38(f)和 4-38(g)所示。上升楔形一般以向下突破告终。在空头市场的反弹走势中,上升楔形相当常见,在其完成时,通常呈现带量下跌的暴跌走势。其若出现在周 K 线图上,百分之百为空头信号,下降的幅度至少将新上升的幅度跌下去。下降楔形向上突破居多,突破时必须有大的成交量。不过,无论是上升楔形还是下降楔形,在其形成过程中,成交量都是逐渐减少的。楔形不会出现在月线图中。

▶ 4. 菱形

菱形的形态像钻石,又叫钻石形,如图 4-38(h)所示,通常在中级下跌前的顶部或大量成交的顶点出现,因此也有人把它归入反转形态。在菱形的形成过程中,成交量呈规律性的变化：在左半部分先是越来越大，然后逐渐减少，到了右半部分则越来越小。菱形的下跌幅度也可测量，由突破点开始计算，至少下跌到该形态中最大的垂直距离。

思考问答

一、名词解释

道氏理论　　艾略特波浪理论　　K线理论　　切线理论　　支撑线　　压力线

二、简答题

1. 证券投资技术分析的主要理论有哪些？
2. 道氏理论、艾略特波浪理论有哪些规定？
3. K线理论、切线理论有哪些规定？

在线自测

项目五　技术分析指标

┃学习目标┃

1. 了解技术指标的基本含义。
2. 掌握技术指标的研判方法。
3. 掌握技术指标的信号。

┃问题导入┃

如何运用技术指标分析股票?

┃情景写实┃

巴菲特的赚钱哲学——投资而非投机

　　如果这个世界上还有传奇的话,那么巴菲特算是一个。即使年龄增大也没能消退他"点石成金"的激情。在经历了一段时间的沉寂之后,巴菲特再次以他标志性的资本运作吸引了市场的关注,这一次,他的目光停留在能源业。

　　2003年5月24日,巴菲特的伯克希尔·哈萨威公司旗下的中部美洲能源控股公司宣布,将以94亿美元从苏格兰电力公司手中收购美国西北部最大的电力供应商——太平洋公司。根据协议,中部美洲能源控股公司将支付给苏格兰电力公司51亿美元现金,其余43亿美元将转化为净负债和优先股。拥有太平洋公司后,美洲能源控股公司可将其在美国6个州的160万名客户扩展到俄勒冈州和犹他州,并将打造一个年销售额超过100亿美元的能源巨头。

　　资料来源:https://wenku.baidu.com/view/3cf1dcbbc77da26925c5b03e.html?_wkts_=1686529481109&bdQuery=%E5%B7%B4%E8%8F%B2%E7%89%B9%E7%9A%84%E8%B5%9A%E9%92%B1%E5%93%B2%E5%AD%A6%2C%E6%8A%95%E8%B5%84%E8%80%8C%E9%9D%9E%E6%8A%95%E6%9C%BA。

　　【点评】巴菲特进军能源业并不能算是追涨杀跌的投机行为,本质上看,这不过是巴菲特投资的最新案例。投资和投机这两个不易分辨但又迥然不同的经济概念,在巴菲特的哲学中得到了完美的诠释和区分。

任务一 趋 向 指 标

一、移动平均线

(一) 基本含义

移动平均线(moving average,MA)是由美国人葛兰威尔根据道氏原理而创立的,用以预测未来股价的运动趋势。简言之,移动平均线就是连续若干个交易日的收盘价格的算术平均值。"若干个交易日"就是常说的时间参数,在运用中可以取 5 日、10 日、20 日、30 日、60 日等,也就是所谓的 5 日均线(MA5)、10 日均线(MA10)、20 日均线(MA20)、30 日均线(MA30)等,比如日线 MA5 指 5 天内的收盘价之和除以 5。均线理论是当今应用最普遍的技术指标之一,它帮助交易者确认现有趋势、判断将出现的趋势、发现过度延伸即将反转的趋势。

MA 用来描述价格运动的趋势,因此,MA 具有以下特点。

(1) 助涨助跌性。如果 MA 遭遇突破,则 MA 具有推动股价继续沿着突破方向运动的惯性。

(2) 跟踪趋势性。MA 描述的就是价格运动的趋势,这一性质决定了它将与股价图形中的趋势线在方向上保持一致性,从而表现出跟踪趋势的性质。

(3) 支撑压力性。即 MA 在股价走势中起着支撑线和压力线的作用。MA 遭遇突破,就是支撑线和压力线遭遇突破。

(二) 计算公式

$$MA(n) = \sum P/n$$

式中,$MA(n)$ 表示连续 n 个交易日的收盘价格的算术平均值;P 表示收盘价格;$\sum P$ 表示连续 n 个交易日的收盘价格之和;n 表示时间参数,取值有 5、10、15、20、30、60、120 等。

(三) 运用法则

▶ 1. 葛氏八大法则

关于 MA 的运用法则,最有名的是葛兰威尔法则,通常简称葛氏八大法则。该法则的具体内容如下。

关于买进信号的四种情形:①当 MA 从下降开始趋于平缓,股价自下而上穿越 MA 时;②当股价持续上涨而远离 MA,然后突然下跌,但是在 MA 附近再度上涨时;③当股价已经位于 MA 下方,但 MA 仍然保持上升趋势,不久股价又向上突破 MA 时;④当股价跌破 MA,并持续暴跌而远离 MA 时。

关于卖出信号的四种情形:①当 MA 从上升开始趋于平缓,股价自上而下穿越 MA 时;②当股价持续下跌而远离 MA,然后突然上涨,但是在 MA 附近再度下跌时;③当股价已经位于 MA 上方,但 MA 仍然保持下降趋势,不久股价又向下突破 MA 时;④当股价上穿 MA,并持续暴涨而远离 MA 时。

不过，要特别注意的是，在行情的盘整阶段、趋势形成后中途的休整阶段、行情的局部反弹和回档时，MA非常容易发出错误的信号。

▶ 2. 金叉死叉法则

在实际运用中还有两个基于MA的重要概念，即黄金交叉和死亡交叉。这两个概念是根据不同时间参数的两条MA之间相互关系来界定的。假定两条平均移动线MA(m)和MA(n)，其中$m<n$，例如$m=10$，$n=30$，则称MA(m)为快速移动平均线或快线，MA(n)为慢速移动平均线或慢线。如果MA(m)和MA(n)都是向上的，则将MA(m)自下而上穿越MA(n)的现象称为两线的"黄金交叉"或"金叉"，因为这种现象的出现意味着买进就可淘金，故得"金叉"之名；如果MA(m)和MA(n)都是向下的，则将MA(m)自上而下穿越MA(n)的现象称为两线的"死亡交叉"或"死叉"，因为这种现象的出现意味着持股就会大把亏钱，故得"死叉"之名。

根据前人的研究成果，黄金交叉与死亡交叉的运用法则如下。

(1) 出现黄金交叉即为买进信号，出现死亡交叉即为卖出信号。

(2) 时间参数越大的两条MA出现黄金交叉时，股价发生回档的可能性及回档幅度将会越大；时间参数越大的两条MA出现死亡交叉时，股价发生反弹的可能性及反弹幅度将会越大。

(3) 一般地说，当MA5、MA10、MA30三线出现黄金交叉时，就可以判断目前行情为多头市场，可以积极买进；当MA5、MA10、MA30三线出现死亡交叉时，就可以判断目前行情为空头市场，可以大胆卖出。

(4) 当出现黄金交叉时，股价经常会发生回档现象，此为买进时机；当出现死亡交叉时，股价经常会发生反弹现象，此为卖出时机。

(四) 经典实例

下面以图5-1作为案例对移动平均线MA进行说明。

图5-1 移动平均线MA

图5-1所示为××集团(600×××)在20××年5月25日—10月13日期间股价运动所形成的日K线图。这里以5日MA为例，A(7月19日)、B(8月7日)、C(8月15

日)、D(8月23日)四点是对应于葛氏八大法则中前四个买进法则①、②、③、④的买入点。因为是以5日均线为例,所以A、B、C、D四点都是短线操作的买进时机。

二、平滑异同移动平均线

(一) 基本含义

平滑异同移动平均线(moving average convergence and divergence,MACD)是由美国人阿佩尔和海茨切尔两人共同提出的。它是一种中、长线技术指标,基于移动平均线MA理论而建立起来,根据快速移动平均线收敛于慢速移动平均线,或者快速移动平均线从慢速移动平均线向外发散的两线相互验证和相互背离的原理,来计算这两条线之间的离差状况,再计算离差的平均值。在这里,快线和慢线的时间参数一般分别取12、26,而离差平均值的时间参数一般取9。由于MACD既吸收了MA的精髓,又利用快慢两线来计算其离差状况,故MACD还包含有趋势的概念,因此它在股市上备受重用,是机构投资者的一大利器。

MACD除了用以确认中期涨势或跌势之外,同时也可用来判别短期反转点。在图形中,可观察DIF与MACD两条线之间垂直距离的直线柱状体(其直线棒的算法很简单,只要将DIF线减去MACD线即可)。当直线棒由大开始变小,即为卖出信号,当直线棒由小(负数的最大)开始变大,即为买进信号。因此我们可依据直线棒研判短期的反转点。

一般而言,在持续的涨势中,12日EMA在26日EMA之上,其间的正差值(+DIF)会越来越大。反之,在跌势中,差离值可能变负(-DIF),负差离值也越来越大,所以当行情开始反转时,正或负差离值将会缩小。

(二) 计算公式

$$今日 MACD = 昨日 MACD + 0.2(今日 DIF - 昨日 MACD)$$

式中,MACD 表示 $\sum DIF(9)/9$,$\sum DIF(9)$ 表示连续9个交易日的DIF之和;DIF 表示 EMA(12) - EMA(26),DIF 表示正负差或者离差,EMA 表示平滑移动平均线,EMA(12)表示快速平滑移动平均线,EMA(26)表示慢速平滑移动平均线。

$$今日 EMA(12) = \frac{2}{13} \times P + \frac{11}{13} \times 昨日 EMA(12)$$

$$今日 EMA(26) = \frac{2}{27} \times P + \frac{25}{27} \times 昨日 EMA(26)$$

式中,P 表示今日收盘价。

(三) 运用法则

(1) 如果DIF和MACD都为正值或在0轴线之上,则行情为多头市场。其中,当DIF向上突破MACD时,是买进信号;当DIF向下跌破MACD时,则视为回档,可暂时卖出获利。

(2) 如果DIF和MACD都是负值或在0轴线之下,则行情为空头市场。其中,当DIF向上突破MACD时,仅能视为反弹,可以暂时补空逐利;当DIF向下跌破MACD时,是卖出信号。

(3) 背离法则:如果股价连续两次或三次创出新低,但DIF并不配合创新低时,行情可能由此起稳而筑底,此为所谓的"正背离"或"牛背离",可以逢低买进;如果股价连续两次或三次创出新高,但DIF并不配合创新高时,行情可能由此做头,此为所谓的"负背离"

或"熊背离",可以逢高卖出。

(4) 当在0轴线之上DIF连续两次向下跌破MACD时,意味着行情可能会出现大跌,应当注意及早卖出;当在0轴线之下DIF连续两次向上突破MACD时,意味着行情可能会出现大涨,应当伺机买进。

(5) 柱状线法则:当红色柱状线越来越长时,表示买盘越来越大,股价上攻力道越来越强,反之则越来越弱;当绿色柱状线越来越长时,表示卖盘越来越大,股价下探力道越来越强,反之则越来越弱。

(6) 一般来说,MACD对于几天的短线行情或者盘整行情缺乏技术意义,最适于中长线行情的研判。

(7) MACD可以配合RSI(相对强弱指标)与KDJ(随机指标),互相弥补各自的缺点。

(四)经典实例

下面以图5-2作为案例对MACD进行说明。

图 5-2　　××股份平滑异同移动平均线(MACD)

图7-2所示为××股份(600×××)在20××年4月4日—10月13日期间的股价日K线图。其中A_1点,在低档区域DIF向上突破(交叉)MACD,发出买进信号,对应的A_2点(5月23日)为买进点;B_1点,在高档区域DIF向下跌破(交叉)MACD,发出卖出信号,对应的B_2点(7月27日)为卖出点。

三、动向指标

(一)基本含义

动向指标(direction movement index,DMI)是由美国技术分析大师威尔士·威尔德在1978年首先提出来的,又称为趋势指标或方向移动指标。动向指标是根据每个交易日的最高价、最低价和收盘价三者之间的波动关系,通过分析股价创新高或者创新低的动能来研判多空双方的力量对比状况,从而判断多空较量的暂时均衡点。它包括四个指标值:+DM、-DM、ADX和ADXP,用以综合研判多空较量之暂时均衡点的形成。这里,

+DM 表示上涨动向值，−DM 表示下跌动向值，ADX 表示平均动向值，ADXP 表示平均动向值评估值。动向指标的功能在于通过指标交叉时发出的买卖信号来研判行情是否开始启动。

（二）计算公式

$$今日 ADXP = \frac{今日 ADX + 7 日前 ADX}{2}$$

$$今日 ADX = \frac{今日 DX + 昨日 ADX \times 6}{14}$$

$$ADX = 100 \times DI 差 / DI 和$$

$$DI 和 = +DI(7) + [-DI(7)]$$

$$DI 差 = +DI(7) - [-DI(7)]$$

$$+DI(7) = 100 \times [+DM(7)/TR(7)]$$

$$-DI(7) = 100 \times [-DM(7)/TR(7)]$$

式中，ADXP 表示平均动向值评估值，一般从第 14 天开始计算；ADX 表示平均动向值，一般从第 8 天开始计算；+DI 表示上涨动向值，一般以连续交易日数 7 为参数；−DI 表示下跌动向值，一般以连续交易日数 7 为参数；+DM(7) 表示连续 7 个交易日的 +DM 值之和；−DM(7) 表示连续 7 个交易日的 −DM 值之和；TR(7) 表示连续 7 个交易日的 TR 值之和；+DM 表示 $P1-P1'$；−DM 表示 $P2-P2'$；TR 表示 $\max(|P1-P2|, |P1-P0|, |P2-P0|)$。

（三）运用法则

(1) +DM 上涨动向值越大，表示买盘积极，上涨势头强烈；−DM 下跌动向值越大，表示买盘沉重，下跌势头明显。

(2) 当 +DM 自下而上突破 −DM 时，为买进信号。进一步，此时若 ADX 也向上攀升的话，则上涨势头将比较强劲。

(3) 当 +DM 自上而下跌破 −DM 时，为卖出信号。进一步，此时若 ADX 也向下继续下探的话，则下跌势头将比较凶猛。

(4) 当 ADX 值从持续上升（或下降）方向转为下降（上升）方向时，表明行情将发生反转。

(5) 当 ADX 处于低位（如 20 左右）时，表明 +DM 和 −DM 比较靠近，多空双方的较量难分难解，此时股价处于"牛皮"整理阶段，不宜介入。尤其是在 ADX 下探至 +DM 和 −DM 之下方时，更是不宜入市。

(6) ADX 在高位出现掉头向下的情形时，只有在 ADXP 同时向下的条件下才能确认股价运动趋势的反转。

(7) ADX 自低位脱离 20～30 这一区域向上攀升时，不管股价将会上涨还是下跌，都将延续一段行情，此为买进或者卖出信号。究竟是买进信号还是卖出信号，需要结合其他技术指标（如 KDJ、SAR 等）加以辅助判断。

（四）经典实例

下面以图 5-3 作为案例对动向指标 DMI 进行说明。

图 5-3 所示为 ××航空(600×××)在 20××年 4 月 4 日—10 月 13 日期间的股价日 K 线图。其中，A_1 点，+DI 自下而上突破 −DI，发出买进信号，对应的 A_2 点（5 月 19 日）

图 5-3 动向指标 DMI

为买进点，尤其是在 A_1 点附近 ADX 向上攀升，更是预示着股价上涨势头较强；B_1 点，+DI 自上而下跌破 -DI，发出卖出信号，对应的 B_2 点（8月4日）为卖出点。

四、均线差指标

（一）基本含义

均线差指标（difference of moving average，DMA）是通过计算两条不同时间参数的移动平均线之间的差值（平均线差，DMA），再以其中较小的时间参数为基础计算平均线差的平均值（平均线差均值，AMA）而得来的。它以 DMA 与 AMA 之间的相对关系来研判股价未来的趋势。从计算公式来看，DMA、AMA 同 MACD 具有相似之处。但 DMA 所选取的大小不同的时间参数分别为 10 和 50。而且，在实际股价图表中，DMA 是一根实线，AMA 是一根虚线。

（二）计算公式

$$DMA = MA(10) - MA(50)$$
$$AMA = DMA/10$$

式中，DMA 表示平均线差，通常为短期平均值减去长期平均值；MA(n) 表示周期为 n 天的平均值，一般短周期 n 取 10 日，而长周期 n 取 50 日；AMA 表示平均线差均值。

（三）运用法则

(1) 当 DMA 自下而上突破 AMA 时，是买进信号。

(2) 当 DMA 自上而下跌破 AMA 时，是卖出信号。

(3) 如果 DMA 在高档两次向下跌破 AMA，则未来股价下跌的幅度将会较大。

(4) 如果 DMA 在低档两次向上突破 AMA，则未来股价上涨的幅度将会较大。

(5) 背离法则：若股价连续两次或三次创出新低，而 DMA 并未相应出现新低，则视为买进信号，此为"牛背离"；若股价连续两次或三次创出新高，而 DMA 并未相应出现新高，则视为卖出信号，此为"熊背离"。

(6) 在实际运用中，由于 DMA 出现信号的时间会提前以及出现信号的次数较多，因此应当结合其他技术指标进行综合研判。

（四）经典实例

下面以图 5-4 作为案例对 DMA 进行说明。

图 5-4　平均线差 DMA

图 5-4 所示为××石化(600×××)在 20××年 3 月 31 日—10 月 13 日期间的股价日 K 线图。其中，A_1 点，DMA 向上突破 AMA，发出买进信号，对应的 A_2 点(5 月 25 日)是买进点；B_1 点，DMA 向下跌破 AMA，发出卖出信号，对应的 B_2 点(7 月 26 日)是卖出点。

五、指数平均数

（一）基本含义

指数平均数(exponentially moving average，EXPMA)是以当天收盘价与昨天指数平均数之间的相对关系来反映股价运动趋势的，其目的在于降低移动平均线 MA 的滞后性对行情研判的影响程度。我们知道，使用移动平均线所产生的买卖信号往往落后于行情几个交易日，这样势必会影响对买卖时机的把握。为了解决这一问题，一些技术分析派人士提出用指数平均数来取代移动平均线。

（二）计算公式

$$\text{EXPMA}_1 = \frac{P - 昨日\ AI}{N_1 + 1} \times 2 + 昨日\ AI$$

$$\text{EXPMA}_2 = \frac{P - 昨日\ AI}{N_2 + 1} \times 2 + 昨日\ AI$$

式中，EXPMA_1 表示今日第一条(12 日)指数平均数线；EXPMA_2 表示今日第二条(50 日)指数平均数线；N 表示时间参数，一般地，N_1 取 12 日，N_2 取 50 日；P 表示今日收盘价；AI 表示指数平均数。

（三）运用法则

(1) 当 EXPMA_1 自下而上突破 EXPMA_2 时，为买进信号；进一步，在股价短暂攀升而后回档至 EXPMA$_1$ 附近时为最佳买进点。

(2) 当 EXPMA$_1$ 自上而下跌破 EXPMA$_2$ 时,为卖出信号;进一步,在股价短暂下跌而后反弹至 EXPMA$_2$ 附近时为最佳卖出点。

(3) 当股价自下而上触及 EXPMA 时,经常会出现强大的抛盘压力;当股价自上而下触及 EXPMA 时,则常会出现强大的买盘支撑。

(4) EXPMA 一般不适于短线行情的研判,尤其是在短时间内股价波动幅度很大时。

(5) 在实际运用中,注意与其他技术指标结合运用。

(四) 经典实例

下面,以图 5-5 作为案例对 EXPMA 进行说明。

图 5-5　指数平均数(EXPMA)

图 5-5 所示为××氯碱(08××)在 20×1 年 9 月 10 日—20×2 年 3 月 31 日期间的股价日 K 线图。其中,A_1 点,EXPMA$_1$ 向下跌破 EXPMA$_2$,发出卖出信号,对应的 A_2 点(20×1 年 9 月 29 日)为卖出点;B_1 点,EXPMA$_1$ 向上突破 EXPMA$_2$,发出买进信号,对应的 B_2 点(20×2 年 3 月 7 日)为买进点。

六、三重指数平滑移动平均线指标

(一) 基本含义

三重指数平滑移动平均线(triple exponentially smoothed moving averagh,TRIX),是在指数平均数(EXPMA)的基础上发展起来的,将每天的收盘价连续进行三次指数平均数处理就得到 TRIX。同时,还需要对 TRIX 进行计算转换成移动平均值,得到递归移动平均线(TMA)。TRIX 指标以其在长期趋势中消除股价短期波动的干扰而著名,加之在短期行情或盘整行情中经常产生假信号,因此 TRIX 是一个长线操作指标,适合没有时间密切关注股市的投资者。

(二) 运用法则

(1) 当 TRIX 自下而上突破 TMA 时,为买进信号。

(2) 当 TRIX 自上而下跌破 TMA 时,为卖出信号。

(3) 当 TRIX 与股价产生背离现象时,应随时注意行情可能发生反转。也就是说,若股价连续两次或三次创出新高时,TRIX 并未相应出现新高,此时当是卖出信号;若股价连续两次或三次创出新低时,TRIX 未相应出现新低,此时当是买进信号。

(4) 在 TRIX 与 TMA 发生交叉之后,不管市场趋势如何,在短期行情中都可以不予理会。

(5) TRIX 是一个长线操作指标,不适合短期行情和盘整行情。

(三) 经典实例

下面以图 5-6 作为案例对 TRIX 进行说明。

图 5-6 三重指数平滑移动平均线(TRIX)

图 5-6 所示为××板材(07××)在 20×1 年 7 月 28 日—20×2 年 5 月 24 日期间的股价日 K 线图。其中,A_1 点,TRIX(图中实线)自上而下跌破(交叉)TMA(图中虚线),发出明确的卖出信号,而实际上在交叉点之前 TRIX 曲线由上升转而持续走平并与 TMA 曲线黏合,因此对应的 A_2 区域每天(20×1 年 9 月 27 日、9 月 28 日、9 月 29 日和 10 月 8 日)都是卖出点;B_1 点,TRIX 自下而上突破(交叉)TMA,发出明确的买进信号,而实际上在交叉点之前 TRIX 曲线由下降转而持续走平并与 TMA 曲线黏合,因此对应的 B_2 区域每天(20×2 年 1 月 27 日、2 月 14 日、2 月 15 日、2 月 16 日和 2 月 17 日)都是买进点。

任务二 超买超卖指标

一、随机指标

(一) 基本含义

KDJ 指标又叫随机指标,是由美国人乔治·拉恩首先提出的。是一种相当新颖、实用的技术分析指标。它起先用于期货市场的分析,后被广泛用于股市的中短期趋势分析,是期货和股票市场上最常用的技术分析工具。随机指标 KDJ 一般是用于股票分析的统计体系,根据统计学原理,通过一个特定的周期(常为9日、9周等)内出现过的最高价、最低价及最后一个计算周期的收盘价及这三者之间的比例关系,来计算最后一个计算周期的未成熟随机值 RSV,然后根据平滑移动平均线的方法来计算 K 值、D 值与 J 值,并绘成曲线图来研判股票走势。

随机指标综合了相对强弱指标(RSI)、移动平均线(MA)和动量等概念的优点,结合快速移动平均线(K)、慢速移动平均线(D)和辅助线(J)等来研判短期行情的趋势。在实际图表中,KDJ 指标表现为三条曲线,即 K 线、D 线和 J 线。其中,K 线移动快速,对股价变动十分敏感;D 线移动缓慢,对股价波动的反应较为迟缓;而 J 线则是对买卖信号进行确认的反应线。此外,KDJ 指标对于研判中长期行情作用不大,但它却是一个非常有用的短线操作指标。如今,短线买卖活动依然在国内股市上继续流行,从而使 KDJ 指标得到了广泛运用。

(二)指标原理

随机指标(KDJ 指标)是以最高价、最低价及收盘价为基本数据进行计算,得出的 K 值、D 值和 J 值在指标坐标上形成一个点,连接无数个这样的点位,就形成一个完整的、能反映价格波动趋势的 KDJ 指标。它主要是利用价格波动的真实波幅来反映价格走势的强弱和超买超卖现象,在价格尚未上升或下降之前发出买卖信号的一种技术工具。它在设计过程中主要是研究最高价、最低价和收盘价之间的关系,同时也融合了动量观念、强弱指标和移动平均线的一些优点,因此,能够比较迅速、快捷、直观地研判行情。由于 KDJ 指标本质上是一个随机波动的指标,故其对于掌握中短期行情走势比较准确。

(三)计算公式

今日 K 值 = 2/3 × 昨日 K 值 + 1/3 × 今日 RSV

今日 D 值 = 2/3 × 昨日 D 值 + 1/3 × 今日 K 值

J 值 = 3 × D 值 − 2 × K 值

式中,K 表示快速移动线值,计算首日取 50;D 表示慢速移动线值,计算首日取 50;J 表示辅助线值;

n 日 RSV 表示 $100 \times (Pt - Ln)/(Hn - Ln)$

式中:RSV = 未成熟随机值;Pt 表示今日收盘价格;Hn 表示最近 n 日内的最高价格;Ln 表示最近 n 日内的最低价格;n 表示时间参数,一般取 9。

(四)运用法则

(1) KDJ 指标中三个指标的取值范围都为 0~100,可以将之划分为三个区域。一般来说,K、D 取值在 20 以下为超卖区,在 80 以上为超买区,其余范围则为徘徊区;J 的取值在 0 以下为超卖区,在 100 以上为超买区,其余范围则为徘徊区。

(2) 当 K 值在 20 左右,并从 D 线右侧自下而上突破 D 线时(所谓的"右侧金叉"),为短线买进机会。进一步,K、D 两线相交次数越多,金叉位置越低,越是买进时机。

(3) 当 K 值在 80 左右,并从 D 线左侧自上而下跌破 D 线时(所谓的"左侧死叉"),为短线卖出信号。进一步,K、D 两线相交次数越多,死叉位置越高,越是卖出时机。

(4) 当K、D值都在50以上时，表明行情处于多头市场；当K、D值都在50以下时，表明行情处于空头市场。

(5) D线是一条慢速移动均线，其技术意义较强。一般，当D值低于20时，处于超卖区，短线股价将可能发生反弹；当D值高于80时，处于超买区，短线股价将可能发生回档。

(6) 当K、D处于高档(至少50以上)，并连续两次形成依次向下的峰，而股价却继续上涨时，即为"顶背离"现象，是卖出信号；当K、D处于低档(至少50以下)，并连续两次形成依次向上的谷，而股价却继续下跌时，即为"底背离"现象，是买进信号。

(7) 除非K、D指标出现钝化现象，如果K、D两线同时进入超买区(或者超卖区)，则可以视为明显的卖出信号(或者买进信号)。

(8) 当K、D指标出现高位钝化现象，而K线又两次穿越D线时，可以视为明显的卖出信号；当K、D指标出现低位钝化现象，而K线又两次穿越D时，可以视为明显的买进信号。

(9) 当J值小于0时，股价将会形成底部，应当伺机买进；当J值大于100时，股价将会形成头部，应当逢高卖出。由于J线的买卖信号不常出现，因此一旦出现，其技术性可靠度相当高。

(五) 经典实例

下面以图5-7作为案例对随机指标KDJ进行说明。

图5-7 随机指标(KDJ)

图5-7所示为××股份(600×××)在20×1年6月22日—10月13日期间的股价日K线图。图中，A_1点，K值和D值均在20以下，处于超卖区域，而且K线从D线右侧自下而上突破D线，形成"右侧金叉"，发出买进信号，对应的A_2点(7月11日)为买进点；B_1点，K线从80以上从D线左侧自上而下跌破D线，形成"左侧死叉"，发出卖出信号，对应的B_2点(8月30日)为卖出点。

二、顺势指标

（一）基本含义

顺势指标（commodity channel index，CCI）是一种研判股票价格是否超出常态分布范围的技术分析工具。它的基本出发点是为投资者提供一种既不错过每次上涨行情，而又能够缩短持股时间的技术工具。在实际操作中，不少人经常买了就被套牢而被迫捂股，不但没有抓住"金牛"，反而与"熊"长路做伴。对此，美国一些技术分析人士经过深入研究和定量分析，提出了一些解决问题的方案。其中，顺势指标就是一个比较有名的技术性方案。它要求投资者只在行情出现明显买进信号时方可入市，以打一场漂亮的闪电式"收银"仗，否则宁可持币观望。此外，CCI的常态区域在-100～+100之间，在此范围之外则称为异常区域，而上下限的两条线分别称为天线（+100）和地线（-100）。

（二）计算公式

$$CCI = \frac{[An - B(n)]}{[a \cdot C(n)]}$$

式中，CCI 表示顺势指标，常态行情区域为（-100，+100）；An 表示第 n 日的中间价格；$B(n)$ 表示最近 n 日中间价格的移动平均线；$C(n)$ 表示最近 n 日中间价格的一阶均差；a 表示系数，一般取值为15％；n 表示时间参数，一般取 14。

（三）运用法则

（1）一般，CCI 在常态区域不具有技术分析意义，其间股价运行视为盘整阶段，而只有在 CCI 突破常态区域时才具有买卖信号的研判价值。

（2）当 CCI 从常态区域自下而上突破天线（+100）时，表明股价运行脱离常态区域而进入异常波动阶段，这是买进信号。

（3）当 CCI 从常态区域自上而下跌破地线（-100）时，表明股价运行脱离常态区域而继续向下探底，这是卖出信号。

（4）当 CCI 从天线上方而向下跌破天线时，表明股价进入常态区域将盘整运行，此为卖出信号。

（5）当 CCI 从地线下方而向上突破地线时，表明股价探底成功将向上脱离底部，此为买进信号。

（6）有时 CCI 指标会交叉发出买卖信号，此时应结合其他技术指标如平滑异同移动平均线（MACD）等来进行综合研判。

（四）经典实例

下面以图 5-8 作为案例对顺势指标（CCI）进行说明。

图 5-8 所示为 LD 股份（08××）在 20×1 年 4 月 4 日—10 月 13 日期间的股价日 K 线图，在图中 CCI 指标区，上方的细长虚线称为天线（CCI=+100），下方的细长虚线称为地线（CCI=-100）。其中，A_1 点，CCI 由地线下方向上突破地线，发出买进信号，对应的 A_2 点（5月16日）为买进点；B_1 点，CCI 从常态区域向上突破天线，发出强势信号，对应的 B_2 点（6月5日）处应继续持有手中的股票或适当逢低加仓；C_1 点，CCI 从天线上方向下跌破天线，发出卖出信号，对应的 C_2 点（8月22日）为卖出点；D_1 点，CCI 从常态区域向下跌破地线，发出极度弱势信号，对应的 D_2 点（8月31日）处应当果断清仓。

图 5-8　顺势指标(CCI)

三、变动速率指标

(一) 基本含义

变动速率指标(ROC)是一种通过计算不同交易日收盘价之间的差异增减比率来研判买卖时机的技术工具，主要适用于股票价格变动速率的衡量。其理论基础是基于一种股价形态——箱形的形态意义，它研究的是在股价突破箱形后行情将如何演变的问题。在股价图形中，ROC 指标通常设有以 0 轴线为中心的天线(超买线)和地线(超卖线)各 3 条，位置越高的天线技术意义越强，位置越低的地线技术意义也越强。一般的，第一条天线和第一条地线的位置大致在 +6.5 和 -6.5 处。通常，ROC 在 0 轴线上下浮动，当在 0 轴线上方时，若继续向上运行，表示股价的上涨动能继续增强，而若向下运行，则表明股价上涨动能正在减弱；当在 0 轴线下方时，若继续向下运行，表示股价的下跌动能继续加强，而若向上运行，则表明股价下跌动能正在减弱。

(二) 计算公式

$$ROC = \frac{AX}{BX}$$

式中，AX 表示 $P-BX$，P 表示今日收盘价；BX 表示 n 天前的收盘价，n 一般为 12。

(三) 运用法则

(1) 在常态区域内，若 ROC 自下而上突破第一条天线时，一般应是卖出信号；若 ROC 自上而下跌破第一条地线时，一般应是买进信号。

(2) 如果 ROC 在向上有效突破第一条天线后继续朝向第二条天线上行，则表明股价将极有可能继续上涨，但在触及第二条天线后上涨行情往往就会结束，此时可以卖出；如果 ROC 在向下有效跌破第一条地线后继续朝向第二条地线下行，则表明股价将极有可能继续下跌，但在触及第二条地线后下跌行情往往就会告终，此时可以买进。

(3) 如果 ROC 继续向上突破第三条天线，则表明上涨行情将进入快速拉升阶段，此时即使回档也要持股以继续"坐轿";如果 ROC 继续向下跌破第三条地线,则表明下跌行情进入急剧掼压阶段,此时即使反弹也要持币以继续观望。

(4) 当 ROC 向上或向下突破天线和地线时,突破有效性的确认可以结合布林线来进行研判。

(5) 当 ROC 向上或向下突破第三条天、地线时,确认买卖信号可以结合抛物线指标(SAR)来进行研判。

(四)经典实例

下面以图 5-9 作为案例对变动速率指标(ROC)进行说明。

图 5-9 变动速率指标(ROC)

图 5-9 所示为 GY 股份(6008××)在 20×1 年 4 月 4 日—7 月 10 日期间的股价日 K 线图。在图中 ROC 曲线区,细虚线为 0 轴线,0 轴线上方的四条点画线都是天线,由下向上依次称为第一、二、三、四条天线,0 轴线下方的一条点画线为地线。其中,A_1 点,ROC 由上而下跌破 0 轴线,发出卖出信号,对应的 A_2 点(4 月 27 日)为卖出点;B_1 点,ROC 自下而上突破 0 轴线,发出买进信号,对应的 B_2 点(5 月 23 日)为买进点;在先后向上突破第一条和第二条天线后,在 C_1 点 ROC(=24.33)接近第三条天线(ROC=24.52),技术指标已经进入高档区,应当注意股价风险,在 C_2 点(6 月 1 日)应考虑卖出股票;D_1 点,ROC(=34.54)达到第四条天线(ROC=34.54),对应的 D_2 点(6 月 2 日)应是坚决卖出点,必须清仓出局。

任务三 强弱指标

一、相对强弱指标

(一)基本含义

相对强弱指标(relative strength index,RSI)是由分析大师雷伍先生所创。后来人们发现在众多的图表技术分析中,强弱指标的理论和实践极其适合股票市场的短线投资,于是被用于股票升跌的测量和分析中。RSI 指标是以一定时期内股价的波动关系为基础,来研判未来股价运行的趋势,不但具有 MACD、KDJ、OBV 等技术指标的优点,而且经股市实战证明它极其适合短中线尤其是中线操作,因此它已经成为一般投资者常用的中线趋势研判工具。此外,在股价技术图形中,RSI 指标设有两条线,即快线和慢线。一般地,快线的时间参数取 6 日即 6RSI,而慢线的时间参数则取 12 日即 12RSI。

(二)计算公式

$$RSI = \frac{100 \times A}{A + B}$$

式中,RSI 表示相对强弱指标,一般有 6RSI、12RSI 两个;A 表示连续 n 日内所有上涨日价差的和,n 表示时间参数,一般取 6 日、12 日;B 表示连续 n 日内所有下跌日价差的和。

(三)运用法则

(1) RSI 的常态分布范围在 0~100 之间。一般说来,RSI 小于 20 表明市场处于弱势,可以伺机买进;RSI 大于 80 则表明市场处于强势,可以逢高卖出;RSI 介于 40~50 则表明市场处于盘整阶段,最好持观望态度。

(2) 如果 6RSI 在 20 以下,并且股价形态呈 W 底,则表明市场处于超卖状态,此乃买进信号。

(3) 如果 6RSI 在 80 以上,并且股价形态呈 M 头,则表明市场处于超买状态,此乃卖出信号。

(4) 当 6RSI 在高档自上而下跌破 12RSI 时,为卖出信号。

(5) 当 6RSI 在低档自下而上突破 12RSI 时,为买进信号。

(6) 如果在高档股价连续两次创出新高而 RSI 并未相应创新高时,出现"顶背离"现象,此为卖出信号;如果在低档股价连续两次创出新低而 RSI 并未相应创新低时,出现"底背离"现象,此为买进信号。

(7) 如果 RSI 在形态上出现低点位置一波比一波高的情形,则表明行情将处于一段上升趋势之中,此时的每一次回档都可以买入;如果 RSI 在形态上出现高点位置一波比一波低的情形,则表明行情将处于一段下降趋势之中,此时的每一次反弹都是卖出时机。

(8) 在极强势市场中,当 RSI 在高档出现指标钝化现象而连续"碰顶"(向上限 100 逼近),且碰顶次数达到 3 次以上时,应当逢高清仓。

(9) 在 RSI 发生指标钝化现象时,应结合其他技术指标加以综合研判。

(四)经典实例

下面以图 5-10 作为案例对相对强弱指标(RSI)进行说明。

图 5-10 所示为 FH 股份(6006××)在 20×1 年 5 月 24 日—10 月 13 日期间的股价日 K 线图。在图中,A_1 处,6RSI(6 日参数的 RSI 指标)小于 20,市场处于极度超卖状态,对应的 A_2 处两天(7 月 7 日和 7 月 10 日)都是买进点;在 B_1 点,6RSI 在低档自下而上突破 12RSI(12 日参数的 RSI 指标),发出明确的买进信号,则对应地在 B_2 处可以买进加仓;在 C_1 点,6RSI 在高档自上而下跌破 12RSI,发出卖出信号,对应的 C_2 点(8 月 31 日)为

卖出点，但是，实际上在 8 月 30 日 6RSI 和 12RSI 呈现出明显的交叉趋势，在经验上此日也应视为卖出点。

图 5-10　相对强弱指标（RSI）

二、威廉指标

（一）基本含义

威廉指标（Williams overbought/oversold index，W%R），是由美国技术大师威廉先生首创的。W%R 根据股价波动的相对关系来研判市场人气是否处于超买或者超卖状态，从而预测股价未来的运动趋势，因此它是一个既具超买超卖特性又有强弱分界性质的指标。在实际股价图形中，W%R 值分布在 0～100 之间，以 50 为中界线，0 在顶部形成天线，100 在底部形成地线。同时，在理论上 W%R 指标可以用于任何时间周期的技术研判，但在股市实战中对时间参数的选取，一般多以 10 日或 14 日为主，也有以 5 日为短线、20 日为中线、60 日为长线的取值方法。

（二）计算公式

$$n 日 W\%R = 100 \times (Hn - Cn)/(Hn - Ln)$$

式中，W%R 表示威廉指标；Hn 表示最近 n 日内的最高股票价格；Cn 表示当日股票收盘价格；Ln 表示最近 n 日内的最低股票价格；n 表示时间参数，在实际运用中常取 10 日。

（三）运用法则

（1）一般来说，当 W%R 进入 100～80 区域（超卖区）后再度上行至 80 以上时，为买进信号；当 W%R 进入 20～0 区域（超买区）后再次下行至 20 以下时，为卖出信号。

（2）当 W%R 在中界线附近时，若其自下而上突破中界线，则表明买进信号得以确认；若其自上而下跌破中界线，则表明卖出信号得以确认。

（3）从时间参数的选取来看，参数越小，则在 W%R 值越大处越具有买进信号意义，在 W%R 值越小处越具有卖出信号意义，反之亦然。比如 5W%R 与 20W%R 相比，

5W%R指标在W%R值大于85时为最佳买进信号,小于15时为最佳卖出信号,而20W%R指标则在W%R值大于80时就可视为最佳买进信号,小于20时即可视为最佳卖出信号。

(4) 当W%R向上触及天线(W%R=0)达到三次以上时,为卖出信号;当W%R向下探及地线(W%R=100时),为买进信号。

(5) 当W%R进入超买区或超卖区时,必须结合其他技术指标如MACD来进行买卖信号的研判。

(6) W%R可以与RSI结合起来,运用于确认行情反转的可信度。一般地,当RSI自下而上突破50中界线时,如果W%R同步向上突破中界线,则表明行情转势是可信的,否则需要结合其他技术指标进行研判;当RSI自上而下跌破中界线时,研判方法同此。

(四) 经典实例

下面以图5-11作为案例对威廉指标(W%R)进行说明。

图5-11 威廉指标(W%R)

图5-11所示为NJ化纤(6008××)在20×1年4月24日—8月15日期间的股价日K线图。在图中A_1处,W%R进入100~80区域后再度上升到80%以上,发出买进信号,对应的,A_2处的四天都是买进点;在B_1点,W%R自下而上突破50中界线,进一步确认买进信号,在B_2点7月7日应当继续持股;在C_1处,W%R已经进入20~0区域并第四次触及0线,发出卖出信号,在C_2处两天(7月25日和7月26日)都应是卖出点。

任务四 停损指标

停损指标也叫停损点转向操作指标或抛物线指标。它是通过设置一个极点值(最近几日内的更高价或更低价)与行情价格交叉时,告诫投资者乎仓后即反向操作的指标。这里主要介绍抛物线指标。

(一) 基本含义

抛物线指标(stop and reverse, SAR)又叫停损转向操作点指标,是由美国技术分析大师威尔斯—威尔德所创造的,是一种简单易学、比较准确的中短期技术分析工具。抛物线指标以移动平均线为基础、将价格与时间结合起来研判未来行情。在实际股价图形中 SAR 结合收盘价运用,分成红、绿两种圆圈,简单明了,其中红色圆圈表示股价正在向上升方向运动,SAR 位于收盘价线的下方;绿色圆圈表示股价正在向下降方向运动,SAR 位于收盘价线的上方。SAR 指标的技术意义在于提供股价(特指收盘价)向上或向下穿越 SAR 圆圈时所提供的买卖信号。此外,从其计算公式可知,SAR 是一种先行指标,在当天交易结束时,即显示出次日的 SAR 圆圈,从而可以做出次日的买卖决策。

(二) 运用法则

(1) 如果收盘价位于 SAR 之上方,则为多头市场,可以买进做多,尤其是在收盘价节节走高时。

(2) 如果收盘价位于 SAR 之下方,则为空头市场,应当持观望态度,不宜介入。

(3) 当股价自下而上突破 SAR 时,此为买进信号。

(4) 当股价自上而下突破 SAR 时,此为卖出信号。

(三) 变动范围

RSI 值的变动范围在 0~100 之间,而国内单边做多的股市,RSI 值一般分布在 20~80。

(1) 80~100,极强,卖出。

(2) 50—80,强,买入。

(3) 20—50,弱,观望。

(4) 0—20,极弱,买入。

(四) 经典实例

下面以图 5-12 作为案例对抛物线指标(SAR)进行说明。

图 5-12 抛物线指标(SAR)

图 5-12 所示为 DF 汽车(6000××)在 20×1 年 3 月 2 日—6 月 23 日期间的股价日 K 线图。在图中，SAR 指标区的股价图为欧美棒线图。在 A_1 点，收盘价为 5.84 元，小于该点 SAR 值(=5.85 元)，发出卖出信号，则对应的 A_2 点 4 月 19 日为卖出点；在 B_1 点，收盘价为 5.57 元，大于该点的 SAR 值(=5.56 元)，发出买进信号，则对应的 B_2 点 5 月 24 日为买进点。

任务五 压力支撑指标

一、麦克指标

(一) 基本含义

麦克指标(MIKE)是一种压力支撑指标。它随股价波动幅度大小而波动，在股价上涨过程中提供上升空间参考或者在股价下跌过程中提供下跌深度参考。实际上，麦克指标为研判股价波动范围提供了压力位和支撑位。在实际股价图表中，麦克指标以表格的形式显示出来，包括从小到大的三组压力位和支撑位(依次为初级、中级和强力)，如果股价处于盘整阶段，则对应的压力位和支撑位会相互缩短距离；如果股价发生上涨或下跌，则对应的压力位和支撑位会相互拉开差距。

此外，常常在最小的一组压力位和支撑位之间设定一条中界线，作为在研判中寻求支撑位还是压力位的参考线。

目前，判断股价的走势可以从多个角度来分析，其中，最典型的是开盘价、收盘价、最高价和最低价。这四种价格基本上能反映股价的走势，但又都不能完全准确地反映股价在某一时期的真正走势。例如，在日常走势中，我们经常能看见某些股票在临近收市前的几分钟里，在大量买盘的推动下，本来下跌的行情突然反转，变成大幅上涨的行情，股价也拔地而起。很显然，这种股价尾市的突然飙升并不能代表股价一整天的下跌走势，因此，这天该股票的收盘价并不能真实地反映股票当天大部分时间的走势，该天的收盘价也就失去了真实性。同样，很多股票的某些交易日的开盘价、最高价和最低价也常因为主力机构刻意拉抬或打压，股价不稳，涨跌幅度大。

为了在某种程度上弥补那些由于利用股票的开盘价、收盘价等价格技术指标在行情研判上的误差，麦克指标设定了一个起始价格(typicalprice，TYP)，以此作为计算基准，求得股价的初级、中级和强力等六种支撑或压力价位区，从而为投资者预测股价的短、中、长期走势提供重要的参考。

(二) 运用法则

(1) 一般来讲，股价处于中界线上方时，在行情研判中参考压力位；而股价处于中界线下方时，在行情研判中参考支撑位。

(2) 当股价波动摆脱盘整趋势而进入上涨行情中时，三个依次增大的压力位是研判压力的参考价格。

(3) 当股价波动摆脱盘整趋势而进入下跌行情中时，三个依次增大的支撑位是研判支撑的参考价格。

（4）当股价在上涨过程中首次触及初级压力位时，一般在短线上股价将会出现回档现象，此时可视为卖出信号。

（5）当股价在下跌过程中首次探至初级支撑位时，一般在短线上股价将会出现反弹现象，此时可视为买进信号。

二、布林线指标

（一）基本含义

布林线（BOLL）是美国人约翰·布林先生创造的，他利用统计原理，求出股价的标准差及其信赖区间，从而确定股价的波动范围及未来走势，利用波带显示股价的安全高、低价位，因而也被称为布林带。即将股价波动的范围用三条曲线划分为四个区域，其中这三条曲线分别称为上轨线（压力线）、中轨线（股价平均线）和下轨线（支撑线）。在实际股价图形中，股价正是在这三条曲线之间进行上穿、下破、缠绕运行的，从而使布林线为准确研判股价的波动提供了有力的保障。布林指标和麦克指标一样同属路径指标，股价波动在上限和下限的区间之内，这条带状区的宽窄，随着股价波动幅度的大小而变化，股价涨跌幅度加大时，带状区变宽；涨跌幅度狭小盘整时，带状区则变窄。

（二）基本原理

股价的运动总是围绕某一价值中枢（如均线、成本线等）在一定的范围内变动，布林线指标正是在上述条件的基础上，引入了"股价信道"的概念，其认为股价信道的宽窄随着股价波动幅度的大小而变化，而且股价信道会随着股价的变化而自动调整。正是由于它具有灵活性、直观性和趋势性的特点，布林指标渐渐成为投资者广为应用的热门指标。

在众多技术分析指标中，布林指标属于比较特殊的一类指标。绝大多数技术分析指标都是通过数量的方法构造出来的，它们本身不依赖趋势分析和形态分析，而布林指标却与股价的形态和趋势有着密不可分的联系。布林指标中的"股价信道"概念正是股价趋势理论的直观表现形式。布林是利用"股价信道"来显示股价的各种价位，当股价波动很小，处于盘整时，股价信道就会变窄，这可能预示着股价的波动处于暂时的平静期；当股价波动超出狭窄的股价信道的上轨时，预示着股价异常激烈的向上波动即将开始；当股价波动超出狭窄的股价信道的下轨时，同样也预示着股价的异常激烈的向下波动将开始。

投资者常常会遇到两种最常见的交易陷阱，一是买低陷阱，投资者在所谓的低位买进之后，股价不仅没有止跌反而不断下跌；二是卖高陷阱，股票在所谓的高点卖出后，股价却一路上涨。布林认为各类市场间都是互动的，市场内和市场间的各种变化都是相对性的，是不存在绝对性的，股价的高低是相对的，股价在上轨线以上或在下轨线以下只反映该股股价相对较高或较低，投资者做出投资判断前还须综合参考其他技术指标，包括价量配合、心理类指标、市场间的关联数据等。

总之，布林指标中的股价信道对预测未来行情的走势起着重要的参考作用，它也是布林线指标所特有的分析手段。

（三）布林指标中的上、中、下轨线的意义

（1）布林指标中的上、中、下轨线所形成的股价信道的移动范围是不确定的，信道的上下限随着股价的上下波动而变化。在正常情况下，股价应始终处于股价信道内运行。如果股价脱离股价信道运行，则意味着行情处于极端的状态中。

（2）在布林指标中，股价信道的上下轨是显示股价安全运行的最高价位和最低价位。上轨线、中轨线和下轨线都可以对股价的运行起到支撑作用，而上轨线和中轨线有时则会对股价的运行起到压力作用。

（3）一般而言，当股价在布林线的中轨线上方运行时，表明股价处于强势趋势；当股价在布林线的中轨线下方运行时，表明股价处于弱势趋势。

(四) 布林指标中的上、中、下轨线之间的关系

（1）当布林线的上、中、下轨线同时向上运行时，表明股价强势特征非常明显，股价短期内将继续上涨，投资者应坚决持股待涨或逢低买入。

（2）当布林线的上、中、下轨线同时向下运行时，表明股价的弱势特征非常明显，股价短期内将继续下跌，投资者应坚决持币观望或逢高卖出。

（3）当布林线的上轨线向下运行，而中轨线和下轨线却还在向上运行时，表明股价处于整理态势之中。如果股价是处于长期上升趋势时，则表明股价是上涨途中的强势整理，投资者可以持股观望或逢低短线买入；如果股价是处于长期下跌趋势时，则表明股价是下跌途中的弱势整理，投资者应以持币观望或逢高减仓为主。

（4）布林线的上轨线向上运行，而中轨线和下轨线同时向下运行，表明股价将经历一轮下跌，下跌的幅度将由开口的大小决定；反之，布林线的下轨线向下运行，而中轨线和上轨线同时向上运行，表明股价将经历一轮上涨，上涨的幅度将由开口的大小决定。这里不做展开讨论。

（5）当布林线的上、中、下轨线几乎同时处于水平方向横向运行时，则要看股价目前的走势处于什么样的情况下来判断。

(五) 运用法则

（1）当股价自下而上突破上轨线时，短线将出现回档现象，为卖出信号。

（2）当股价自上而下跌破下轨线时，短线将出现反弹，为买进信号。

（3）当股价在上轨线与中轨线之间向上运行时，一般预示将出现一波上涨行情，可以积极参与。

（4）当股价在中轨线与下轨线之间向下运行时，一般预示将会有一波下跌行情，应当果断出局。

（5）当股价在中轨线附近徘徊而方向不明朗时，一般预示着正处在盘整通道之中，应持观望态度。

（6）当上、下轨线经过长时期的收缩之后突然开始扩张（至少经三个交易日的确认），一般意味着一波强劲的上涨行情即将到来，这时可以视为明显的买进信号。

任务六　大盘专用指标

一、腾落指标

(一) 基本含义

腾落指标（ADL）是以股票每天上涨或下跌的家数作为计算与观察的对象，以了解股票市场

人气的盛衰,探测大势内在的动量是强势还是弱势,用以研判股市未来动向的技术性指标。

腾落指标可以弥补股价指数在采用总股本或流通股本加权计算时对小盘股的"歧视"缺陷,降低股价指数受到少数大权重股左右的程度,从而更加真实的预测未来大盘走势。从其定义或计算公式中可以看出,腾落指标重在对大盘未来相对趋势的判断,而不看重取值的绝对大小。此外,它具有领先大盘出现上涨或下跌的趋势,但不能发出明显的买卖信号,仅供判断大盘走势用。

(二) 运用法则

腾落指标与股价指数比较类似,两者均为反映大势的动向与趋势,不对个股的涨跌提供信号。但由于股价指数在一定情况下受制于权值大的股只,当这些股只发生暴涨与暴跌时,股价指数有可能反应过度,从而给投资者提供不实的信息,腾落指标则可以弥补这一缺点。由于腾落指标与股价指数的关系比较密切,看图时应将两者联系起来共同判断。一般情况下,股价指数上升,腾落指标亦上升,或两者皆跌,则可以对升势或跌势进行确认。如若股价指数大动而腾落指标横行,或两者反向波动,不可互相印证,说明大势不稳,不可贸然入市。具体来说有以下6种情况。

(1) 股价指数持续上涨,腾落指标亦上升,股价可能仍将继续上升。

(2) 股价指数持续下跌,腾落指标亦下降,股价可能仍将继续下跌。

(3) 股价指数上涨,而腾落指标下降,股价可能回跌。

(4) 股价指数下跌,而腾落指标上升,股价可能回升。

(5) 股市处于多头市场时,腾落指标呈上升趋势,其间如果突然出现急速下跌现象,接着又立即扭头向上,创下新高点,则表示行情可能再创新高。

(6) 股市处于空头市场时,腾落指标呈现下降趋势,其间如果突然出现上升现象,接着又回头,下跌突破原先所创低点,则可能表示另一波新的下跌趋势产生。

(三) 经典实例

下面以图5-13作为案例对腾落指标(ADL)进行说明。

图5-13 腾落指标(ADL)

图 5-13 所示，上证指数在 20×1 年 10 月 27 日—20×2 年 10 月 13 日期间的指数日 K 线图。其中，在 A_2 处，上证指数已经处于低档区，但在 A_1 处腾落指标却开始上升，呈现底背离现象，发出买入信号，因而在 A_2 点应当选择买进股票；在 B_1 与 B_2 所指示的区域，腾落指标和上证指数都保持上升趋势，但上证指数在途中发生回档现象而后又回复到上升趋势并创出新高（B_3），表明多头市场特征明显，则相应地在 B_2 指示区，应当继续持有股票；在 C_2 点，上证指数已经处于高档区，而对应地在 C_1 处腾落指标却开始走势趋于平缓，并由间断性的下降走势，构成顶背离现象，则在 C_2 处应当卖出证券。

二、涨跌比率指标

（一）基本含义

涨跌比率指标（advance devline ratio，ADR）是通过计算连续多个交易日价格上涨股票累计数与价格下跌股票累计数之间的比值，来研究和判断多空两大阵营的比较优势地位，从而预测未来大盘运行趋势，因此又称为回归式腾落指标。与腾落指标一样，它也是仅供研判大盘走势之用的指标。对于 ADR 指标，其时间参数的选取一般以 10 为主，而其本身的取值在实际运用中一般以 1 为多空分界线（或波动中心），在 0～3 之间波动，其常态区域通常为 0.5～1.5。而且，时间参数越大则常态区域越小；反之，时间参数越小则常态区域越大。

（二）ADR 指标的原理

ADR 指标集中了股票市场中个股的涨跌信息，可反映股市大盘的强弱趋向，但没有表现个股具体的强弱态势，因此，它和 ADL 一样，是专门研究股票指数的指标，而不能用于选股与研究个股的走势。股票市场是多空双方争斗的战场，这种争斗在一定程度上是自发的，带有较多的自由性和盲目性，其表现为股市上超买超卖的情况比较严重，有时候投资者盲目地追涨会造成股市超买，有时候又会盲目地杀跌造成股市超卖。

ADR 指标就是从一个侧面反映整个股票市场是否处于涨跌过度、超买超卖现象严重的情况，从而进行比较理性的投资操作。ADR 指标的构成基础是"钟摆原理"，即当一方力量过大时，会产生物极必反的效果，向相反的方向摆动的拉力越强，反之亦然。该原理表现在股市上，就意味着当股市中人气过于高涨，股市屡创新高之后，接下来可能就会爆发一轮大跌的行情，而当股市中人气低迷，股价指数不断下挫而跌无可跌的时候，可能一轮新的上涨行情即将展开。ADR 指标就是通过一定时期内的整个股票市场上的上涨和下跌家数的比率，衡量多空双方的变化来判断未来股票市场整体的走势。

（三）运用法则

（1）一般情况下，ADR 在常态区域 0.5～1.5 时，表明多空双方大致势均力敌，股价指数波动不大；而 ADR 在 0.5 以下时，表明市场进入超卖状态，意味着大盘将筑底而后上涨，应选择伺机买进股票；而 ADR 在 0.5 以上时，表明市场进入超买状态，意味着大盘将做头而后下跌，应逢高卖出股票。

（2）如果 ADR 指标与股票价格指数同步上升，则可以确认股票价格指数的上升趋势，在短线上股价指数将继续看涨。

(3) 如果 ADR 指标与股票价格指数同步下降，则可以确认股票价格指数的下降趋势，从短线上看，股价指数将继续下跌。

(4) 如果 ADR 指标处于上升趋势之中，而股票价格指数却呈现下跌势头，说明极有可能出现底背离现象，那么在短线上股票价格指数将会出现反弹行情，这时候操作者可以伺机回补。

(5) 如果 ADR 指标处于下降趋势之中，而股价指数却呈现出上涨势头，表明出现顶背离现象，则在短线上股票价格指数将会出现回档行情，可以逢高结算出局。

(6) 如果 ADR 自下而上突破 0.5，并在 0.5 附近来回徘徊一段时间，则意味着空头市场即将进入末期，可以视为买进股票的信号。

(7) 如果 ADR 首先下降至常态区域下限 0.5 附近，然后很快就上升到常态区域上限 1.5 附近，则意味着多头力量异常强大，一般股票价格指数将会出现一轮上涨的行情。

（四）经典实例

下面以图 5-14 作为案例对涨跌比率指标（ADR）进行说明。

图 5-14 涨跌比率指标（ADR）

如图 5-14 所示，上证指数在 A_1 区域，ADR 从 0.5 以下向上突破 0.5，并在 0.5 附近来回徘徊，预示着大盘的空头行情正进入尾声，对应地在 A_2 区域应是买进的时机；在 B_1 区域，ADR 下降到常态区域下限 0.5 附近，而后快速上升到常态区域上限 1.5 附近，意味着多头力量异常强大，市场将呈现强势上升行情，对应地在 B_2 处应继续持有股票；在 C_1 区域，ADR 处于下降趋势之中，但相应地在 C_2 区域上证指数却在高档区域继续呈现上涨势头，表明出现顶背离现象，发出卖出信号，则在 C_2 处应当逢高减仓直到清仓。

三、超买超卖指标

（一）基本含义

超买超卖指标（over bought and over sold，OBOS）是以一定时期内价格上涨股票的累计数与价格下跌股票的累计数之间的差值，来研判目前市场的强弱状况，从而预测市场运行的短期趋势。这里的"一定时期"指时间参数，通常界定为 10 个交易日。OBOS 大于 0 的话，则表明多方占据优势地位；反之，如果 OBOS 小于 0 的话，则是空方占据优势地位。而且，OBOS(10)的常态区域一般在 −600～+700，超出这一区域则为非常态区域。此外，从 OBOS 的定义可知，它是一个仅供分析大盘运行短期趋势用的技术指标。

（二）运用法则

（1）一般地说 OBOS>0 时，表明大盘处于多头市场，而且其值越大，大盘越是强势；当 OBOS 在 0 附近徘徊时，表明大盘处于盘整阶段；当 OBOS<0 时，表明大盘处于空头市场，其值越小，大盘越是弱势。

（2）如果 OBOS 与股价指数同步上升，且 OBOS>0 时，则预示着大盘将继续看涨，应采取做多策略，即买进持股。

（3）如果 OBOS 与股价指数同步下降，且 OBOS<0 时，则预示着大盘将继续看跌，应采取做空策略，即卖出持币。

（4）如果 OBOS 低于 −600 时，则表明市场进入超卖状态，可以考虑买进股票。

（5）如果 OBOS 高于 +700 时，则表明市场进入超买状态，可以考虑卖出股票。

（6）如果 OBOS 在高档区形成 M 头的话，为卖出信号；如果 OBOS 在低档区形成 W 底的话，为买进信号。

（7）如果股票价格指数连续上涨，而 OBOS 却呈下降之势，出现背离现象，则表明小盘股票下跌居多，大盘可能将会转弱，应当考虑卖出股票。

（8）如果股价指数连续下跌，而 OBOS 却呈上升之势，出现背离现象，则表明小盘股大多上涨，大盘可能将会转强，应当考虑买进股票。

（三）经典实例

下面以图 5-15 作为案例对超买超卖指标(OBOS)进行说明。

图 5-15　超买超卖指标(OBOS)

如图 5-15 所示，上证指数的日 K 线图中，在 A_1 处，OBOS 值持续大大低于 -600，表明大盘进入超卖状态，发出买进信号，对应地在 A_2 区域应当买进证券；在 B_1 处，OBOS 值持续地远远大于 $+700$ 时，表明大盘持续处于超买区，发出明显的卖出信号，对应地在 B_2 区域应当择机将股票减仓直到清仓；在 C_1 区域，OBOS 值大大低于 -600，表明大盘已经进入超卖区，发出明显的买进信号，对应地在 C_2 区域应当买进股票。

经典案例

投资行为还是赌博心理？

资料 1：道琼斯指数从 1991 年 1 月 2 588 点的低谷，升至 2000 年 1 月 11 302 点的巅峰，其后一跌再跌。纳斯达克指数也从 1991 年 1 月的 414 点上升至 2000 年 3 月的 5 250 点，其后一泻千里。在整个 20 世纪 90 年代，美国股市的年增长率达到惊人的 32%。同样，过去 3 年里，美国股市损失亦为第二次世界大战以来之最。因此，有人认为买卖股票是一种投机的行为，甚至是赌博的行为。

资料 2：小李喜好购买彩票，最近一段时间他觉得运气特别好：某日购买了 10 元彩票，竟然得到了 2 000 元的奖金。因此他决定拿出过去 2 年的积蓄 5 万元用于购买彩票。

请分析买卖股票行为和小李购买彩票行为到底是投资行为，投机行为还是赌博心理的作用？

【解析】（1）买卖股票行为可以是投资行为，也可以是投机行为；小李购买彩票的行为是赌博心理的作用。

（2）行为的动机是三者的主要区分所在。投资追求长期稳定报酬，投机追求短期暴利，赌博的结果完全取决于运气。投资、投机、赌博行为的具体区分可以从表 5-1 看出。

表 5-1 投资、投机、赌博行为的具体区分

项目	投资	投机	赌博
持有时间长短	长	短	最短
风险大小	小	大	最大
报酬来源	长期的股息或利息	短期资本利得	短期暴利
分析重点	基本分析、投资组合	技术分析	凭谣言、人心浮动
所需资料多寡	多、有系统	少、不完全	谣言和侥幸心理
个性	保守	积极	胆大妄为

（3）从表 5-1 可判断买彩票是赌博心理所致；投资与投机可相互转化，如以投资心态买入股票，但买入后不久，股价暴涨，随后卖出，就是投资向投机的转换。

资料来源：https://max.book118.com/html/2020/1014/8062131013003006.shtm。

思考问答

一、名词解释

MA　　MACD　　DMI　　DMA　　KDJ　　W%R　　CCI
ROC　　SAR　　MIKE

二、简答题

1. 葛氏八大法则是什么？
2. MACD 指标的基本含义是什么？
3. MIKE 指标的应用原则有哪些？
4. CCI 指标的应用原则有哪些？

在线自测

项目六　证券交易

学习目标

1. 掌握大盘分时图、个股分时图的基本内容。
2. 掌握分时图盘面即时指标。
3. 掌握分时图常见形态的识别及交易技巧。

问题导入

通过分时图可以读出哪些行情数据？通过这些行情数据怎样进行交易？

情景写实

探索分时图之"脉冲波"

分时图是即时股价线性的展现，所以我们可以把它形象地比喻成某种事物的形态。我们研究讨论一下分时图走势中如心电图那样的形态。分时图上出现像心电图里面的脉冲波图形是主力高度控盘的特征之一。

脉冲波有两个主要特征：①成交量很少，分时图上只有稀稀疏疏间隔的单子成交，换手率极低；②波形呆滞，像心电图般极不流畅。

关于脉冲波的作用，总结如下。

1. 脉冲波出现在日K线底部，是主力建仓完毕后高度控盘的重要特征。
2. 日K线拉升途中出现脉冲波，说明该股是主力中长线控盘，此时脉冲波属于主力滚动操盘的盘面特征。
3. 日K线高位出现脉冲波，这是主力高度控盘个股的特征，但脉冲波则暗示主力还没有大规模出货。

【点评】分时看盘是投资者用来观察市场里庄家运作的重要手段，是投资者研判庄家的一个关键平台，是投资者获得利润、规避风险的智能助手。

任务一　分时图基础

分时看盘是指投资者通过观察股票近期走势的分时图，从中分析判断市场上的主流资金对个股未来走向的意图。分时看盘是无可替代的，尤其是通过连续分析多天分时图的走势，投资者可以对庄家的拉高、出货以及洗盘等动作加以判断，同时也可以对庄家未来几天内的动向进行客观的预测。因此，分时看盘不仅是缺乏经验的投资新手应该学习的，而且也是致力于在股市生存发展的投资者所必须熟悉的。

股票市场千变万化，大盘趋势时涨时跌，投资者面临的是一个十分复杂的市场。身处该市场中的投资者，在选股时会受到多方面因素的影响。有些因素有利于投资者做出投资决策，有些因素则会给投资者的决策带来负面影响。投资者要学会观察大盘以及分时图中股价的变化，掌握大盘各个时段的看盘技巧，并且通过结合K线图以及其他方面的知识进行综合研判，从而更好地指导其投资操作。

一、分时图的概念

分时图是指大盘和个股的动态实时（即时）走势图。在实战中，分时图的地位是非常重要的，是即时把握多空力量转化及市场变化的根本所在。

二、大盘分时图

在我国，大盘分时走势图就是指反映上证指数、深圳成分指数等大盘指数即时分时走势的技术图表。通常情况下，由左侧的图形显示部分（图6-1左侧）和右侧的数量显示部分（图6-1右侧）构成。以同花顺V4.60.43股市行情分析软件为例，在盘中交易或收盘的时候，按F3键、F4键就可以分别打开上证指数、深圳成分指数的分时走势图。

▶ **1. 图形显示部分**

图形显示部分主要包括上方的白色曲线、黄色曲线、红色柱线、绿色柱线，以及下方的黄色柱线、蓝色柱线等，如图6-1左侧所示。

图6-1 上证指数走势

（1）白色曲线，表示沪、深证券交易所每日对外公布的大盘实际指数，是利用加权平均法计算出来的，也就是大盘加权指数。加权平均法计算的指数是用每只股票总股本乘以当日市价累计之和再除以这些股票的总股本，最后乘以基数得出的。

（2）黄色曲线，是不含加权的大盘指数，也就是不考虑上市股票盘子的大小，而将所有的股票对上证指数的影响看作是相同的，采取的计算方法是简单平均法。简单平均法计算的指数只是将各股的市价之和除以市场的股票数,最后乘以一个基数而得出的。

(3) 红色柱线,反映指数上涨强弱程度,红柱线渐渐增长的时候,表示指数上涨的力量渐渐增加;缩短时,上涨力量减弱。

(4) 绿色柱线,反映指数下跌强弱程度,绿柱线渐渐增长的时候,表示指数下跌的力量渐渐增加;缩短时,下跌力量减弱。

(5) 黄色柱线,用来表示指数上涨过程中每一分钟的成交量,单位是手(每手等于100股)。

(6) 蓝色柱线,用来表示指数下跌过程中每一分钟的成交量,单位是手。

▶ 2. 数量显示部分

数量显示部分主要包括最新的指数点位、涨跌数量、涨跌幅度、开盘点位、最高点位、最低点位、委比、振幅、量比、成交总手、成交总金额、现手、委买量、委卖量、上涨家数、下跌家数、平盘家数、市盈率等。

(1) 委买量,是指所有股票买入委托下五档手数相加的总和。

(2) 委卖量,是指所有股票卖出委托下五档手数相加的总和。

(3) 委比,是指所有股票委买委卖手数之差与之和的比值。

(4) 市盈,即市盈率。大盘走势分时图中显示的市盈率是所有股票最近一个年度市盈率的平均值。另外,还有一个指示"市盈(动)",这是指所有股票的下一年度的预测利润的市盈率平均值,是一个估值。

(5) 量比,是指股市开市后平均每分钟的成交量与过去5个交易日平均每分钟成交量之比。

三、个股分时图

个股分时走势图就是指反映沪深股市个股即时分时走势的技术图表。跟大盘分时走势图相比,个股分时走势图更是与投资者自身的利益密切相关。除了反映个股的即时走势,还为投资者提供了买入、卖出的直观依据。

跟大盘分时走势图一样,个股分时走势图同样分为图形显示和数量显示两部分。

▶ 1. 图形显示部分

图形显示部分主要包括上方的白色曲线、黄色曲线,以及下方的黄色柱线、蓝色柱线和白色柱线,如图6-2左侧所示。

(1) 白色曲线,表示该种股票实时成交的价格。

(2) 黄色曲线,表示该种股票即时成交的平均价格,即当天成交总金额除以成交总股数。

(3) 黄色柱线,在红白曲线图下方,用来表示个股上涨过程中每一分钟的成交量,单位是手。

(4) 蓝色柱线,表示个股下跌过程中每一分钟的成交量,单位是手。

(5) 白色柱线,表示个股价格不变过程中每一分钟的成交量,单位是手,通常出现在涨停、跌停的个股当中。

▶ 2. 数量显示部分

数量显示部分主要包括最新的股价、开盘价、最高价、最低价、五档委托买卖挂单、

图 6-2 个股指数走势

涨跌数量、涨跌幅度、委比、振幅、量比、总手、均价、成交金额、现手、换手、市盈（动）、外盘、内盘、成交明细等，如图 6-2 右侧所示。

（1）外盘，又称主动性买盘，即成交价在卖出挂单价的累积成交量。

（2）内盘，又称主动性卖盘，即成交价在买入挂单价的累积成交量。

（3）量比，是指个股当天成交总手数与 5 日成交手数平均数的比值。

（4）买①～买⑤，五档委托买入的价格，买①、买②、买③、买④、买⑤依次等候买进，谁的报价高谁就排在前面，其中买①的价格最高。

（5）卖①～卖⑤，五档委托卖出的价格，卖①、卖②、卖③、卖④、卖⑤依次等候卖出，谁的报价低谁就排在前面，其中卖①的价格最低。

（6）成交明细，在个股分时走势图右下方的部分，显示每笔成交的价格和手数。红色向上的箭头表示以卖出价进行的成交，绿色箭头表示以买入价进行的成交。

（7）委比，即该股委买委卖手数之差与之和的比值，计算公式如下：

$$委比=\frac{委买手数-委卖手数}{委买手数+委卖手数}\times 100\%$$

（8）量比，当日总成交手数与近期平均成交手数的比值，计算公式如下：

量比＝现在总手÷当前已开市多少分钟÷（5 日总手数÷5÷240）

式中，"5 日总手数÷5÷240"表示 5 日来每分钟平均成交手数。

四、运用分时图判断大盘的技巧

在股票市场中，大盘全天的走势往往瞬息万变，有时上午走势强劲，下午突然跳水；而有时上午跌得很厉害，下午却力挽狂澜。实际上大部分股票都是追随大盘涨跌的。因此，投资者要想把握好买卖点，首先要学会看大盘。

大盘制约板块，板块制约龙头，龙头引领板块。反过来说，龙头刺激板块，板块带动大盘。总之，这些现象的出现都和背后操作者有着莫大的联系。从某种意义上而言，庄家与投资者的操作方法没有两样，都要通过低买高卖赚钱，所不同的是，庄家通过先天的信息优势、技术优势、资金优势成为盘中的引领者，而投资者更多地成为被动跟随者。

通常情况下，大买盘出现，投资者可以介入；大抛盘出现，投资者则要尽快离场。其实要做到这一点并不难，投资者可以对分时图进行认真的观察，从而看出一些"门道"。

客观来讲，个股分时线上的明显起涨起跌点，大多与同一时间内大盘分时线的涨跌力度有关。对于强势股而言，往往是大盘分时线经一波下跌即将向上勾头时，这类股票已率先回升至形态起涨点附近，蓄势突破；对于弱势股，则是在大盘分时线经一波上涨即将向下勾头时，这类股票已率先回跌至形态起涨点附近，蓄势突破。在实际操作中，投资者应该选择大盘分时线最有力度涨跌前一刻进行下单买进或卖出。换言之，投资者提前把握住大盘分时线未来一波的涨升力度，对掌握买卖先机具有相当重要的意义。

另外，投资者要学会在股价反弹急剧上涨时卖出，而不是在股价急剧下跌时卖出；学会在股价下跌到支撑位买入，而不是在股价上涨时追高买入（个别情况例外）。

五、运用分时图分析个股的技巧

盘中个股走势是一天的交易形成的形态，能够清晰地反映当日投资者交易价格与数量，体现投资者的买卖意愿。为了能更好地把握股价运行的方向，投资者必须要看懂盘中走势，并结合其他因素做出综合判断。

在实际操作中，对个股具体买入价格、卖出价格要在分时图上进行分析。将个股买进在当日的低位、卖出在当日的高位，对于短线操作非常重要。投资者应避免盲目地见涨追高、见落杀跌而导致亏损。另外，个股在分时走势的运行中，尤其是在早市，会暴露出庄家对该股未来走向的潜在意图。不同个股的分时走势表现出来的庄家行为具有一定的相似性，也就是说，市场上庄家的操盘手法也有相似的地方。

概括来讲，运用分时图分析个股的技巧有如下几点。

（1）个股低开高走，若探底拉升超过跌幅的 1/2 时，此时股价回调跌不下去，表示庄家做多信心十足，可于昨日收盘价附近挂内盘跟盘（短线操作）。

（2）大盘处于上升途中，个股若高开高走，回调不破开盘价，股价重新向上，表示庄家做多坚决，等第二波高点突破第一波高点时，投资者应加仓买进（买外盘价），如图 6-3 所示。

（3）大势底部时，个股如果形成 W 底、三重底、头肩底、圆弧底时，无论其高开低走或是低开低走，只要盘中拉升突破颈线，但此时突放巨量则不宜追高，待其回调颈线且不破颈线时挂单买入。需要说明的是，对于低开低走行情，虽然个股仍处于底部，但毕竟仍属弱势，应待突破颈线时红盘报收，回调亦不长阴线破位时，才可买进。

（4）观察大盘多空较量的第一回合，是下跌还是上涨，是买方还是卖方占据上风，在昨日收盘之上还是之下波动，再比较个股分时走势较之大盘的强弱，然后介入出现最佳买点的个股。实际上就大盘对个股的影响程度而言，分时图比日 K 线更强。需要说明的一点是，个股分时走势最佳买点运用的前提条件是先能分析日 K 线，然后才能分

图 6-3 分时图分析技巧

析分时走势的买卖点。在日 K 线的基础上进行买卖决定，再分析分时走势选择具体的买卖点或者继续等待。

(5) 在分时图中，若白线一直都在黄线下方运行，说明此股全天的走势偏弱；当白线一直都在黄线上方运行，说明此股全天的走势偏强；当白线和黄线两者之间的位置没有明显的上下之分时，说明此股多空力量相当。当分时图白线运行于黄线之上时，股价一波比一波高时（白线），如有回底部逐步抬高且量能逐步放大时，说明此股逐步在走强，如已经放量，可以在回调时加仓，当然此时的对象是针对投资者关注的目标股而言的，投资者对该股的 K 线形态、均线等方面都比较了解。

(6) 在分时图中对个股股价变化分析时，投资者应十分重视成交量的配合情况。举例来讲，上涨过程中，如股价很快脱离均价线，且伴随成交量的放大，则多半预示着庄家进入拉升，可及时跟进；若拉升过程中量能并未有效放出或高位量放得太大，则很大程度上意味着庄家在借拉升出逃，此时就需要特别谨慎，以防陷入庄家的骗局。同理，在下跌过程中，成交量的变化情况也值得重点分析，投资者视价量配合状况决定进出。

(7) 个股低位箱体走势，高开平走、平开平走、低开平走，股价向上突破时可以跟进，但若是高位箱体突破，则应注意高位风险，以防庄家震荡出货，如图 6-4 所示。如果出现放量向上突破，高开高走或平开平走，时间又已超过 1/2，委卖单变成委买单，出现箱顶高点价时，即可挂外盘跟进。若低开平走，原则上仅看作弱势止跌回稳行情，此时投资者可以视自身情况进行操作，建议不要大量跟进。

(8) 大势下跌时，若个股低开低走，破前一波低点，多是庄家看淡行情，顺势减仓，尤其是当股价处于弱势或有实质利空出台时。低开低走、反弹无法超过开盘，多是庄家离场观望，若再下破第一波低点时，则应杀跌卖出。

(9) 个股形成三重顶、头肩顶、圆弧顶时，跌破颈线时应果断卖出，趁其跌破后拉回颈线。

图 6-4 突破箱体整理

任务二 分时图盘面

一、分时图的基本组成

分时图的组成要素主要有分时线（也就是人们常说的股价即时走势）、均价线、成交量柱体、换手率、买卖盘、委比指标和量比指标线，如图 6-5 所示。

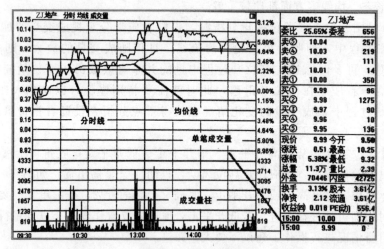

图 6-5 分时图要素

▶ 1. 分时线

分时线是指股价在盘中正常波动时的价格，通过软件把这些高低起伏的价格进行连线。通过视觉图像，投资者便可以更直观地感受到股价运行的变化，如图 6-6 所示。

（1）当指数上涨，黄色曲线在白色曲线走势之上时，表示小盘股涨幅较大；而当黄色曲线在白色曲线走势之下时，则表示发行大盘股涨幅较大，也就是我们常说的"二八现

图 6-6　上证指数分时走势

象",即 20% 的大盘股上涨,而 80% 的小盘股不涨甚至下跌。

(2) 当指数下跌时,如果黄色曲线仍然在白色曲线之上,这表示小盘股的跌幅小于大盘股的跌幅;如果白色曲线反而在黄色曲线之上,则说明小盘股的跌幅大于大盘股的跌幅。

事实上,即时走势的研究就是对分时线的形态、趋势及量能配合状况的综合分析。分时线描述的是一分钟结束时最后一笔成交的价格,在一分钟之内会有数笔成交也会有多个成交价格,但分时线只会保留最后那一笔成交的价格,一分钟内的股价变化则忽略不计。

需要强调的一点是,对分时线的研究是研究分时图的核心工作。

▶ 2. 均价线

均价线反映的是当天投资者的平均持股成本,总是随总成交金额及总成交手数的变化而不断改变运行方向。若股价一直在均价线之下运行,说明市场抛压沉重,后市看跌。若股价始终在均价线之上运行,说明当天投资者愿以更高的价格买入该股,该股处于强势,可重点关注。

概括来讲,均价线的主要功能有如下两点。

(1) 根据均价线能够判断当天多空力量的对比。

(2) 根据均价线可以有效识破庄家的行为。一般情况下,庄家能够在尾市大幅拉高或是刻意打压股价,通过改变收盘价来改变原来的 K 线形态或技术指标,但一般难以使当天均价线出现大幅变化。收盘时的均价客观地反映了全天的股价重心,尾市的波动对其影响较小。

在看分时图时,很重要的一点就是看分时线和均价线的位置关系,健康的分时线和均线运行状态是,分时线运行在均价线上并保持一定的比例关系,当分时线上涨时均价线应该跟上,说明的确有真实的买盘在推进股价上涨,也只有真正的买盘才可以推高股价并维持股价,而不是把股价推高吸引买盘卖货的推升。而分时上涨、均价反应迟钝则是一种异常现象,说明有资金虚假拉升或者为了出货拉升,不是真正的吃货或做高股价的拉升,那么后面必然会出现下跌走势,遇到这种走势的股票,投资者就要在分时线高点出货,同时在操作中尽可能地回避这种股票的买入操作。总而言之，均价线是超级短线实战的一个重要研判工具，它与分时走势交叉错落，如影随形，临盘运用因人而异。

▶ 3. 成交量柱体

成交量是判断股票走势的一个重要依据，也是投资者买卖股票的一个重要参考指标。"量在价先""天量天价、地量地价"这样的股市谚语就说明了成交量的重要性。

在股市中，成交量可以决定成交价及其后的股价走势。一般来说，在个股股价、股指上升的过程中，成交量应该有所放大，即"量增价升"，因为只有这样才能维持其原有的走势。如果把个股、股指的上涨看作是列车行进速度的话，那么成交量就是列车的动力；个股、股指的上涨就好像是列车在走上坡路，没有动力是万万不行的；而下跌就好像是列车在走下坡路，无须太大的动力或根本无须动力，即"量减价跌"，因为此时惯性起到了巨大的作用。例如，上证指数2007年10月创下6 124点的高点之后，在大调整过程中，成交量逐级萎缩，如图6-7所示。

图6-7 上证指数K线

在实战中，我们可以通过分时图中的"总手""现手"指标来了解个股、大盘当日的成交量。总手即当日开盘成交到当前为止的总成交手数。收盘时的总手，则表示当日成交的总手数。现手是指最新一笔买卖手数，在盘面的右下方即可看到当前每笔的成交明细。通常情况下，如果个股、大盘出现高开，成交量同时放大，那么上涨的可能性比较大；反之则下跌的可能性比较大。如果想了解个股、大盘的历史成交量，可以通过K线来查看。

成交量柱反映的是每分钟内的总成交量，是把一分钟内的所有成交笔数相加，并在图中以柱体形式表现。众所周知，成交量是股价的灵魂，没有成交量就没有股价的上涨，同时，成交量也可以改变股价运行的趋势。对于成交量大小的情况以及形成原因都需要投资者分析和把握，特别是分时图的成交量情况是非常重要的，庄家的进出必然要以成交量体现出来。

▶ 4. 换手率

分时图中的"换手"即换手率，是指在一定时间内市场中股票转手买卖的频率，即成交量/流通总股数×100%，是反映股票流通性强弱的指标之一。通常情况下，个股换手率越高表明该股越活跃，人们购买该股的意愿比较强烈；反之，换手率越低表明该股越清淡，该股缺少人们的关注。具体到数值方面，又分为如下几种情况。

（1）一般情况下，大多数股票每日的换手率在1%～2.5%，不包括新上市的股票。

（2）当换手率达到3%～7%，说明该股进入相对活跃状态，买卖的人多，股价容易上涨。

（3）当换手率达到7%～10%，说明具有强势股的特征，股价进入高度活跃状态。

（4）当换手率超过15%，如果多个交易日连续出现，是诞生大"黑马"的标志。

（5）当出现特大换手率，比如超过50%，表明股价的分歧巨大，有资金开始出货，其股价则常常会在第二天就下跌，所以这种个股最好不要买入。

需要注意的是，换手率的大小只是一个相对的概念，出现在股价的不同区域其意义是不同的。例如，在股价的中低位区域出现巨量换手，往往是主力建仓的标志；不过如果是在股价的高位区域出现巨量换手，通常是主力出货的标志。此外，对于控盘程度比较高的个股，往往会走出低换手率创新高、甚至涨停的走势。

▶ 5. 买卖盘

买卖盘主要就是看个股分时图中买①～买⑤、卖①～卖⑤的挂单。买卖盘挂单往往是庄家"表决心"的窗口，比如庄家在什么价位挂出大单，上压下托的位置；在什么价位时会出现主动性的买盘进行护盘、出现主动性的卖盘进行打压等，如图6-8所示。在看盘过程中，通常要观察以下三个方面。

图6-8　SN云商分时图

（1）在买①～买⑤、卖①～卖⑤是否出现大单，如在个股上攻的过程中，通常在买①～买⑤会出现大买单，在卖①～卖⑤出现大卖单；对于出货中的个股，在卖①～卖⑤没有大卖单，但是在买①～买⑤往往会出现数千手、上万手的大买单；而处于吸货中的个股，往往相反，在盘中我们经常能看到在卖①～卖⑤出现大卖单，进行压盘，控制股价的上涨，从而达到打压吸货的目的。

（2）观察第二、三档买卖盘。有一些庄家为了显示自己的资金实力，或者想达到打压吸货、逢高派发的目的，往往会在买②、买③以及卖②、卖③出现比较大的买卖盘。当股价上涨时，卖②、卖③上的大卖单不断撤单，然后上挂；当股价下跌时，买②、买③的大买单不断撤单，然后下挂。

（3）为了显示自己的控盘程度和操作计划，有一些庄家会在买卖盘挂出神奇数字的挂单，如111、444、888、144、666等。不同的数字，是庄家神秘的操盘语言，往往都蕴含了不同的玄机。

6. 委比指标

通常，委比只能说明在这一时刻这只股票买卖的强度对比。所以，经常出现某只股票涨势不错，而委比却显示空方力量较强的情况，此时就需要对这只股票进行连续观察。如果卖盘在高位涌现，则有可能是机构在拉高出货，投资者需要谨慎操作，不妨逢高减仓，适当降低风险；如果卖盘只是在较低位置或者在震荡整理时出现，则有可能是做多不坚决或者割肉出局，那么投资者就可以不必理会，继续持有股票。需要说明的一点是，从2003年12月8日起，深沪证券交易所调整了买卖盘揭示范围，投资者看到的行情数据，从原来的"三档行情"变成"五档行情"，相应的委买手数、委卖手数调整为五档总数量。

委比的取值范围从$-100\%\sim+100\%$，比如当委比为正值时，表示买方的力量比卖方强，股价上涨的概率大；当委比为负值的时候，表示卖方的力量比买方强，股价下跌的概率大。不过该数值只是一个即时的指标，所以在综合排名中会看到"即时委比前几名、后几名"的排名，随着股价的运行、挂单的变化，该数值会不断出现变化。此外，委比数值的正负也不绝对反映个股的强弱，委比为负值的时候股价往往也是上涨的，为正值的时候股价反而也会出现下跌。

7. 量比指标线

通常来讲，在分时图中有最大辅助意义的就是量比指标。与各种技术指标完全不同，量比指标依据的是即时每分钟平均成交量与之前连续5天每分钟平均成交量做比较，而不是随意抽取某一天的成交量作为比较，所以能够客观、真实地反映盘口成交异动及其力度。从操盘角度来看，量比指标显示得比较直观，其便捷性胜过其他的技术指标曲线图。由于这个指标所反映出来的是当前盘口与最近五天的成交力度的差别，所以这个差别的值越大盘口成交越趋活跃，从某种意义上讲，也就越能体现庄家即时做盘、准备随时展开攻击前蠢蠢欲动的盘口特征。因此，量比指标可以说是盘口语言的"翻译器"，它是超级短线临盘实战时洞察庄家短时间动向的秘密武器之一。

1）量价特征

在实际操作中，根据股价走势以及相应的成交量变化，通常可以将分时走势中的量价特征归纳如下。

（1）量增价跌。量增价跌是指股票成交量在增加的时候，股票价格出现下跌，如图6-9所示。此现象说明价格下跌得到了成交量的配合，而且价格将继续下跌，这一特点在大势反转熊市来临的情况下更为突出，投资者因对后市看淡，纷纷斩仓离场，甚至出现恐慌性抛售，价格急剧下跌，此时为卖出时机。但如果股价连续下跌了很长时间之后，此时股价有轻微续跌，成交量反而剧增，则可视为底部渐进，是分批建仓的好时机，股价在未来几日内有希望止跌企稳。

需要指出的是，市场上的部分投资者有一个错误的认识：股票成交量越大，价格就越高。对于任何一个买入者，必然有一个相对应的卖出者，在任何价格区域都是如此。在一个价格区域，如果成交量出乎意料地放大，只能说明在这个区域投资者之间有非常大的分歧。

图 6-9　量增价跌

（2）量增价平。某只股票的收盘价与昨日或前两日的收盘价比较，价格相等或是价差极小，称为"价平"，或是当日为开收同价线。单日价格涨跌幅度极小时，也可以称为"价平"或是"价不跌"，此时量能如果稍微增加，就符合"量增价平"的走势，如图 6-10 所示。通常来讲，量增价平的走势会发生在谷底时期，以及多头初升段、多头主升段、多头回调整理、多头末升段、空头主跌段、空头盘整及反弹七种行情结构中。

图 6-10　量增价平

事实上，量增价平既可以作为卖出股票的信号，也可以作为买入股票的信号。区别买卖信号的主要特征，是要判断"量增价平"中的"价"是高价还是低价。如果股价在经过一段时间比较大的涨幅后，处在一个相对高价位区域，成交量仍在增加而股价却没能继续上扬，呈现出高位量增价平的现象，这种股价高位放量滞涨的情况，表明市场庄家在维持股价不变的情况下，可能在悄悄地出货。所以股价在高位的量增价平是一种顶部反转的征兆。如果股价在经过一段较长时间的下跌后，处在低价位区域时，成交量开始持续放出，而股价却没有同步上扬，呈现出低位量增价平的现象，这种股价在低位放量滞涨的情况，可能预示着有新的庄家资金在打压建仓。

（3）量增价升。量增价升是指股票成交量在增加的过程中股票价格也随之上升，如图 6-11 所示。若伴随着股价的上升，成交量方面也是增长状态，那么一般可以认为股票价格的上升得到了成交量增加的支撑，后市将继续看好。尤其是在结合了大盘指数操作的情况下，当大盘的指数开始上涨时，那么成交量则需要有一定程度的配合，以推动指数的稳步上涨；当大盘指数小幅度上升时，成交量则需要维持涨升前的状况，或是稍微增加，以支持指数的涨升；当大盘指数出现大涨时，成交量必须要有较大程度的量度值配合，否则指数则有可能因为上涨能量有限而无力上行。而且成交量的增大，在一定意义上也说明了市场氛围比较好，入市的投资者较多，此时是比较好的买入时机。

图 6-11　量增价升

实际上也有一些例外。举例来讲，当股价在一个相对较高的位置区域内，一旦出现价涨量增时，极有可能是一个十分危险的信号。因为此时庄家拉高出货的可能性很大，投资者被套的概率较高。

（4）量缩价跌。股价下跌成交量减少，表示投资者对股票失去信心，持观望态度，如图 6-12 所示。如果出现在股价涨升初期，属正常回档，投资者可以逢低补仓；若发生在股价下跌初期，显示跌势仍将持续；若股价长期下跌后，跌幅略减，成交量也萎缩至最低，此时，买盘虽还有顾虑，但卖压也逐渐收敛，行情将止跌回稳。需要强调的一点是：对于出现量缩价跌的个股，投资者应密切关注大盘走势，如大盘仍有上升空间，则个股可能会止跌向上；如果大盘向下，出现量缩价跌的个股可能向下突破。

图 6-12　量缩价跌

（5）量缩价平。量缩价平是指成交量显著减少，股价经过长期大幅上涨之后，进行横向整理后不再上升，此为警戒出货的信号。如果股市经过较长时间的一轮下跌后企稳，此时股价处于平衡，成交量还在小幅下跌，则意味着股市底部将要形成，空头态势将转为多头态势。对于投资者来说，此时可以伺机介入。如果股市经过较长时间的一轮上升后不太稳定，虽然此时股价处于高位平衡，成交量高位减少，要警惕股市可能由多头态势转为空头态势，投资者最好提前平仓。

(6) 量缩价升。一般价格上升但成交量未增加甚至减少，表明股价上升没有得到成交量的支持，股价属于空涨，必定难以持久，因而后市不容乐观，如图 6-13 所示。这种情形一般出现在牛市的末段或者熊市中的反弹阶段。对于投资者而言，需要结合实际的情况谨慎对待手中持有的股票，防止被套。如果以后股价继续上涨，成交量也相应增加，则量减属于惜售现象，投资者仍可继续做多。

图 6-13　量缩价升

(7) 突放巨量。就突放巨量而言，需要分以下几种情况来分别对待。①上涨过程中放巨量，通常表明多方的力量使用殆尽，后市继续上涨将很困难；②下跌过程中的巨量，一般多为空方力量的最后一次集中释放，后市继续深跌的可能性很小，短线的反弹可能就在眼前；③逆势放量，个股在市场一片喊空声之时放量上攻，造成了十分醒目的效果。这类个股往往只有一两天的行情，随后反而加速下跌，使许多在放量上攻那天跟进的投资者被套牢。

在实际操作中，最常见的成交量变化是放量和缩量，然而放量与缩量的范围并没有一个可以遵循的规律，很多时候是一个"势"，即放量和缩量的趋势，这种趋势来自对前期走势的整体判断及当时的市场变化状态，还有不可预测的市场心理变化。所以投资者应该灵活理解放量与缩量，从而进行更好的操作。

2) 运用量比指标线时应注意的问题

在实际运用量比指标线的时候，投资者需要关注以下几个方面。

(1) 量比指标线趋势向上时不可以卖出，直到量比指标线转头向下。

(2) 量比指标线趋势向下时不可以买入，不管股价是创新高还是回落，短线一定要保持观望。

(3) 股价涨停后，量比指标线应快速向下拐头，如果股价涨停而量比指标线趋势仍然向上，则有庄家借涨停出货的可能，应当保持观望。

(4) 量比指标双线向上时，应积极操作；股价上涨创新高，同时量比指标也同步上涨并创新高，这说明股价的上涨是受到量能放大的支撑，此时是投资者介入的好机会。

(5) 如果股价下跌，量比指标线上升，这时股民应尽快离场，原因在于此时股价的下跌是受到放量下跌的影响。

(6) 对于短线操作，若股票价格是第一次放量上涨，那么量比指标应小于 5。此时如果量比指标很大，则对未来股票价格的上升没有好处；如果股价是连续放量，那么要求量比值不可大于 3，否则有庄家出货的可能。

(7) 相对于成交量的变化而言，量比指标存在明显的滞后性。

相对于委比而言，量比指标对于短线投资者的参考价值更大，往往成为短线投资的秘密武器。这个指标所反映出来的是当前盘口的成交力度与最近5天的成交力度的差别，这个差别的值越大，表明盘口成交越趋活跃。在沪、深两市的综合排名中，我们就可以看到当日个股量比的排名，短线高手往往从中就能把握短线的机会，如图6-14所示。

图6-14 沪深两市日综合排名

通常来说，个股的量比在0.8～1.5属于正常水平。如果量比指标值大于1，表示这个时刻的成交总手量已经放大；若量比指标值小于1，表示这个时刻成交总手量萎缩。不过也不是量比指标值越大越好、越小越差。例如，量比在1.5～2.5，表明温和放量，如果股价也处于温和缓升状态，则升势相对健康，可继续持股，若股价下跌，则可认定跌势难以在短期内结束，从量的方面判断应可考虑停损退出；量比在2.5～5，为明显放量，若股价相应地突破重要支撑或阻力位置，则突破有效的概率颇高，可以相应地采取行动；量比在5～10，表明剧烈放量，如果是在个股处于长期低位出现剧烈放量突破，涨势的后续空间巨大。但是，如果在个股已有巨大涨幅的情况下出现如此剧烈的放量，则值得高度警惕。量比在10以上，这是个股放天量的情况。如果出现在个股的底部区域，往往是一个反转走强信号；如果出现在个股的高价区域，往往是一个反转走弱的信号；量比在0.5以下，属于严重缩量的情况，往往暗藏了变盘带来的操作机会。此外，对于涨停的个股，如果当日的量比低于1，那么就表明无量涨停，后市上涨的空间将比较大，次日开盘封死涨停的可能性就比较高。

知识链接

量比选股"五步曲"

第一步：上午9：25竞价结束后，对量比指标进行排行，看前30名，涨幅在4%以下的。

第二步：选择流通股本数量较小的，最好在3亿元以下，中小板尤佳。

第三步：选择之前换手率连续多日在3%以下或连续几日平均换手率在3%以下的个股。

第四步：选择之前多日成交量较为均衡或有涨停未放量现象的个股（之前一直无量涨停的个股除外）。

第五步：最好选择个人曾经操作过的、相对比较熟悉的个股进行介入操作。

进入选股范围的个股，一定要看看它的过去，看看该股是否有连续涨停的情况，或者是连续涨个不停也行。选股就是选庄家，每个庄家的操盘手都有其资金、性格、操盘习惯上的规律，因此，看其历史非常重要。

资料来源：量比选股五部曲［EB/OL］.［2023-03-09］. http：//www.360doc.com/document/19/0331/20/5498567_825549628.shtml

▶ 8. 内外盘

外盘即主动性买盘，是买方以卖方报出的价格成交，就像我们在市场买东西生怕买不到时的"不讲价"一样。所以，以"委卖价"成交的量越多，就说明市场中的"买气"也即多头气氛浓厚。内盘即主动性卖盘，是卖方以买方报出的价格成交，是以"委买价"实现的成交量。如果外盘大于内盘，表明场中买盘强劲；如果内盘大于外盘，则反映场内卖盘强劲。不过，在个股实际的走势当中，外盘大，股价并不一定上涨；内盘大，股价也并不一定下跌，如图6-15所示。

图6-15　PF银行分时走势

投资者对于内外盘的分析是解析实时走势图的重要基础。内外盘的看盘技巧可以归纳为以下几点。

（1）当累计的内盘量逐步增加，且明显大于累计的外盘量时，代表卖压逐渐加重，短线股价容易向下测试支撑；当累计的外盘量逐步增加，且明显大于累计的内盘量时，代表买气逐渐升温，短线股价容易向上挑战压力。

（2）一段时间内持续下跌的股票的股价与成交量都是相对较低的，随后成交量开始温和放量。如果外盘比内盘大，通常说明股价将会上涨；一段时间内持续上涨的股票的股价处于较高价位，成交量巨大并不能再继续增加，当日内盘数量放大，并且大于外盘数量时，股价将可能下跌。

（3）在股价阴跌过程中，一般会有"外盘大、内盘小"的现象发生，此现象并不可以作为股价会上涨的证据。原因在于庄家有时用几笔抛单将股价打至较低位置，然后在卖①、卖②挂单，自己买自己的卖单，造成股价暂时横盘或小幅上升。此时的外盘将明显大于内盘，使投资者认为庄家在"吃货"，而纷纷买入，结果次日股价继续下跌。反之，市场上出现"内盘大、外盘小"的现象，也不一定就可以说明股价将会下跌。因为市场上的庄家会采取"先拉高后低位挂买单"的操盘手法，从而使内外盘出现"内盘大、外盘小"的情况。这其实是庄家设计的一个圈套，投资者需要谨慎对待。

（4）当日线上档有压力时，卖价的上五档出现大单高挂，但是股价却不下跌，这往往是股价将起涨的先兆；当日线下档有支撑时，买价的下五档出现大单低挂，但股价却不涨，往往是股价将下跌的先兆。

（5）股价已上涨了较大的幅度，如某日外盘大量增加，但股价却不上涨，投资者要警惕庄家制造假象，准备出货；当股价已下跌了较大的幅度，某日内盘大量增加，但股价却不下跌，投资者要警惕庄家制造假象，假打压、真"吃货"。

（6）当股价涨停时，所有成交都是内盘，上涨的决心相当坚决，并不能因为内盘远大于外盘就判断出走势欠佳；而跌停时所有成交都是外盘，但下跌动力十足，因此，投资者也不能因为外盘远大于内盘就将其理解为该只股票走势强劲。

另外，在实际操作中庄家利用买卖盘进行欺骗的行为主要有以下两种，投资者应予以重视。一是在股价已经被打压至较低价位时，在卖①、卖②、卖③、卖④、卖⑤均挂有巨量抛单，给投资者造成抛压很大的假象，从而促使投资者在买①的价位提前卖出股票。事实上，庄家在暗中吸货，待筹码接足后，突然撤掉巨量抛单，股价从而大幅上涨。二是在股价上升至较高位置时，在买①、买②、买③、买④、买⑤挂有巨量买单，使投资者认为行情还要继续上涨，纷纷以卖①价格买入股票，实际庄家在悄悄出货，等庄家达到了自己的目的，就会立刻将巨量买单撤掉，同时全线抛空持有的股票，使得股价随之急速下跌。

在实战当中，对于广大投资者来说，除了观察内外盘的大小，还要结合股价在盘中分时的低位、中位和高位的成交情况以及该股的当日总成交量所占比例的情况。概括来讲，有如下情形。

（1）股价经过了长时间的数浪下跌，处于较低价位，成交量极度萎缩。此后，盘中成交温和放出，当日外盘数量增加，大于内盘数量，股价将可能上涨，此种情况较可靠。

（2）在股价经过了长时间的数浪上涨，处于较高价位，成交量巨大，且不能再继续增加，当日内盘数量放大，大于外盘数量，股价将可能继续下跌。

（3）在股价持续阴跌过程中，时常会出现外盘大、内盘小。此种情况并不表明股价一定会上涨。例如庄家用几笔抛单将股价打至较低位置，然后再卖①、卖②挂卖单，并自己吃掉卖单，造成股价小幅上升。此时的外盘将明显大于内盘，使投资者认为庄家在吃货，而纷纷买入。

（4）在股价持续上涨过程中，时常会发现内盘大、外盘小，此种情况并不表示股价一定会下跌。例如庄家用几笔买单将股价拉至一个相对的高位，然后在股价小跌后，在买①、买②挂买单，让投资者认为主力在出货，纷纷卖出股票，此时庄家层层挂出小单，将抛单通通接走。这种先拉高后低位挂买单的手法，常会显示内盘大、外盘小，达到欺骗投资者的目的。

（5）股价已上涨了较大的涨幅，如某日外盘大量增加，但股价却难以大幅上涨，投资者要警惕庄家"诱多"出货。

（6）当股价已下跌了较大的跌幅，如某日内盘大量增加，但股价却难以大幅下跌，投资者要警惕庄家"诱空"吸货。

▶ 9. 单笔成交

单笔成交就是指个股当前成交的手数，我们经常说的出现大单，都是通过单笔成交中发现的。在个股分时图中，按下 F1 键就可以看到详细的单笔成交。对于广大投资者来说，我们主要关注的就是正常拉升出现的大买单、砸盘出现的大买单,以及隐性成交的大单等。

(1) 大单扫盘。在涨势中常有大单从天而降,将卖盘挂单连续悉数吞噬,即称"扫盘"。比如××中环(0021××),在上午一开盘就出现的大单扫盘,将上压板上的大卖单连续吃掉,如图6-16所示。

图6-16　××中环分时走势

在股价刚刚形成多头排列且涨势初起之际,若发现有大单一下子连续地横扫了多笔卖盘时,则预示主力正大举进场建仓,是投资人跟进的绝好时机,可以进行短线或中线买入操作。

(2) 隐性买卖盘。在买卖成交中,有的价位并未在委买卖挂单中出现,却在成交一栏里出现了,这就是隐性买卖盘,其中经常出现主力的踪迹。单向整数连续隐性买单的出现,而挂盘并无明显变化,一般多为主力拉升初期的试盘动作或派发初期激活追涨跟风盘的启动盘口。

一般来说,上有压板,而出现大量隐性主动性买盘(特别是大手笔),股价不跌,则是大幅上涨的先兆。下有托板,而出现大量隐性主动性卖盘,则往往是主力出货的迹象。

(3) 大单对敲。为了拉升股价,提高成交量,主力往往会进行大单对敲操作,即主力利用多个账号同时买进或卖出,人为地将股价抬高或压低,以便从中获益。当成交栏中连续出现较大成交量,且买卖队列中没有此价位挂单或成交量远大于买卖队列中的挂单量时,则十有八九是主力刻意对敲所为。

(4) 低迷期的大单。首先,当某只股票长期低迷,某日股价启动,卖盘上挂出巨大抛单(每笔经常上百、上千手),买单则比较少,此时如果有资金进场,将挂在卖①、卖②、卖③档的压单吃掉,可视为是主力建仓动作。注意,此时的压单并不一定是有人在抛空,有可能是主力自己的筹码,主力在制造成交量吸引散户注意。大牛股在启动前就时常出现这种情况。

(5) 盘整时的大单。当某股在某日平稳的运行中,股价突然被上千手大抛单砸至跌停板附近,随后又被快速拉起;或者股价被突然出现的上千手大买单拉升后又快速归位。表明有主力在其中试盘,主力向下砸盘,是在试探基础的牢固程度,然后决定是否拉升。该股如果一段时间总收下影线,则向上拉升可能大;反之,出逃可能性大。

(6) 下跌后的大单。某只个股经过连续下跌,在其买①、买②、买③档常见大手笔买单挂出,这是绝对的护盘动作,但这不意味着该股后市止跌了。因为在市场中,股价护是护不住的,主力护盘,证明其实力欠缺,否则可以推升股价。此时,该股股价往往还有下降空间。但投资者可留意该股,因为该股套住了庄,一旦市场转强,这种股票往往一鸣惊人。

由于"成交明细"里个股在每个时刻上的成交数据都是由交易所发过来的延迟信息,是交易所两次快照期间累计的成交量和最后一笔的价格,所以这里成交数据的真实性是有问题的。如果投资者不注意单笔成交的细微变化,往往就会被假象迷惑,很难找出股价波动背后的庄家意图。

需要强调的一点是,单笔成交分析属于精细分析,是盘口分析的重点观察对象。对于投资者而言,在看每笔成交数值的时候,最需要关注的是大单成交时股价究竟是涨还是跌,或者是根本就没有动。庄家可以隐瞒几分钟,但隐瞒不了更长的时间,市场也不会给他更多的时间来掩藏行踪。

▶ 10. 价量分布图

在个股分时图中,按下 F2 键就能看到价量分布图,主要由红柱、绿柱、百分比、成交量、成交笔数、每笔均量、成交价格等组成,如图 6-17 所示。

图 6-17 价量分布

红柱、绿柱分别表示的是买进和卖出的量;百分比是指该价位买进和卖出的成交数量占总成交量的比率,如果比率越高,表明该价位的成交越大;用黄色背底显示的价格是指当前股票的成交价格;每笔均量是指该价位的成交量与成交笔数的比值,该数值的大小可以透露出庄家的活动迹象。比如对于流通盘 5 亿股以内的个股,每笔均量如果超过 500 手,那么肯定是庄家所为。

二、盘口的看盘技巧

概括来讲,盘口的看盘技巧可以归述为如下几条。

(一)关注盘口语言

▶ 1. 盘口语言的概念

盘口语言是个股庄家(当天参与该个股的强弱各方的博弈图)在盘面表现出来的每分每秒的形态,包括白、黄两条线,买①~买⑤、卖①~买⑤的挂单,以及挂单下显示的各种参数。实际上就是这些公开的简单数字及线条,蕴含着丰富的、有价值的信息,如图 6-18 所示。

图 6-18　盘口语言

▶ 2. 盘口语言分析

客观来讲，投资者不可以将盘口语言简单地理解为对买卖盘的观察。事实上，盘口语言是价量配合、分时主攻盘量能、下跌时的量能变化状况等多种变化的综合。盘口语言的核心机密是观察委买盘和委卖盘。股市中的庄家经常在此挂出巨量买单或卖单，然后引导股价朝某一方向走。概括来讲，投资者若能盯住盘口并进行科学的分析，通常会发现一些庄家的行动，从而更加准确地部署接下来的投资策略。

事实上，简单的盘口语言不能成为投资者做出决断的唯一工具，合理地运用K线原理和价量关系，同样是投资者必须要做的。哲学原理永远存在于这个市场中，任何片面地、孤立地看待问题的方法都是机械的。

(二) 关注盘口信息

▶ 1. 盘口信息的概念

盘口信息是指股价的分时图上所显示的信息。它详尽勾画出了股价每日完整的交易过程，可以清晰地反映当日投资者的交易价格和交易数量，从而使投资者的买卖意愿得以客观体现。

一般而言，盘口信息的主要内容包括分时图、委托盘、委托买卖表、每笔成交量、价量成交明细图表、大手笔成交、内盘、外盘、总笔、当日均价线等。除此之外，还包括当日最大成交量价格区域、最高最低价、开市和收市价等。上述盘口信息构成了综合的盘口信息语言。

▶ 2. 盘口信息的分析

对于投资者而言，如果准确地解读了盘口信息，那么一般就可以通过盘中的个股走势分析多空双方的走势发展，从而可以比较准确地把握市场的节拍，为以后在股市上的操作赢得更多的筹码。

(三) 关注盘口能量

▶ 1. 盘口能量的概念

盘口能量是综合细分成交、扣除对冲的大单买卖净量、单买入均价、大单卖出均价、大单买入笔数、大单卖出笔数和笔数差、散户跟风系数等各项指标得出的上涨能量值，是直接反映大资金动向的指标。如果正值越大，说明向上动力越大；负值越大，说明下跌动力越大。

2. 盘口能量的分析

在盘口看盘，盘口能量是关键数据。通常情况下，该值越大越可以参与，如果大单买入比例越大，投资者可买入；反之，则卖出。当然，还要结合其他参数及公司的基本面，否则就会掉入庄家的陷阱。另外，新股上市首日，如果盘口能量异常高，则说明有大资金积极买入建仓，筹码被大量吸纳，后市将有很大潜力。

（四）关注盘口成交

成交的作用是记录买卖数量。理论上讲，成交数据是最真实、最有效的分析数据，庄家对资金的操控也是通过成交来实现的，如图 6-19 所示，但是成交数据具有一定的不确定性。例如，红盘代表主动买进，绿盘代表主动卖出，但是庄家可以通过具体操作细节来操控红绿情况。另外，由于成交数据不能真实地反映庄家的账户信息，使得成交数据具有一定的不确定性。实际上盘口成交的最大意义在于提醒投资者在买入时注意异常成交情况，如果有异常的成交情况，投资者是不能进行买入操作的。

图 6-19 分时成交明细

（五）关注盘口资金流向

1. 资金流向的概念

资金流向，在国际上是一个成熟的技术指标，是反映市场多空买卖意愿的数据指标体系。一般来说，对于资金流向的确定很容易。例如，在 9：50 这一时刻，某一板块指数较前一分钟是上涨的，则将 9：50 这一时刻的成交额记作资金流入，反之，则记作资金流出；若指数与前一分钟相比没有发生变化，则不记入。每分钟计算一次，每天统计一次，流入资金与流出资金的差额就是该板块当天的资金净流入。

2. 资金流向分析

在实际操作中，无论是研判大盘的趋势还是分析个股的分时走势，资金流向的判断都起着非常重要的作用。在市场中，投资者通常所说的"热点"或者"热门股"其实指的就是有大资金流入的个股，而"板块轮动"就是资金流向个股轮动而产生的盘面效果。通常情况下，每天成交量排行榜前 20~30 名的个股都是资金流向的热点，投资者所要观察的重点是这些个股是否具备相似的特征或集中于某些板块，并且这些个股占据成交榜的时间是否足够长。当大盘成交量比较小的时候，一些大盘股在成交榜上占据着比较靠前的位置，但是这些个股的量比却没有任何增加的趋势，那么就意味着大盘氛围比较冷淡，投资者不可将此结果与资金流向集中混为一谈。

事实上，资金流向能够帮助投资者透过价格涨跌的迷雾看到其他人的行动。价格上涨一个点，可能是由1 000万元资金推动的，也可能是由1亿元资金推动的，这两种情况对投资者具有完全不同的指导意义。需要特别强调的是，部分投资者从字面上错误理解了资金流向的意义，他们认为资金流向就是资金的进场或离场。事实上，这种理解是不可取的。资金流向分析属于行为金融学和技术指标双重领域的范畴，通过分析多空买卖意愿和市场博弈行为来分析预测股价行为，对短线操作具有较高的参考意义。

（六）关注盘感

▶ 1. 盘感的概念

操盘手法是指在具体操作中已形成的相对稳定的操盘系统。盘感指的是由于操盘系统的稳定性，而形成的一种由感性认识和理性认识相混合的直观能力。

▶ 2. 盘感的分析

就盘感而言，部分投资者称其为对行情研判的"第六感"，也有人将之称为直觉、超感觉。名称虽不同，但本质含义都是相同的。一般而言，只有进入一种特定的交易状态，盘感才会出现。盘感的出现需要投资者的心态特别平静和聚精会神地关注市场。如果操盘系统已经形成，有某种程度的稳定性，并且投资者已积累了丰富的实践经验，这种程度的"盘感"的可信度极高。操盘手法与盘感是相对的、一致的，不同的操盘手法对应不同的盘感。

任务三　分时图常见形态

一、拉旗杆形

拉旗杆形态形成的原因是在次日开盘后庄家迅速在15分钟内抬高股价，随后全天横盘，让当日的换手成本比前一日高出一截，形成拉旗杆形态的图形，如图6-20所示。出现这种形态时，股价在上升时伴有较大的成交量，这种情况是由庄家自买、自卖造成的。从跟庄意义上来看，旗形出现时，表明庄家洗盘换手进而择机拉抬股价，此时投资者自然可以逢低吸纳建仓，并在放量突破时加仓跟进。事实上如果成交量显著放大，拥有拉旗杆形走势图形的个股有可能出现涨停。

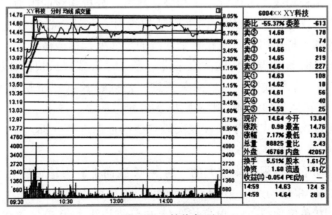

图6-20　拉旗杆形

对于投资者而言，在对拉旗杆形态进行分析的时候，需要对旗形进行研究。实际上，在极端多头市场中，股价大幅攀升至某一压力位时，形成的图形被称为"旗杆"，然后股价开始进行旗形整理，其图形会形成由左向右下方倾斜的平行四边形，该四边形可以被认为是一个短期内的下降通道。在该形态内的成交量呈递减状态，由于旗形属强势整理，所以成交量不能过度萎缩，而要维持在一定的水平。但股价一旦完成旗形整理，待其向上突破的那一刻，必然会伴随着大的成交量，而后股价大幅上涨，其上涨幅度将达到旗杆所包含的最高价与最低价的价差，涨升速度较快，上涨角度接近直角。一段强势行情的整理时间必定不会太长，一般在5~10天。如果整理时间太长，容易涣散人气，其形态的力道也会逐渐消失，此时，就不能再将其作为旗形看待。

另外，能够在股市中寻找连续强势拉升的强庄股，并在最短时间内获得最大的收益是每个投资者的梦想。当众多投资者发现强庄拉升的强势股时，往往会因害怕庄家可能进行大幅洗盘而不敢进入。实际上，利用旗形可对股票是否有强庄参与而加以辨别。在热点轮动的个股中，能够"拉旗杆，画旗面"的强庄股有望再拉旗杆飙升。而根据旗形研判并捕捉强庄股的中线底，立足主流趋势逢低吸纳，趁回档建仓时介入，突破时加仓跟进，才是投资者"追涨不追高"、把握庄股主升浪的正确投资理念。客观来讲，旗形回落的速度不快，幅度也十分轻微，成交量不断减少，反映出市场的沽售力量在回落中不断地减轻。一旦旗形休整之后，股价被再度放量拉旗杆的可能性会很大，从而形成新的上升浪。

二、分时 K 线突破均线形

就分时 K 线而言，它有助于投资者从微观的角度分析股市走势，是对股市行情分析的一种补充；可以帮助投资者准确判断股票的买卖时机；可以对投资者的投资提供帮助。

投资者将分时 K 线分析与其他分析方法结合起来运用，可以得到更好的投资效果，其中以分时 K 线与均线的配合使用最为关键。

事实上，均线是判断股价走势的有力武器，具体的数字设置根据个人风格有所不同，可自行设置。均线的使用方法很多，主要有两种方法。第一种就是通过两条均线的互相穿越来判定趋势的同时判断进场位，其中向上穿越称为金叉，向下穿越称为死叉，同时用反向穿越来判断出场位。总结起来非常地简单，金叉买入死叉卖出，金叉卖空死叉出场。第二种使用的方法相比前面一种要少一些，但效果要比第一种方法好很多。首先，K 线从上向下穿越均线，并站稳均线下方确定空头趋势；然后，分析均线的阻力作用或者多个均线的死叉找机会卖空。反过来 K 线从下向上穿越均线时，并站稳在均线上方确定为多头趋势，然后分析均线的支持作用或者是在多个均线的金叉处找机会做多。

客观来讲，就分时 K 线与均线的配合来讲，当分时 K 线以最快的速度（通常是一两根分时 K 线）向上穿越多条均线时，可以果断买进；当分时 K 线以最快的速度（通常是一两根分时 K 线）向下跌穿多条均线时，则要坚决卖出。

投资者可以通过以下几点对分时 K 线突破均线的形态进行分析。

▶ 1. 5 分钟 K 线突破均线形态

在成交量的推动下，一根实体很大的 5 分钟 K 线向上有力地突破几条均线（5 单位均线、10 单位均线、20 单位均线、30 单位均线等、60 单位均线等）的压力，并站在它们之上。5 单位均线、10 单位均线、20 单位均线、30 单位均线、60 单位均线等都由走平开始掉头向上。这个大力度突破的5分钟K线一般说明股价向上趋势正在形成，未来股价出现上升趋势的希望很大。

值得投资者注意的是，5分钟K线的变化相对较快，所以投资者应结合不同的几条均线使用。正常情况下，几条均线的向上斜率（角度）一定要大才可以买入；如果太小，此时没有操作意义（当天没有什么收益）。投资者还应观察突破时的成交量。如果放量，说明庄家开始进场，这样的突破才真实无误。突破时的成交量越大，当天后市的涨幅一般也越大。除此之外，投资者对于大盘也要进行研判，不可忽视市场背景。如果大盘处于上升趋势，那么投资者可以选择介入；如果大盘处于整理趋势，那么投资者最好观望；如果大盘是处于下跌趋势，那么投资者则要谨慎，不可盲目行动。

▶ 2.15分钟K线突破均线形态

15分钟K线的作用是在大环境充满变数的情况下，使投资者对熟悉的个股加深感觉，并且投资者通过小波段的操作，牢牢抓住该股，赚取差价，减少投资者长期持有该股所产生的成本。

在实际操作中，投资者可以在15分钟K线图上设置一根21日均线及一根5日均线，当看到5日均线上穿21日均线时，投资者可以择机介入；如果投资者看到5日均线下穿21日均线，就要坚决离场。

对于15分钟K线，第一波上攻时要有力度，最好伴有涨停板出现；整理区域量能逐渐萎缩，从盘口分析没有什么成交，几乎是散户行情，证明抛单很轻。这一般可以说明浮动盘已经休息，多空分歧不大；庄家持有大量筹码。在这种状态下，庄家只需要出面"煽风点火"，股价马上就会变化。放量启动时候的特点是15分钟K线图的均线系统多头发散，还有MACD等中线辅助指标发出买入信号，同时盘口上出现大笔攻击性买单，在行进过程中庄家多半采取夹板的手法，一气呵成进入拉升阶段，这是庄家运作的理想模式。实战中情况复杂多变，需要投资者观察大盘的动向来辅助判断。

▶ 3.30分钟K线突破均线形态

30分钟K线图的均线参数设定为24、80、160。如果某股调整开始后，股价先后跌破24线、80线，说明调整正在逐步加深，此时操作应该谨慎。而当股价调整到160线处时，投资者此时应密切关注，特别是观察股价变动幅度和成交量在此时的变化，因为该区域是个股调整能否结束的最关键阶段。另外，如果股价变动幅度变小，说明短期调整有望结束。

投资者在实战中还应同时对成交量与大盘走势加以研判。通常来讲，当股价调整到160单位线时，走势将面临转机，此时，成交量最为关键。某些个股的成交量有时是在下午14点左右放量，但也有在第二天上午出现拉高放量的情况。就大盘走势来说，如果大盘连续下调并出现衰竭，此时个股如果在160单位线处出现横盘，则适用性最强。

需要说明的一点是，不同的操作前提对于均线的设置要求是不同的，投资者应该结合自己的实际情况进行分析，切忌盲目操作。

▶ 4.60分钟K线突破均线形态

以大智慧股票软件为例，打开上证综合指数K线图，周期为60分钟，均线分别为MA1为5、MA2为10、MA3为20、MA4为30、MA5为60、MA6为120。周期60分钟也就是每一根K线代表的就是一小时,一个交易日开盘时间为上午、下午各两小时,一天共产生4根K线。那么在均线里,根据设置好的MA及对应的颜色,投资者就可以明白MA1代表的是5小时均线,MA2代表的是10小时均线等。

一般在大盘60分钟走势图中,如果5小时均线(60分钟K线中)被有效跌破,即5小时均线结束上行而反身向下掉头时,投资者应立刻抛股离场。如果5小时均线结束下行而返身向上掉头时,投资者可以选择介入。需要指出的一点是,此时投资者要对突破的有效性进行判断,谨防假突破。

在实际操作中,投资者准确把握成交量的变化是用好分时K线的关键。例如,成交集中在什么时间放量,放量以后的股价是否开始逐渐向下并跌破各均线系统。如果个股在开盘后一小时出现放量,但缩量时股价并没有逐渐下行,就应该注意该股有可能完成部分换手,有继续上行的可能。

三、弱势形

就弱势形态来说,黄色均价线与白色即时线开盘就同时向右下方一泻千里,如图6-21所示。这种形态也有可能出现在上升通道的震仓中,但在对震仓或者回调等走势把握不准时,投资者需要谨慎对待分时图上这种形态的股票。

图6-21 分时图弱势形态

需要指出的是,投资者不要只根据局部的信号来买卖股票。所有指标形态都要结合股价的趋势及所处位置是高位还是低位,是支撑位还是压力位来整体考虑。

四、强势上升形

强势上升形表现为一些股票在当日的走势中表现非常突出,在开盘之后很快就走出较为强烈的上升趋势,如图6-22所示。从分时图中可以看到,均价线一路上扬,股价运行在均线上方,即使小幅回调,也受到均价线的有力支撑,甚至不破均价线,在接近均价线位置时,再次发力上攻,一路高歌。股价的不断上升,对于场外的投资者有着难以抗拒的诱惑,因此,越来越多的投资者就会选择介入,进而使得股价不断上涨,形成一个良性的循环。

图 6-22 分时图强势上升形

在大盘走势较弱的大环境下，股价小幅低开，但低开后并没有低走，而是选择直接上攻，几乎可以不费力气地填补低开的缺口，补缺后小做回调，并在均线处获得支撑后再次上涨，在分时图中，开盘 10 分钟内，股价的运行轨迹类似于大写的英文字母"N"，这样的走势往往是强势的象征。此后便震荡上行，股价的重心一直在上移，最终在快收盘的半小时内，伴随着巨量的放出，股价封于涨停，并一直持续到收盘。

此种强势上升图形的出现，反映了市场上的投资者介入的意愿很强烈，而且空方此时已经处于有心无力的状态。由于此时存在客观的有利因素，投资者通常可以选择在股价回调到均价线处买入。一般当日涨停的股价，其后的交易日里，都会再次走高。

需要指出的一点是，投资者要小心冲高回落。在实际操作中，为了保险起见，投资者可以选择结合其他方面进行综合研判。例如，所操作股票的价格、成交量、股票的所处位置以及其他指标，从而确定自己持有当日涨停股的时间。此外，由于庄家深知投资者的炒股心理，所以庄家一般会采取一定的方式来吸引投资者的关注，从而达到最终出货的目的，投资者应谨慎操作，要结合大盘的实际情况进行认真分析。

五、快速下跌形

快速下跌形态既可出现在跌势初期也可出现在跌势后期，是暂时止跌或转势的信号。在实际操作中，快速下跌为短线操作者提供了一个机会，激进型投资者可趁低买进做一轮短差。持股者在股价快速下跌时不宜卖出，可等股价反弹时退出。

事实上，快速下跌形的出现往往会有两种结果：第一种是短线止跌回升，反弹后继续下跌；第二种是形成 V 形反转。实践证明，第一种情况出现的概率远比第二种要高。投资者对此需要有一个明确的认识，从而能更好地捕捉到投资机会。

六、中途调整形

在股票的分时图中，非常强势的股票可以一路上涨，甚至不回调，直冲涨停。然而，绝大多数处于上升趋势的股票都是比较平稳的。也就是说，此类股票在上涨的过程中通常都会存在回调。回调是指在价格上涨过程中，由于价格上涨速度太快，股价受到卖方打压而暂时回落的现象。在正常情况下，回调幅度小于上涨幅度，回调后将恢复上涨趋势。这里所说的情况其实就是中途调整形态，如图6-23所示。

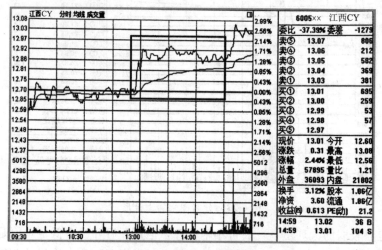

图6-23　中途调整形态

这样的回调一般可以看作是庄家出货或者洗盘的预兆，投资者可以结合成交量对此做分析。通常来讲，如果是无量上涨，中线是庄家控盘，短线是庄家出货完毕，抛压减少，庄家追涨意愿不强；如果是放量回调，那么可以说明主动性卖盘增多，抛压逐步加强，主力有出货迹象。在实战中有的投资者看到股价涨高并发生回调，认为是庄家在拉高出货，甚至急于将手中的大牛股卖出。实际上这就是投资者缺乏分析与研究的表现。

从图6-23可以看出，股价的上涨是伴随着放量的。分时图上红柱多于绿柱，主动性买盘大于主动性卖盘，价升量涨，初步判断股价为真实上涨，分笔成交中可以看到主动性买盘的大单时而出现，庄家做多的意愿暴露。分时图中股价回调，但是回调到均线上方较远处便停止回调，分时走势的低点一个比一个高，总体趋势向上，均线也一直向上运行，判断结果是庄家洗盘。再看成交量，回调时成交量极度萎缩，洗盘的概率极大，股价再次上涨，成交量极度放大，证明此前的判断是正确的。庄家意图全天做多，直至收盘，股价涨幅可观。

总之，在这种分时图中，投资者首先看量能配合是否良好，其次看回调力度和回调时间。但是仅凭一张分时图是远远不够的，投资者还须对个股近日的K线组合等指标有全面的分析，从而更好地进行操作。

七、易涨停形

对于易涨停的股票来说，上涨时会快速拉高，同时成交量放大，在推高过程中，一般呈现加速上攻的形态，而不能是拱形上涨，如图6-24所示。

需要指出的是，在没有出现推升动作的时候，成交量会很温和地变化，尤其是在横盘过程中，成交量或呈现阶梯形的缩量，缩量非常有序。

另外，此类股票总体走势一般处于良好态势。此态势可以是一种多头走势，也可能是一些严重超跌之后的反弹走势。所谓"不良好"状态指的是近期成交量以及日线级别的K线

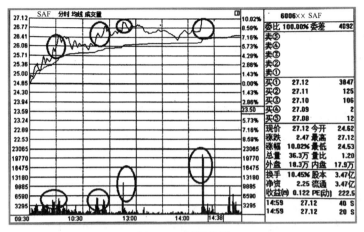

图 6-24 易涨停形

显示该股明显走弱，并且有头部特征，若突然出现放量大涨，更多的是庄家诱多出货的行为。即使这样的股票涨停，多半会在涨停的过程中出现成交量严重暴量的现象，并且第二天股价会低开下跌。

在实战中，投资者切不可对此类股票的涨停进行片面的理解。在股市中，有很多由于各种原因而涨停的股票。以小盘股为例，在小盘股的分时图中，也许此股的攻击性不是很强，然而也一样存在着持续涨停的可能。

八、修长城形

在"修长城形"的分时走势图中，股价平直运行，几分钟内没有成交或者成交量很少，股价维持在一个水平，此时突然有笔成交或股价变动，使股价直上直下地发生变化，此时形成的分时图在形态上有些像长城，如图 6-25 所示。

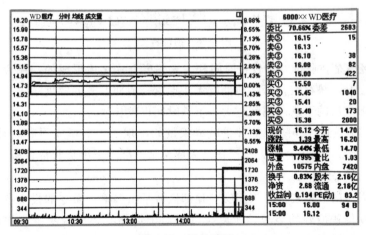

图 6-25 修长城形

在实际操作中，股价出现这种修长城形的分时走势时，说明筹码锁定得很好，是庄家高度控盘的体现。投资者此时应结合大盘走势进行研判，不同的大盘走势需要不同对待。如果修长城形出现在上涨中途的回调时，说明庄家此时高度控盘，大多数投资者也对后市纷纷看好，很少有人抛出手中的筹码，看涨后市，上涨只不过是时间的问题；如果出现在下跌或震荡整理的过程中，后市难以看涨，这时，庄家介入拉动股价上升的可能性很小，手中持有股票的投资者也都纷纷看好后市，没有人卖出，如果没有庄家进场，那么一旦有些许的筹码抛出，那么股价下跌将是必然的。

九、顶部的分析与研判

（一）顶部的概念

顶部是指股票最高价的区域。常态下的顶部有多种形式：单顶、双顶和多重顶。正常情况下，如果没有基本面上因素的影响，单顶形成的可能性不大，而双顶和多重顶的情况相对比较常见。在一轮多头行情的催逼下，受惯性思维的影响，投资者总以为股价会在很短时间内重拾升势，再创新高，也往往会认为每一次反弹都是探寻底部成功的标志，这种心理很容易被庄家利用，使得庄家在不断给市场留下还能再创新高的幻想中边拉边撤，普通中小投资者也就在不断抢反弹中层层被套，越陷越深。所以，"顶部不是一个点，而是一个区域"是很有道理的。

（二）顶部的特征

顶部的特征可以归纳为如下两点，如图 6-26 所示。

图 6-26　顶部特征

（1）顶部区域是在股价经过较长时间和较大幅度上涨之后形成的，在形成顶部之前个股应有明确的上升趋势存在，否则顶部就无法形成。前期上升的幅度越大、上涨持续的时间越长，顶部形成后的下跌空间就越大、下跌时间也越长。

（2）顶部的形成往往伴随着价升量减或天量的出现，大盘形成顶部的时间非常短暂，一般在 2~3 个交易日之内，因为庄家在巨大成交量的配合下出货非常容易。

（三）顶部的识别

事实上，做多的投资者都希望能够在顶部区域平出多单；做空的投资者则都希望能够在顶部区域建立位置最好的空单。所以投资者对于顶部的识别就变得非常重要。概括来讲，投资者可以从以下几点进行识别。

（1）我国的股市是一个新兴的市场，政府的政策调控将直接影响股市，在历史的走势中，可以看到许多顶部区域的形成是政策调控造成的。一般从政策的出台到政策的实施再到政策真正发生作用之间存在着一定的时间差，投资者应做到反应敏捷。

（2）由于信息的不对称性，庄家有时利用掌握的未经证实的信息在市场低位开始悄悄吸货，并一路推高股价。等到消息被证实时，反而是庄家进行逢高派发的好时机，这种情况被市场称为"见光死"。所以当股价已连续上涨非常大的幅度后，出利好消息时，预示着顶部差不多已经形成。

（3）绩差股群体暴涨。此信号一般也可以说明大盘见顶。不论大盘蓝筹股还是小盘创业股，只要其股价和业绩与公司的成长性相适应，管理层都可以接受。如果股价脱离实际业绩与公司的成长性，而且是大批量的股票，那就表明这个市场缺乏被机构认可的具有投资价值的股票，大盘见顶下跌是迟早的事。

（4）历史上重要的顶部几乎都伴随着巨大的成交量，只有成交量连续放大且股票连续数天保持高换手率，庄家才能趁机脱逃，在量能无法继续放大时，股价才有可能再次下跌。需要说明的是，多大的量才属于见顶的量，这在应用中并没有绝对的标准。通常情况下，随着市场规模的扩大，顶量也在"水涨船高"。

（5）扩容再次提速。如果市场每周发行7~8只股票时还觉得不够，进而又加码到10家以上，在这种情况下大盘股价便会受到冲击，行情将难以持久。

（6）股民的行为。如果交易大厅人山人海，进出极不方便的时候；如果周围的人都争相谈论已经挣了大钱的个股时；当交易大厅中出现许多新面孔的时候；当一个股市新手都敢推荐股票，并说这是庄股，目标位要拉到多高时；当大型股评报告会人满为患时；当开户资金大幅提高了之后继续提高时，通常可以说明市场已在顶部或是顶部区域了。

（7）市场上有"传媒一边倒"现象的发生。在股市中市场舆论可以反映出投资者的信心。如果投资者在对市场的信心上产生严重分歧，升势很难长时间维持下去，所以舆论的严重分歧通常预示着顶部的到来。

客观来讲，以上叙述的几点即使出现也并不一定就可以表明顶部会到来。但是，如果有几点同时出现，那么行情将要见顶的概率较大。

（四）顶部研判的方法

客观来讲，股市经过较长时间的上涨后进行回调整理，是其运动变化的内在需要。所以想要对顶部做出比较准确的分析，投资者就需要把握一些顶部研判的方法。

顶部研判的方法可以概括为如下几点。

▶ 1. 借助辅助工具研判顶部

可以用来研判顶部的辅助工具有如下几种。

（1）转向指标。转向指标是把最高点和最低点连接起来所画的趋势线。转向指标的使用主要是为了衡量上涨时间的长短以及上涨的幅度。事实上，此指标可以过滤一些市场的虚浮价格，减少价格时高时低对大盘整体趋势的影响；此指标可以很好地显示出支撑位或者压力位的方向，对有可能发生回调的市场趋势进行预测；此指标是一个很好的显示工具，双顶等图形在该指标里表现得很明显；此指标还可以很好地表达出市场趋势的逆转现象，属于一个滞后性指标。

在实际操作中，当上涨行情自转向指标转向后，上涨超过10%才有可能形成顶部。换而言之，个股必须要有一定的行情空间才会出现顶部。在一些极端行情的例子中，当股票在一个自然月中上涨累计超过20%时，见到顶部的概率将大幅增加。

（2）摆动类技术指标，如RSI、KD指标等。RSI指标是根据股票市场上供求关系平衡的原理，通过比较一段时间内单个股票价格涨跌的幅度或整个市场指数涨跌的大小来分析判断市场上多空双方买卖力量的强弱程度,从而判断未来市场走势的一种技术指标。RSI指标是买卖力量在数量和图形上的体现,投资者可根据其所反映的行情变动情况及轨迹来预测未来股价走势。KD指标是技术分析指标的一种,KD指标的技术含义是"随机指数",由K值和D值构成。正常情况下,K值是连续的,若没有昨日K值,可以用今日RSV值或50代替,如图6-27所示。

图6-27　KD指标

K值指标的计算公式为:

$$今日K值 = 2/3昨日K值 + 1/3RSV$$

从上式可以看出,K值在很大程度上取决于RSV的取值。RSV是"未成熟随机值",主要用来分析市场是处于超买还是超卖状态。在股市中K指标一般称为快指标,D指标为慢指标。K指标反应敏捷,但是如果仅以它作为决策的基础,因跟不上行情的迅速变化而容易出错;D指标虽然反应较慢,但由于它是经过一定时期的数据回归计算得来的,所以较为可靠。

实际上在上涨行情的末期,摆动类的技术指标都能够发出超卖信号,但并不是每次在超卖区卖出信号都能够成为见顶的标志。原因在于摆动类指标在极端行情中会出现呆滞的情况,也就是屡次发出卖出信号,但股票的价格持续上涨。此时,就必须用到研究摆动类指标的另一种方法——顶背离法来进行判定。顶背离是指当价格创出新高,而指标没有同步创出新高,甚至出现一波比一波低的现象。当第一个顶部现象出现时,行情已经进入了极端状态,上涨和下跌的速度都会非常快。通常情况下,两次顶背离后见到顶部的可能性最大,而超过3次顶背离的现象却非常少见。

(3)长期乖离率指标,如60周期乖离率。乖离率是从移动平均线原理派生出来的一种分析指标,它通过计算价格在波动过程中与移动平均线出现偏离的程度,来推测价格调整的可能性。根据葛南维移动平均法则,价格如果远离移动平均线,就很可能向移动平均线回归。若股价在移动平均线之上,乖离率为正,反之,乖离率为负;当股价与平均线相同,乖离率为零。乖离率周而复始穿梭在零的上方或下方。从长期图形变动中可以看出,正乖离率大到某百分比以上时是卖出时机,负乖离率低至某百分比之下时是买进时机。需要指出的是:多头市场的狂涨与空头市场的狂跌都会使乖离率达到意想不到的百分比,但是这种情况出现的次数极少,持续时间一般也不长。

▶ 2. 借助分时图及成交量的变化研判顶部

投资者可以从分时图上发现：在顶部区域股价拉高极为迅速，而且成交量往往较小；下跌时速度缓慢，往往伴随着巨大的成交量。

事实上，一旦股市氛围比较积极，多数投资者都会选择继续持股，而且会有越来越多的投资者买入股票，所以此时大盘上涨的速度很快，成交量自然随之减小。另外，下跌速度缓慢时，往往伴随着巨大的成交量，这是因为投资者买进和卖出都采用挂单方式，轻易不敢追高。市场气氛一片大好时，投资者大多希望买进股票以求获利，因此，很多人开始买进股票，他们大多数在买进时都采取挂单等待的方法。通常股价越低，在该价位买进的挂单越多，机构则主动卖出，这样机构越卖股票价格就越低，成交量就越大。个股一方面买盘较大，另一方面机构也故意放慢派发的速度，做出股价下跌时"一步三回头"的假象，使投资者认为股票价格已见底，诱使投资者买进股票，于是就会出现这种现象。

▶ 3. 借助均价线研判顶部

如果股价长时间运行于分时均价线下方，并受到分时均价线反压，投资者结合日线所处的位置，可以对顶部进行研判。

▶ 4. 用 K 线研判顶部

K线是最基本的技术分析指标，当行情发展到涨势的末期时，人气亢奋，做多始终赚钱，这时行情会出现连续跳空收阳，甚至连续出现涨停板。当股价由底部启动进入上升通道后，投资者要开始警惕顶部的出现，这时，一般不再以日K线图为主，而以60分钟K线图为主。投资者将60分钟K线图中的均价线系统参数设置为5、10、20，并将K线图、成交量图、MACD图显示于同一屏幕上（目前几乎所有的股票软件都可以做到），从而进行分析。

当股价从底部（或阶段性底部）上升到一定高度时，如果K线图上出现股价滞涨、成交量放大，股价回落、成交量萎缩等现象，同时均价线、量均线、MACD都会由上升趋势逐渐转变为走平或下降趋势，并且均线系统的5单位线下穿10单位线，MACD的快线下穿慢线时，一般可以说明此区域股价进入顶部的可能性很大。如果股价均线的5单位线下穿20单位线，10单位线下穿20单位线，则可以确认此时股价已达到顶部区域。需要指出的一点是：在顶部区域，K线形态多会出现超长的影线与超大实体，这也是识别顶部的重要参考点。

十、底部的分析与研判

（一）底部的概念

底部是指股价长期趋势线的最低部分。事实上，底部的形成有一个筑底过程，筑底的目的是为了调整均线或者清洗筹码。当市场对该股的抛盘感应达到了极微的程度，或者因为某些消息导致投资者对股市绝望而恐慌性出货，而又有新生力量介入的时候底部才有可能形成。

（二）底部的特点

通常来讲，底部的特点可以归纳为以下几个方面。

(1) 在一轮下跌趋势形成之后，下跌的时间和幅度均比较大。
(2) 长期下跌趋势通道上轨线被突破，中长期均线开始上升。
(3) 下跌形态规模越大，形成底部时间越长，则上升时的涨幅越大。
(4) 底部区域往往也是成交量最小的区域。
(5) 底部形成的时间比顶部形成的时间要长。

（三）底部的分类

按照行情的规模大小，底部可以分为以下三类。

（1）短期底部：是指股价经过短时间的连续下跌之后，导致短期技术指标超卖而出现股价反弹的转折点。

（2）中期底部：是指由于股价经过长期下跌之后，借助利好题材所产生的反弹行情的转折点。

（3）长期底部：是指弱势行情完全结束，多头行情重新到来的转折点。

（四）底部的识别

投资者可以从以下几点进行底部识别。

（1）下跌时间长、空间大。大盘下跌时间在 3 个月以上；股价下跌在 40% 左右；机构与投资者亏损面达 70% 以上，投资者亏损幅度在 30%～50%，机构在 20% 以上。

（2）几乎所有板块与个股都要轮跌一遍，甚至有的弱势品种会经历两到三波的大跌。

（3）底部产生前的成交量极度低迷。这是因为经历过大幅下跌后市场心态十分谨慎，对市场内出现的上涨行情都怀有戒备之心，而且参与低位反弹的资金通常也不会很多，上涨无量的现象较为明显。如果股价继续下跌，而成交量创出地量后开始缓慢放量，成交量与股价之间形成底背离走势时，表明大盘调整已经到位。

（4）出现大量高分红率的个股。客观来讲，购买股票最直接最本质的目的是分红，红利才是推动资本市场持续发展的基础，只融资无回报的市场难以长期维持。分红率又称派息率，也就是当年派息总数/同年总盈利，这个指标一般介于 40%～60%，某些上市公司派发特别股息，会使这个指标超过 100%。投资者一般会认为超过 60% 的派息率会对企业的进一步发展造成困难。派息率这个指标，反映的是上市公司愿意通过现金回报股东的豪爽程度。

此外，分红率是高是低有几个标杆：银行一年期定期存款利率、实业资本的年收益率、住房出租收益率（年租金/房价）。对此投资者应予以了解。

（5）个股大面积破发、破净，新股大面积破发。尤其是一些大盘绩优股出现破发，成批的个股或板块集体大幅下挫或集体跌停，开始有股价跌破净资产的个股出现，市场一片萧条，多数投资者已经失去了信心甚至绝望。

就破发而言，破指的是跌破，发指的是股票的发行价格，破发的意思是指某只股票当前的价格已经跌破了发行价格。一般市场供需的严重失衡是导致股票破发的主要原因。

破净，其全称为股价跌破净资产值，是指股票的市场价格低于每股净资产。事实上，股价跌破净资产，这是市场给投资者提供的最安全的套利机会，这样的机会其实并不多，即使出现了也需要投资者用心去识别。

（6）对投资大众心理变化的解读。

第一，投资大众对利好变得麻木。一次次利好的推出换来的却是一次次股价的下跌，利好再度推出时影响已经不大。此时，熊市思维变得极其严重，前期看多的机构开始悲观和开始做空，此前一直看多的分析师、咨询机构对市场前景开始出言谨慎，同时投资者对宏观面和政策利好变得麻木。

第二，投资大众对市场绝望。投资大众对利好利空消息麻木，市场保持着一种匀速下跌态势。也就是说，市场既不会因利空而加速下跌，也不会因为利好而大幅反弹，而是保持匀速下行的趋势。此时，绝大多数投资者已经选择了离开市场。

总而言之,股市见底通常会有很多预兆。投资者若想借助底部获利,就需要搜集各种信息,进行综合分析,从而制定较为合理与实用的操作策略。

(五)底部的研判方法

根据不同类别的底部,研判方法有所不同,投资者可以从以下几个方面来着手。

▶ 1. 短期底部的研判方法

短期底部以 V 形居多,发生行情转折的当天,个股经常在日 K 线图上走出较为明显的下影线,在探到底部之前,常常会出现 2~3 根比较大的阴线,换而言之,每一次加速下跌都会探及一个短期底部。

V 形底也称尖底,是指股价经过连续下跌,因为突如其来的某个因素扭转了整个趋势,在底部伴随着大成交量形成十分尖锐的转势点,一般仅需两至三个交易日,随后股价出现近乎垂直的急升,从底点快速涨升,成交量剧烈放大,整个移动轨迹就像英文字母 V。V 形底通常是由于投资者恐慌性抛售,使股价跌到了偏离股票内在价值的低位所致,是报复性上涨的结果。它往往是在重大利好消息来临或在严重的超卖情况下产生的,造成短期内价格的剧烈波动。需要说明的是,V 形底在转势点必须要有明显的大成交量相配合,否则此形态不能确立。

▶ 2. 中期底部的研判方法

在中期底部出现的形态有很多种,通常以 W 形底和头肩底出现的概率稍大些。正常情况下,中期底部是在跌势持续时间较长(10 周以上)、跌幅较深(下跌 30% 以上)时才会出现,而且在到达中期底部之前往往有一段颇具规模的加速下跌。另外,中期底部的出现不需要宏观上基本因素的改变,但往往需要消息面的配合,最典型的情况是先由重大利空消息促成见底之前的加速下跌,然后再由利好消息出现,配合市场形成反转。

W 底,也可以称为双重底,如图 6-28 所示。W 底包含两个底,也就是两个相同高度的低点。需要指出的是,W 底的两个底点通常并不是在同一水平上的。其实两者之间幅度相差只要在 10% 以内就不会影响分析。双重底是一种极为重要的反转形态,出现的次数也较为频繁。正常情况下,形态构筑的时间越长,形态完成后的效果就越好。如果形态构筑时间短,那其形态的技术意义就不大。因此,双底形成的时间在半年至一年以内时最为有效。W 底形成之后一般会出现回抽确认,也就是说,价格会出现回落,但往往会受到来自颈线位的技术支撑。实际上股价只要不跌破颈线,就会很快向上拉升,此时投资者可以介入。

图 6-28 W 底的变形——双重底

头肩底，就是"先下跌再上来"，此时形成的这个V形就是"左肩"；然后继续下跌，跌得比第一个V形的底部还深，之后再涨上来，这就形成了另一个"底"；然后又一次下跌，但这次下跌没第二个V形底部深，和第一个V形的底部差不多在同样位置，这就形成了"右肩"。一旦形成这样的头肩底形态，则意味着反转的形成。在头肩底走势中，最佳的买入时机在向上有效突破颈线之后，或者突破颈线后的回抽确认时。在向上突破颈线之后，价格稳定在颈线上方并形成了上升中继形态，此时可结合中继形态的要领寻求到更多的进场做多机会。

▶ 3. 长期底部的研判方法

通常来讲，长期底部是熊市与牛市的交界点。长期底部的形成有两个重要前提。

（1）导致长期弱势形成的宏观基本面利空因素正在消失，无论宏观基本面利空因素的消除速度是快还是慢，最终的结果都必须是彻底的消除。

（2）当股价处于低水平时，投资者信心开始恢复。长期底部的形成一般有简单形态和复杂形态两种。实际上，简单形态是指潜伏底或圆形底，这两种底部的成交量都很小，市场表现冷清；复杂形态是指规律性不强的上下振荡形态。

潜伏底是指股价在一个极狭窄的范围内横向移动，每日股价的振幅极小，且成交量也十分小，图表上形成一条横线般的形状，如图6-29所示。通常来讲，潜伏底大多出现在市场交易冷清之时或一些股本较少的冷门股上。对于投资者而言，在长期性底部出现明显突破时方可跟进，此时突破的特征是成交量激增。此外，应注意在突破后的上升途中，该股必须继续维持高成交量。

图6-29 潜伏底

圆形底是股价在经过一段时间快速下跌之后，空方力量减弱，股价下跌速度明显减缓，成交量递减，使股价难以深跌时形成的。随后逢低买盘逐步增加，成交量也温和放大，股价缓慢爬升，最后股价向上冲刺突破出现急升，成交量也快速放大。圆形底是以一个较长而平底的形态出现在低价水平，而且圆形底的形成时间相对较长。另外，圆形底突破横向整理区域时，一般会伴有跳空缺口，这一点可以作为验证底部的根据。

需要强调的是，庄家受到坐庄成本的时间限制，无法在长期走势中画图骗钱。越是形成时间跨度长的底部形态，可信度越高，越容易形成历史性的底部。

（六）底部的研判要点

概括来讲，底部的研判要点有以下几个方面。

（1）市场的大型底部的形成也是可以从部分技术指标上进行判断的。比如，当周线图表上的一些技术指标，如 MACD、KDJ 等出现低位背离现象时，往往意味着部分长线资金开始进场吸纳股票，由此也导致了技术指标并不随着股价继续下跌而下跌。此外，当日 K 线、周 K 线以及月 K 线等短期、中期、长期指标同时出现见底信号时，投资者就要密切留意后市运行方向；如果周线、月线等中长期指标表现不好，但日线等短期指标开始走稳时，市场可能在短期内反复，但市场的中长期走势依旧需要观察。技术指标是有分类的，正确的研判方法是用同一类指标进行综合分析。一般只有当同类指标发出同样的信号时，其市场指导意义才比较可靠。

(2) 通常来讲，底部形态构筑成功后，在右侧的上涨过程中，如果伴随着成交量温和放大，则较为可信。而无量配合的持续上涨，往往预示着庄家已经控盘，这种底部形态的可信程度还需要结合其他的分析手段进行分析。另外，在底部形态的构筑过程中如果有不规则形态的出现，往往是一种自然现象，比较可信；相反，底部形态构筑过于完美，反而有可能是庄家刻意所为，投资者须提高警惕。

(3) 用 K 线进行研判。投资者用 K 线进行研判时，需要关注以下几点：①周 K 线、月 K 线处于低位区域或者长期上升通道的下轨；②总成交量持续萎缩或者处于历史地量区域；③指数越向下偏离年线，底部形成的可能性越大，一般在远离年线的位置出现横盘或者 V 形转向时，预示着中级阶段性底部已明确成立；④涨跌幅排行榜呈橄榄型排列，即最大涨幅在 3% 左右，而最大跌幅也在 3% 左右，这说明市场大多数品种处于微涨或微跌状态；⑤虽然时有热点板块活跃，显示有资金运作，但明显缺乏持久性，更没有阶段性领涨、领跌品种的出现。

(4) 投资者从新股角度研究入手，也可以在一定程度上辨别二级市场是否到了一个可以买入的阶段。A 股历史上的经验表明，当新股上市并迅速跌破发行价后，二级市场往往进入大型底部区域，这会引发部分资金回流二级市场。同时，如果新股上市后上涨幅度不高，使得一级市场资金申购收益率有限，也会引起外围资金的关注，从而悄悄入场。相反，当新股上市后被爆炒，二级市场也会面临相当大的风险。

一级市场，即股票发行市场，是指实现股票从规划到销售的全过程的市场，发行市场是资金需求者直接获得资金的市场。二级市场，是已发行股票按时价进行转让、买卖和流通的市场，包括交易所市场和场外交易市场两部分。

逃顶与抄底的技巧

一、逃顶概要

在股票价格上涨过程中，投资者如果估计股价快要到顶部时，要果断地卖出，这一操作过程称为逃顶。简而言之，逃顶就是要掌握好股票上涨或下跌的信号。

在股市中，投资者经常会听到这样一句话："会买的是徒弟，会卖的才是师傅。"也许部分投资者初听此话，会觉得有些不妥。但事实上，此话的实用价值很高。这是因为股价在底部徘徊的时间一般会比较长，投资者可以有足够的时间去分析和研究。然而，顶部形成的时间往往是很短的。有时候，投资者还没有想好操作策略，市场的下跌消息就已经传播开来了。市场上存在着"底部百日，顶部三天"的说法，由此可以看出逃顶的难度很大。

对于普通投资者而言,如果想在投机性非常强的股票市场上生存和获利,那么就需要学会一些逃顶的技巧和方法。

二、逃顶的技巧

逃顶的技巧可以归纳为如下几点。

1. 未见顶先卖出

通常情况下,投资者想要对顶部的点位和准确价位作出预测是不太现实的。所以,在卖出时机的选择上就应该把握住次顶部的价位。投资者可以参考以下两种方法对次顶部的价位进行把握。

(1) 止盈法。即不管顶部将出现在何时何价位,坚决卖出。

(2) 见量法。一旦出现顶部征兆并放出巨量时,立即卖出。

需要说明的是,这两种方法的特点都是希望在见顶前提前卖出,但前者的主观性太强,应注意审时度势,投资者要及时调整目标价位;后者的偶然性较强,投资者要提防庄家大单砸盘,跳水出货。

2. 从换手率上确认

一只股票从吸货到拉升再到出货,进出都会伴有大换手率。当股价拉升到一定高度,市场会有利好频传,然而当一只股票日换手率达到其流通股的20%时,投资者就要开始提高警惕,当换手率连续3天超过10%,股价又在一个区间滞涨,那么投资者就应果断地卖出股票。

3. 见顶回落即出手

这种逃顶方式也叫止损法,在操作上就是股价一旦见顶回落,即在第一时间卖出,不抱侥幸心理,坚决止损出局,如图6-30所示。

图6-30 逃顶方法之一——止损法

4. 关注政策面

如果政策面通过相关媒体明示或暗示要出整顿"金牌"告示,此时投资者应战略性地撤离股市。

5. K线逃顶法

在日K线图上设参数5、10、20、30、60、120。当5日均价线与10日均价线形成死叉,下方的5日均量线与10日均量线形成死叉,同时MACD指标中DIF线与DEA形成死叉,出现以上三个死叉时应出局。

6. 考虑基本面情况以及周线、日线的技术指标

在市场顶部,见顶股票往往出现利好时股价反而不涨,周线技术指标已达到历史高位并呈现超买状态,与此同时日K线指标也发出卖出信号。如日均线组合卖出信号与5日、

10日均线出现死叉、短期和中期均线出现死叉、MACD出现死叉、RSI和KDJ出现顶背离等，一旦上述情形同时出现或绝大多数情形同时出现，投资者则应果断卖出股票，以避免利润减少和造成不必要的损失。

总而言之，能否成功逃顶是衡量投资者炒股技巧高低的重要标准，而且运用逃顶技巧的目的就是为了保护已获得的利润。在实际操作中，把握好最佳买卖时机才是最重要的，很多投资者正是由于无法掌握卖出时机或因为贪心造成由赚反亏的不利局面。所以投资者一定要掌握好看盘知识，保持冷静的头脑去进行操作。投资者在逃顶时要坚决果断，一旦发现危险信号，要坚决卖出，绝不能手软和抱有幻想。股价通常在顶部运行的时间非常短，一旦投资者逃顶不坚决，很可能被长期套牢，如此一来，投资者就要遭受不必要的损失。需要强调的一点是，投资者买入机会非常多，而卖出机会往往只有一次，因此，投资者一定要慎重操作。

三、抄底概要

在股票价格下跌过程中，估计快要到头底部，价格要从下跌转为上升的时候，就要果断地买入，这就是抄底。在股市中，抄底是一门对心理、技术、反应以及危机意识等都有很高要求的投资艺术。

客观来讲，抄底能否成功，在于投资者对"底"的判断是否正确。如果抄底完成，价格继续下跌，就是抄错底了。

四、抄底的技巧

投资者在抄底过程中，需要把握以下几点。

(1) 在大盘和个股均经过了长时间下跌之后，出现加速下跌，然后突然连续放量上涨，回调时投资者可大胆买入。

(2) 在大盘处在低位区域时，投资者应坚持分批建仓的原则，不宜过早满仓；在大盘急跌时，坚持主动买套，不要追求最低价。

(3) 保持足够的仓位。无论是高位重仓、满仓、跟着市场一路下跌的投资者，还是高位减仓后空仓、轻仓的投资者，当底部出现时都需要保持足够的仓位。投资者可以抓不住最强势的品种，但却不能让资金闲置。投资者需要树立防踏空的意识。如果在"牛末熊初"，持股不动是不明智的，那么在暴跌已经发生、极有可能"熊去牛来"的情况下，割肉轻仓才是最不明智的。因此，如果股价已经处于底部区域，投资者一定要树立强烈的仓位意识，牢记"仓位也是硬道理"这一投资真谛。

(4) 选股的重点放在三种个股上：第一种是提前见底股，这种股票往往充当行情的庄家军；第二种是超跌股，在上轮调整行情中跌幅越大越有可能出现快速反弹；第三种是低位放量股，这类个股说明有新资金建仓，往往具有较大的爆发力。另外，如果投资者发现某一个行业或板块出现龙头强势股，就可以看出整个板块的其他个股表现是否同步，如果出现背道而驰的走势，在对该股进行充分研究的基础上就可以介入。

(5) 当目标股票技术系统的月线KDJ指标、周线KDJ指标、日线KDJ指标，即所有周期的指标均在20以下低位全部金叉共振向上攻击发散时，这是千载难逢的买进机会。

(6) 个股在经过长时间下调，开始企稳回升，在放量收出了一根大阳线之后，又连续收出了不断向上的小阳线或十字星(3个以上)，这就说明市场未来的趋势是上涨的，投资者可以介入。

(7) 底部放量的第一个涨停板是买入股票的最佳时机，无论是从短线还是从中线来看，都会有很好的获利机会。

（8）不要指望抄在最低点。大部分投资者认为股价出现反弹时即是已到达底部的信号，担心错过了买入时机，次日无法追高，然而抢反弹是一种高风险的投资行为，建议投资者千万不要抱着能买到一个最低点的态度，如图6-31所示。总之，投资者应等待底部形态成熟后，再大量买进，以免在跌势中被最低点的低点套牢。

图6-31 抄底范例

（9）谨防牛股盛极而衰。随着市场从高位一路下跌，多数个股跌幅较大，但少数逆市上涨的牛股却表现坚挺。这些牛股的控盘庄家多数都在考虑将筹码变现，希望通过制造赚钱效应，吸引投资者跟风，以便达到顺利出货的目的。以往的实例可以充分证明：逆市上涨的牛股一旦"变脸"，调整起来将十分凶狠。因此，投资者要记住：之前大涨的股票不一定会再次大涨，之前大跌的股票也未必会再次下跌。在实际操作中，投资者要深刻理解这一点，尽量避免成为牛股盛极而衰的"牺牲品"。

（10）在实战中，投资者要做到"不以物喜，不以己悲"，一定要把心态调整好。即使遭遇个股暴跌也能做到处变不惊；在整个市场惊慌失措时，也可以冷静观察，而且投资者一定不可以一次性买入个股。如果投资者已经获得了一定的利润，一定要懂得见好就收，不可让贪念断送了到手的利润。另外，投资者可以对历史走势进行认真研究，根据形态走势并利用各种工具测算底部价格，在股价接近历史低位或历史新低时就要密切关注个股，此技巧可以起到一定的参考作用。

在市场底部炒股，与其好高骛远，不如脚踏实地。面对股票上涨，最有效的方法不是挑三拣四，追涨杀跌，而是采取"积跬步以至千里"的战术，选好潜力股票，逢低买入持有，保持乐观心态，做到泰然处之。这种看似不起眼、收益也不大的战术，正是这些成熟理性的投资者能在每一个大底中顽强坚守，并在新一轮牛市里取得投资收益爆发式增长的奥秘所在。

资料来源：史上抄底逃顶最牛技巧，成功率高达99％！[EB/OL].（2017-06-24）[2023-03-09]. https://cj.sina.com.cn/article/detail/5306244443/296390.

任务四　看盘要点

一、看盘

投资者如果想要把握市场的动向，就要学会看大盘，如图6-32所示。通俗来讲，看盘也就是盯盘的意思。通常情况下，投资者看盘要注意以下几点。

图 6-32　K 线图

▶ 1. 关注集合竞价

在开盘时，要看集合竞价的股价和成交量，集合竞价表示市场的意愿，是投资者期待当天股价上涨还是下跌的一种表现。

▶ 2. 关注开盘半小时内股价变动的方向

如果股价开得太高，在半小时内就可能会回落；如果股价开得太低，在半小时内就可能会回升。

▶ 3. 关注成交量的大小

如果高开又不回落，而且成交量放大，那么这只股票就很可能要上涨。

▶ 4. 关注股价

一般情况下，看股价时不仅要看现在的价格，而且还要看前一天的收盘价、当日开盘价、当前最高价和最低价、涨跌的幅度等，这样才能看出现在的股价是处在什么位置，是否有买入的价值。

▶ 5. 关注现手数与现手累计数

对于一只股票，最近的一笔成交量叫现手，从开盘到即时的成交量叫总手。现手数是说明电脑刚刚自动成交的那次成交量的大小。如果连续出现大量成交，则说明有多人在买卖该股，值得予以关注。而如果半天也没人买，则该股不大可能成为好股。现手累计数就是总手数，总手数也叫作成交量。一般成交量大且价格上涨的股票，趋势向好。成交量持续低迷一般出现在熊市或股票整理阶段，市场交投不活跃。成交量是判断股票走势的重要依据，有时它比股价更为重要，为散户分析庄家行为提供了重要的依据。在实际操作中，投资者对成交量异常波动的股票应当密切关注。

另外，总手数与流通股数的比值称为换手率，它说明持股人中有多少人是当天买入的。一般而言，"换手率"也称为"周转率"，指在一定时间内市场中股票转手买卖的频率，是反映股票流通性强弱的重要指标之一。换手率根据样本总体的性质不同有不同的指标类型，如所有上市股票的总换手率、基于某单个股票发行数量的换手率、基于某机构持有组合的换手率。换手率高，说明该股买卖的人多，股价容易上涨，属于热门股；反之，股票的换手率越低，则表明该股票缺少关注，属于冷门股。

换手率高，一般意味着股票流通性好，进出市场比较容易，不会出现想买买不到、想卖卖不出的现象，具有较强的变现能力。然而，值得注意的是，换手率较高的股票，往往也是短线资金追逐的对象，投机性较强，股价起伏较大，风险也相对较大。需要指出的是，如果不是刚刚上市的新股，出现特大换手率（超过50%），那么其股价常常会在第二天就下跌，所以最好不要买入。

在实际操作中，投资者可以结合换手率来观察股价的走势。一般来说，如果某只股票的换手率突然上升，而且成交量也呈放大状态，那么可以说明有投资者在大量买进，股价可能会随之上扬。若是某只股票在一段时间内连续上涨，而且换手率在短时间内上升较快，那么一般可以认为是某些获利者要套现，股价可能会下跌。

▶ 6. 观察自己手中持有的股票走势是否和大盘一致

若自己手中持有的股票与大盘走势一致，那么投资者应对大盘予以特别关注，在股价上升到顶点时卖出，在股价下降到底时买入。

二、看盘要点

一般而言，看盘是股票投资者主要的日常工作。概括来讲，投资者需要把握以下看盘要点。

▶ 1. 看量价匹配情况

通过观察成交量柱状线的变化与对应指数变化，判断量价是正匹配还是负匹配。具体方法是成交量柱状线由短逐步拉长，指数也同步走高，则表明推高功能不断加强，是正匹配，投资者可以伺机介入；反之，指数上涨，成交量柱状线却在萎缩，是负匹配。无量空涨，短线还会回调。当成交量柱状线由短逐步趋长，指数不断下滑，说明市场中有庄家在行动，此时需要特别谨慎，通常大盘短期很难再坚挺；成交量柱状线不断萎缩，指数却飞速下滑，是买盘虚脱的恐慌性下跌，投资者可以介入，此时短线获利的概率很高。

▶ 2. 看指数异动原因

盘口分时指数图有时突然会出现飙升或跳水走势，由于事先并没有任何征兆，出乎大家的意料，因此称为异动走势。此时，如果投资者不能理智地进行分析，盲目进行投资，那么遭遇损失的可能性很大。

▶ 3. 看热点转换情况

通过观察当日个股涨跌幅排行榜第一版，判断是长线资金在积极运作还是短线资金在游荡式冲击。

三、成功看盘的方法

对于投资者来说，看盘关系到投资的成功与失败，关系到未来利润的获得或损失，所以一定要给予足够的重视。一般而言，投资者想要做到成功看盘，需要把握以下几种方法。

▶ 1. 关注趋势

投资者需要密切关注大盘趋势的变化。根据通道理论，股价一般会沿着某一趋势运行，直到政策面、宏观经济面发生重大变化，这一趋势才会逐步改变。需要说明的一点是，趋势的改变并不是一蹴而就的，原因在于"惯性"的影响。

简单地说，按照物理学的原理，通道理论是指物体在没有外力的影响下会保持匀速直线运动。在股市上，通道理论是指在没有外力的影响下，价格将维持在一个通道内运行。一般可以认为价格有70%的时间是不受外力影响的，即在一个通道内，股价30%的时间受到外力影响，走势会超出通道的范围，可能是上穿，也可能是下破。

2. 关注均线

均线是对历史行情进行平均计算并将其连接起来的一条曲线，均线也是移动平均线指标的一种简称。事实上，由于该指标是反映价格运行趋势的重要指标，其运行趋势一旦形成，将在一段时间内继续保持。趋势运行所形成的高点或低点又分别具有阻挡或支撑作用，如图6-33所示，因此，均线指标所在的点位往往是十分重要的支撑或阻力位，这就为投资者提供了买进或卖出的有利时机，均线系统的价值也在于此。在实际操作中，我们经常运用的均线有5日均线、10日均线、15日均线、30日均线、60日均线、120日均线以及250日均线。

图6-33 均线买入信号

通常，股价在长时间的上涨后，如果5日均线下穿10日均线，此时应该引起投资者的重视；若10日均线下穿30日均线，就应该考虑卖出股票；当30日均线掉头下行时，则应果断离场，不管此时是亏损还是盈利。

3. 关注成交量

在股市中，经常有人说："股市中什么都可以骗人，唯有成交量是真实的。"成交量的大小直接表明了多空双方对市场某一时刻的技术形态最终的认同程度。观察成交量、研究成交量的目的是帮助决定趋势的转变，因此，市场上有"量是价的先行，先见天量后见天价，地量之后有地价"之说。需要指出的一点是，投资者在实际应用中不能把成交量的作用简单化、绝对化，由于国内股市中存在大量的对敲行为，成交量在某种程度上也能反映真实情况，所以需要结合实际情况来具体分析。

客观来讲，上述"三关注"之间是相辅相成的，忽略了其中任何一个都是不可行的。另外，除了盘面"三关注"之外，投资者还应关注宏观经济面和政策面的变化，政策面利空应做空，政策面利多应做多，不可逆政策面而动。

知识链接

成功看盘的注意要点

1. 学别人的理论、听别人的讲解固然重要，但关键还是要找到适合自己的方法和理论。除了在实战中磨炼外，散户应该把主要精力放在研究市场，研究数据、图表和现象上，总结出符合市场规律、真正有实战价值的东西。

2. 市场品种繁多，需要耗费脑力筛选，分析庄家意图的难度也大。许多投资者亲眼所见的盘面现象也并非都是合乎逻辑的，因此，投资者凭借技术分析和各类消息来应对是不够的，还需要进一步提高自己的看盘能力以及心理素质。

3. 多数投资者并没有按照正确的态度和纪律去看盘，有的人盲目听从消息，看盘态度不认真，很多人甚至从来没有过看盘的观念。实际上，看盘的过程就是选股的过程。

4. 投资者要在众多个股中找出自己要操作的品种，并确定持有时间和买卖依据，考虑是做分散组合还是满仓进出、激进做短线等。

5. 需要强调的是，看盘的重点在于交易是否自然，这是重中之重。另外，投资者还要考虑交易的延续性。投资者在对一些交易细节的分析中，一定要考虑股价一段时间以来的变化，而不是仅仅停留在某个细节上面。

资料来源：分时看盘要点全罗列[EB/OL].(2017-07-07)[2023-03-09]. https://www.sohu.com/a/155161496_636009.

任务五　看盘技巧

对于股票操作者，如何正确看盘至关重要。正确看盘的最好方法就是不要总是盯着大盘。要记下当天的股价和成交量，绘制出股市行情变化图并根据它来做出判断，不要受谣言、传闻、报告和出现在大盘上的仅半小时或一个小时波动的影响。一旦形成最终的顶部和底部，大小行情开始之前都会通过在底部或顶部的成交量和所耗时间明显地表现出来。

一只股票在上涨之前一定会出现几次反复，但如果之后出现的每一个底部和顶部都在逐渐升高，就说明它在一路上涨；直到最终达到使卖出非常强劲的价位，股票的供应就会远大于需求，使之不能完全被吸纳；这时，就会出现一次回调，股价会有所下跌，当再次形成供不应求的局面时，股价便又开始上涨了。

▶ **1. 看盘的首要重点是看板块和热点个股的轮动规律**

看盘的首要重点是看板块和热点个股的轮动规律，进而推测出行情的大小和持续性时间变化。每天应该注意是否有涨停个股开盘，如果有，那么说明主力资金还在努力选择突破口；如果两市都有10只以上的涨停个股开盘，则说明市场处于多头气氛，人气比较旺，少于这个标准则说明市场人气不佳，投资者应该当心大盘继续下跌风险。如果每天盘面都有跌停板，并且是以板块方式出现，那么，应该警惕新一轮的中级调整开始。

在热点上，如果前一交易日涨停的个股或是上涨比较好的板块难以维持两天以上的行情，那么，就说明主力资金属于短炒性质，此个股或板块不能成为一波行情的"领头羊"，同时也意味着这一轮上涨属于单日短线反弹。相反，如果热点板块每天都有2~3个以上，平均涨幅都在2%以上，并相互进行有效轮番上涨，则中期向好行情就值得期待。

▶ **2. 看盘应重点关注成交量**

根据沪深两市目前市值情况看，上证大盘成交量小于1 000亿元，应做震荡整理理解，700亿元以下为缩量，小于500亿元可以理解为地量，超过1 100亿元应该理解为放量。地量背后往往意味着反转,这个时候空仓资金应为自己的重新进场做好准备。

当大盘摆脱下降趋势,走出一个缓慢的底部构筑的形态,在成交量温和状态下,投资者可以以不超过半仓的水平买股持股。如果,当股票持续上涨,成交量放大,换手率超过15%(中小板、创业板个股特定条件下可以放宽到20%左右,另外新股、次新股、限售股、转增股、配股上市日不在此列),5~20日线开始死叉转向,那么此类短线题材股和概念股应该考虑逐步抛售。

▶ 3. 努力培养盘感,运用技术手段捕捉市场机会

不管是什么品种的股票,如经过短期暴跌,跌幅超过50%,下跌垂直度越大,那么关注价值就越高,当某一天突然缩量,短线买进的机会来了。因为急跌暴跌后,成交量突然萎缩说明杀跌盘已经枯竭,肯定会出现反弹。同样,如果股票价格在接连涨了很多时间,而且高位开始频繁放量,可是价格始终盘旋在某个小区域,连续用小单在尾盘直线拉高制造高位串阳K线,筹码峰密集严重扩散,则说明这个完全是主力在出货,必须坚决清仓。

▶ 4. 别小看低位的三连阳,别漠视高位的三连阴

一般来讲,股票价格在接连下跌一段时间后,突然在某天不那么狂跌,而且,K线上接连出现红三兵,价格波动幅度又不是那样大,通常价格一蹿上去又被单子砸下来了,这个时候往往就是有主力潜伏着开始收货中;反过来,如果在涨势继续了一段时间,股票价格已经很大幅度地脱离了主力原始成本,这个时候出现了高位几连阴,股票价格重心开始下移,尤其是在一些时候,主力利用快要收盘的时候,突然用几笔单把股票价格迅速买回日均线,在随后的几天里同样的手法经常出现,K线图上收出长下影,那说明主力出货的概率已经达到80%以上,这些做法都是为了麻痹经验不足的投资者。假如某天连10日线、20日线、30日线都跌破,不管是赚还是赔,坚决离场。

▶ 5. 大涨买龙头

在市场大跌的气氛里很容易判断龙头股,应密切注意涨幅榜中始终跃居前几位的逆市红盘股,特别是价格处于三低范畴,或是股价在15~20元,离新多主力拉升底部区域不足50%空间,在大盘大跌的当日或随后几天时间里,果断用长阳反击K线收复前期长阴失地的,则有望成为反弹的龙头。市场的法则永远是强者恒强,弱者恒弱。当中级以上行情出现的时候,投资者要善于提早发现谁是龙头,并果断追进、抓稳抓牢,别因一时盘面震荡轻易下马。通常洗得越凶,后期飙涨概率越大。炒股抢占先机概念很重要,有的股票难当龙头,最好在行情启动初期果断将之放弃。

▶ 6. 涨势中不要轻视冷门股、问题股

涨时重势,跌时重质,当一只股票敢于在大势不好的情况下缩量封出涨停板,肯定有其不被市场大众知道的东西隐藏在后面。熊市里,很多2~5元中小盘个股就是这样无量快速涨停,通常这个时候非常考验短线高手的看盘功力,因为这样的股票往往留给人的思考、判断、下单时间不会超过一分钟,一般此类股很容易出现连续涨停,甚至是一字涨停。

知识链接

开盘半小时的看盘技巧

开盘半小时是指每天开盘后半个小时。开盘后的半小时是多空双方交战最激烈的阶段。开盘后的半小时多空双方的较量基本决定和影响了全天多空双方的价位观点,从而决定了该股一天的走势。多方为了收集筹码,开盘后经常会迫不及待地买进。而空方为了达到出货的目的,也会故意拉高股价,从而造成开盘后股价急速拉高的现象。有时多方为了买到便宜的筹码,开盘后会急速打压股价,使得投资者产生恐惧心理,不顾一切地抛售手中的筹码,使得开盘后股价急速下跌。因此,对开盘后半小时的分时走势进行分析有助于投资者对大势的研判。

在实际应用中,投资者可以把握如下几点。

1. 上升趋势

一般对于上涨趋势的大盘,开盘后半小时之内都会有一浪高过一浪的攀高现象,10:00之后如果继续攀高,说明当天大盘震荡走高,股价大涨;如果10:00后大盘掉头向下,可预期尾市大盘有短线回吐压力,但全天的趋势是上涨的,如图6-34所示。以上两种情况是最典型的大盘上涨信号。

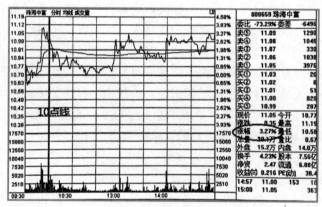

图6-34 开盘半小时内看盘

2. 下降趋势

开盘后半小时之内大盘分时走势逐级盘下,一浪比一浪低,盘中反弹高度不能高出下降趋势线,反弹乏力,直至10:30后仍然没有一波有力的反弹,或存在有强力反弹但最终不能高出开盘后半小时的K线实体部分,可以判定当日大盘为跌势,股价下调。

另外,投资者可以将开盘后10分钟、20分钟、30分钟的价位设为移动点,分别标记为B、C、D,以开看盘价为原始点A,将这四点连成几个线段,分别为AB、BC、CD,以此来判断股价当天的变动趋势。一般情况下,若B、C、D三点的位置均高于A点,那么通常可以说明多方势力强劲,当天行情走势向好的可能性较大。需要指出的是,若在10:30之前市场有天量出现,那么说明有庄家拉高出货的可能。若B、C、D三点中,B、C点比A点高,D点比A点低,一般意味着当天行情以震荡行情为主。若B、C、D三点中,D点比A点高,B、C两点比A点低,一般说明空方力量大于多方,而多方也积极反击，底部支撑较为有力。若 B、C、D 三点中，B 点低于 A 点，C、D 两点高于 A 点，说明当天的走势将呈现出震荡向上的趋势。若 B、C、D 三点均低于 A 点，那么意味着当天收阴线的概率较大。

客观来讲，开盘后的第一个 10 分钟，市场人数不多，盘中买卖量都不是很大，因此，庄家用不大的量即可以达到预期的目的。第二个 10 分钟则是多空双方进入休整阶段的时间，一般会对原有趋势进行修正，如空方逼得太急，多头会组织反击，抄底盘会大举介入；如多头攻得太猛，空头会予以反击，获利盘会积极回吐。所以这段时间是买入或卖出的一个转折点。第三个 10 分钟因为参与交易的人越来越多，买卖盘变得较为实在，因此可信度较大，这段时间的走势基本上成为全天走向的基础。

在实战中，当市场上的"利好"或"利空"传闻最多之时，也是机构利用开盘大举造市的时候，开盘后半小时的行情对市场人气的聚散有着特别重要的影响。一般开盘后应立即查看委托买进笔数和委托卖出笔数的多少，如果一开盘委买单大于委卖单达 2 倍以上，说明市场人气旺，短线可买入；反之，则代表空方强大，当日做空较为有利；开盘后若委买和委卖相差不大，在观察是否有大笔委托单的前提下还应结合前期量价趋势来分析判断。

资料来源：炒股怎样看盘之开盘看盘技巧[EB/OL]．[2023-03-09]．https：//www.doc88.com/p-745682062748.html? s=rel&id=3.

思考问答

一、名词解释
分时线　　均价线　　成交量　　换手率　　买卖盘　　委比　　量比　　内外盘

二、简答题
1. 在个股行情图中，我们可以看到哪些行情数据？这些行情数据各代表什么？
2. 简述运用量比选股的方法。

在线自测

项目七　证券投资的策略与技巧

学习目标

1. 掌握股票投资策略中的选时、选股、跟庄和债券投资策略中的调整期限策略、利率化策略和无效率市场策略。
2. 掌握证券投资的计划模式和组合模式。
3. 掌握证券投资操作技巧。

问题导入

你认为股票投资者应具备哪些素质？怎样才能操作好股票？

情景写实

彼得·林奇成功选股使公司资产猛增

彼得·林奇是当今美国乃至全球最高薪的投资组合经理人，是麦哲伦共同基金的创始人，是杰出的职业股票投资人、华尔街股票市场的聚财巨头。

彼得·林奇在其数十年的职业股票投资生涯中，特别是他于1977年接管并扩展麦哲伦基金以来，股票生意做得极为出色，创造了一个又一个奇迹，不仅使麦哲伦成为当时全球资产管理规模最大的基金，使其资产由2 000万美元增长到140亿美元，而且使公司的投资配额表上原来仅有的40种股票增长到1 400种。

在林奇的股票投资组合中，他最偏爱两种类型的股票。一类是中小型的成长股股票。在林奇看来，中小型公司股价增值比大公司容易，一个投资组合里只要有一两家股票的收益率极高，即使其他的赔本，也不会影响整个投资组合的成绩。同时他在考察一家公司的成长性时，对单位增长的关注甚至超过了利润增长，因为高利润可能是由于物价的上涨造成的。另一类股票是业务简单的公司的股票。一般认为，在竞争激烈的领域内管理出色的公司股票，如宝洁公司、3M公司更有可能赚大钱。但在林奇看来，投资不需要固守任何美妙的东西，只需要一个以低价出售，经营业绩尚可，而股票价格回升时不至于分崩离析的公司就行。

靠着这种投资方式，林奇成为华尔街股市的超级大赢家。

资料来源：彼得·林奇的成功投资：来自"全球最佳选股者"的投资建议[EB/OL].（2021-03-25）[2023-03-09]. https：//finance.sina.com.cn/money/fund/jjzl/2021-03-25/doc-ikknscsk1172887.shtml.

【点评】林奇的炒股经验：投资者不要相信高谈阔论的股市评论专家，只坚信自己的分析判断。

任务一 证券投资的策略

一、股票、债券投资策略

(一) 股票投资策略

▶ 1. 选时

时机不是"时点"的概念，一般人在最高点卖出，最低点买入是很难的，因此，只要抓住了大的时机，在次低点买入，在次高点卖出就可以赚到令人满意的利润了。时机也不是偶尔出现的，而是时时存在，升也可赚，降也可赚。不同的股票个性不同，所以不必为丧失一个时机后悔，关键在于把握大势。时机更不是一律雷同的，而是因人而异的。机构因数额巨大，一下子买卖很不容易，因此他们必须及早抓住机会，一路逐渐补进或卖出，而小户投资者则不必如此，只要抓住一次较有利的机会即可。因此，证券投资有句名言：选股不如选时。

那么，投资者在股票投资过程中如何进行选时操作呢？我们可以从以下几个方面进行综合研判。

(1) 从经济周期看股市时机。当经济处于红灯区，说明经济处于超热状态，国家很可能采取调高利率、银行存款准备金率等紧缩政策；当经济处于紫灯区，说明经济处于超冷状态，国家将采取降低利率、降低银行存款准备金率等措施刺激经济增长；经济处于绿灯区，说明经济运行正常；黄灯区为过热区域，可以根据经济走向判断经济正在向好还是向坏。当经济将进入谷底之前3个月至半年，可以买入。当经济接近高峰前3个月至半年应卖出。

(2) 从扩容政策看股市时机。可以根据流通股市值曲线进行预测，当处于扩容真空期时可以买进，当处于扩容高峰期时就应该卖出。

(3) 从财政政策、货币政策看股市时机。当从紧的财政政策变为扩张的财政政策之前，当货币政策从紧变为放松之前，当银行利率有下调迹象之前应该买入。而货币政策由放松到从紧之前，当银行利率有上升迹象之前应卖出。

(4) 从社会心理看股市时机。当持股投资者感到很紧张时，当股价持续上涨使得投资者此时的外部情绪达到最乐观而内心却动荡不安、矛盾重重时，往往预示着股价要下跌，应该卖出股票；反之，当持有货币投资者感到很紧张时，应该买进股票，可以通过成分股指数与综合指数之间价格的不协调的异常波动进行预测。

(5) 从公司利润看股市时机。当公司利润将持续增长前买入该公司股票，当公司利润增长率下降前卖出该公司股票。

(6) 从技术分析看股市。当股指不断下跌，跌幅已深，交易清淡，一片悲观之时，下跌趋势减缓有做底迹象时买入；当市场极度沸腾，股指连创新高，有做头迹象时卖出。在技术上为了更稳健，可以将K线、均线与成交量作为参考，当有一两种指标背驰，对行情迷惑不解时，停止操作，进行观望。三大系统中，成交量、量价关系最重要。

(7) 从价值中枢看股市行情。当股指高于年线很多，处于年线为中轴的轨道的上轨时，或市场平均市盈率远远高于证券市场理论价值中枢时应卖出股票；而当股指处于年线为中轴的轨道的下轨，或市场平均市盈率远远低于证券市场理论价值中枢时，应当买入股票。

(8) 从突发事件看股市时机。如1994年的"三大政策"、1995年的关闭国债期货等。

(9) 从周边环境看股市时机，如1998年的东南亚金融风暴，以及2011年的欧债危机、美债危机，都对股市产生了不良影响。

▶ 2. 选股

中短期选股要求被选股票(或股票组合)能够在相对较短的一段时期内具有较高的涨幅预期，故中短线选股必须重视，追求投机性价差收益。若是长线选股，则要注重股票质地和追求稳健的投资收益。中短线选股的基本原则如下。

(1) 积极参与市场热点。捂股不动可能数月无获，且易在消极等待中深套，特别是熊市。投资者如能把握好市场板块轮动节奏，会获得可观的投资回报。

(2) 抓住龙头股。在某一热点板块走强过程中，同比涨幅可观的龙头股是行情风向标，往往涨时冲锋在先而回调走势抗跌，可从成交量和相对涨幅中遴选。

(3) 上市公司公告蕴藏着一定投资机会。投资者可从发布的年报、中报和不定期公告中发现对个股价格有重大影响的信息。但应结合股票最近一段时间的走势分析再决定是否买卖，不少个股的股价已经提前反映了公开利好信息。

(4) 利用各种技术分析工具以帮助优化买卖时机。技术分析可以防范造假等基本资料的陷阱，如运用组合移动平均线、资金流向及成交量分析、形态理论等分析方法，对选股很有帮助。

▶ 3. 跟庄

明白了看盘、选股的道理，也选对了股，还应认识大资金的真面目以找寻规律。机构的操作一般分为五个阶段。

(1) 准备。当宏观经济运行至低谷而有启动迹象时，高明的机构会采取顺应市场发展趋势的行动。在正式炒作之前，机构往往会有一份详细的立项报告和完整的操作计划，包括证券选择、资金筹集、各方关系协调和撤退方案等。

(2) 吸货。机构常设法打穿重要的技术支撑位，引发技术派炒手的止损盘，形成股价向淡形态，同时以利空传闻动摇投资者持股信心。但在股价走势最恶劣的时候，却有一股力量在悄悄吸纳，投资者可看到股价并没有下跌多少。

(3) 洗盘。目的在于垫高其他投资者的平均持股成本，洗掉短线跟风客，以减小进一步拉升股价的压力。在高抛低吸中，机构可赚取可观的差价，以弥补拉升段付出的较高成本。

(4) 拉升。洗盘结束即大幅拉升离开成本区，机构对股价的控制能力基本上取决于其控制筹码的程度。筹码集中，则股票易于拉升。

(5) 出货。这是机构操作中最关键、最难的一关，决定做庄的成败。一般采用如下手法。

① 震荡出货法。在高价区反复制造震荡，时间较长，让散户误以为只是在整理，于

震荡中慢慢分批出货。② 拉高出货法。发布突发性重大利好消息，之后巨幅高开，吸引中小投资者跟进，再一边放量对倒一边出货。此方式时间较短，要求人气旺盛，消息刺激性强，适合中小盘股操作。③ 打压出货法。往往因机构发现了突发性的利空，或某种原因迫使机构迅速撤出，直接打压股价出货。机构持股成本远远低于大众持股水平，即使打压出货也有丰厚利润。

（二）债券投资策略

债券投资策略从大的方面分为被动和主动债券投资策略两类。被动债券投资策略又称为购买—持有策略。采用这一策略时，投资者以获得市场收益水平为满足，只要简单地选择合适的债券即可。如果投资者较为保守，通常只考虑最高级别的债券；而能够且愿意承担风险的投资者，则会考虑投资于较低级别的债券，因为这类债券收益率较高。主动债券投资策略是为了应对不稳定的经济、政治等环境的变化而采取的策略，主要有三种策略：一是持各种期限的债券，这种策略不要求预测利率的变化；二是根据对利率变动方向及变动幅度的预测而进行债券投资；三是包括基于债券市场可能存在的无效率而做出的各种具体策略。具体内容如下。

▶ 1. 调整期限策略

（1）配对投资法。若能预测利率变化，就可通过合理的投资策略来利用这种变化。如预测利率将下降，就应投资那些有较长持有期的债券；如不能对利率变化做出可靠预测，应采取一种在利率变化时能够保证一定投资收益水平的策略。配对投资法实际上是否定了利率的变动，具体有两个步骤：一是确定合适的持有期或投资期；二是寻找一组债券使其持续期等于其持有期，如持有期是两年，则有两年持续期的一个或一组债券适用于配对策略。

（2）梯形投资法，又称梯形期限方式，是确定证券组合中证券期限结构的方法，投资者需将全部资金平均投放在各种期限的证券上。投资者先用资金购买市场上数量相同的各种期限的证券，当短期证券到期收回资金后，再将它投放到长期证券上，循环往复，随时持有各种到期的证券，且各种期限的证券数量相等。这种方法用坐标表示时，其图形呈等距阶梯形。梯形投资法能保证获得平均收益率，但投资方式不够灵活，变现能力受到期限结构限制。

（3）杠铃式投资法，是指投资者放弃中期债券而确保短期债券和长期债券的投资组合策略，呈现出一种杠铃式"两头沉"的组合形态。长期债券的收益率高、利率变化较少、价格起伏不大、债券增值和资本损失较小，但是流动性和灵活性较差，不能及时变现。短期债券具有高度的流动性和灵活性，但收益率低。杠铃式投资法把长期债券与短期债券结合起来，灵活性强，收益较高，但这需要对市场利率进行准确预测，并随时根据市场利率变化来调整两者的比重。

▶ 2. 利率化策略

（1）利率预期法，是根据利率的预期变化而进行投资组合的一种方法。在债券交易市场上，一般认为银行利率与债券价格呈反比例关系，同时，债券价格与债券收益率成反比。因此，投资者可根据银行存、贷款利率的变化预期债券价格与债券收益的变化，做出债券投资决策。

（2）利率转换法，是指适时地将低利率债券转换为高利率债券的投资方法。该法的关键是掌握转换时机，主要有两种参考方法：一是将年平均收益率折算成月平均收益率，若持有债券获得的收益率已超过平均收益率，就考虑转换那些预期收益率较高的债券；二是将持有债券与打算买进的债券进行比较，若持有债券最终收益率低于打算买进的债券，那就应该考虑转换为打算买进的债券。

▶ 3. 无效率市场策略

基于债券市场无效率或个别债券无效率的投资策略很多，如债券调换策略。这种策略是买入价格被低估的债券，出售价格被高估的债券；或在质量、期限相同的债券中，选择收益较低的售出、收益较高的买入等。显然，这一策略的前提就是债券市场无效率，即债券价格和收益会出现某种不正常的偏差。另外，市场无效率策略是针对高收益债券或低等级债券，低等级债券通常被资信评定机构评定为没有投资价值的债券，但若投资比较合适，却可以提供较高的额外收益。

当然，对于债券市场是否有效率，研究者还是存在很大的分歧。一种研究结果认为，平均而言低等级债券的价值是被低估了，多样化地持有低等级债券可以使投资者获得额外收益。另一种研究结果则认为，低等级债券的价格是合理的，因此每一种低等级债券应该个别对待，持有那些价值被低估的债券，才是正确的策略。

知识链接

美国的 IBM 公司投资实例

在数十年间 IBM 一直是极其稳健的杰出成长股，以其 1962 年年底到 1974 年年底的表现而言，12 年中它经历了 3 次重要涨升，3 次明显的跌落，其 12 年间的总平均投资回报率为 7.7%。也就是说如果投资者在这 12 年一直持有这种成长型的股票而不考虑市场时机，则可以获得年平均 7.7% 的报酬，但是，如果投资人在三次上升接近顶峰时卖出，在三次跌落接近底部时买进，则年平均报酬可达 14% 以上，收益将达到不考虑股市时机情况的 1 倍。

资料来源：证券投资技巧[EB/OL].（2021-03-25）[2023-03-09].https://max.book118.com/html/2015/0603/18322113.shtm.

二、证券投资的计划模式

通常，一些投资者在进入证券市场之前，并不事先制订一个可行的投资计划，只是想凭自己的主观意识随机应变，特别是对既缺少经验又没有周密计划的人来说，贸然涉足证券市场，很容易被舆论所左右，其投资要冒很大的风险。而一个明智的投资者在采取行动之前，应该首先认真地调查市场情况，然后根据自己的实力和条件，制订可行的投资计划。下面介绍几种比较流行的投资计划模式。

▶ 1. 等级计划模式

所谓等级计划模式，一般仅适用于股票投资，其具体方法是，内心确定股价变动的某个幅度为一个买卖单位，如认定股价上涨或下跌 1 元、5 元或者 10 元为一个等级，那么当股价上涨或下降达到一个等级时，就买进或卖出一定数量的股票，这样可以使平均买进价低于平均卖出价。采用等级投资计划模式，需要把资金分次投入市场，可忽略投资时间的选择，坚持按照既定的目标方针进行买卖。在这种投资计划模式下，一个等级单位实际上就是一个投资信号，它告诉你，何时可以买进或者卖出。但是采用等级投资计划模式的投资者，一个必须具备的基本条件是要有较大数量的资金，并且还要灵活运用，不必"死扣"等级单位，在某种情况下，可以根据市场上价格涨落幅度和持续时间，适当加大等级档次。

▶ 2. 均价成本式

在各种方式的投资计划模式中，最为证券投资者所推崇并广泛采纳的是均价成本投资计划模式。采用这一方法必须注意选择具有长期投资价值的股票，而且最好是市场波动比较明显的股票，其具体方法是，在预定的一段时间内（如半年或 1 年）用相同数目的资金定期买进股票，当股价上涨时，买进的数量相应减少；股价下跌时，买进的数量相应增多，这样，在一般情况下，可以使平均买进低于市价水平。该模式属于中、长期投资所采用的方式，时间过短，不易体现其"均价"的优越性。它的主要特点是风险小，安全性高。对于一个投资者来说，由于是以同样量的资金来购买股票，当股价较高时，只能买进少量的股票；而在股价较低时，则可以买进较多股票，因而其每股平均成本要比市场低。但这种投资模式也有不足，当市场股价波动幅度较小并呈下降趋势时，若仍采取此法投资，就可能会发生亏损，并且对于一般的投资者而言，由于缺少一定数量的自由资金，也很难做到定期、定额的持续买进。

▶ 3. 固定金额投资计划模式

固定投资金额计划模式，是指投资者把投资于股票的金额固定在一个水平上，不论股价上升或下降，都要保证持股数量在这一固定金额水平上。它的具体方法如下。①同时投资于股票和债券。②确定持有股票的数量有一个固定金额水平，如 0.5 万元或 1 万元等。③在固定金额的基础上计划一个百分比，股价上涨幅度超过这个百分比时，则抛售部分股票，购买债券；反之，当股价下跌幅度超过该百分比时，就卖出债券，买进股票，以保持固定金额持有水平。如某投资者拥有资金 1 万元，计划买进股票 7 000 元，并保持这个水平，其余 3 000 元购买债券，并确定当股价上涨超过固定金额的 20% 时就抛售部分股票，并转购债券；当股价跌幅达到固定金额的 10%，就出售债券，购进股票。那么该投资者只需要注意：如果股价上涨，使其持有股票市价总额达到 8 400 元时，他就应该抛出 1 400 元价值的股票并转购债券；反之，当持有股票的市价总额下降到 6 300 元时，他就要卖出 700 元的债券来购进股票。总之，该投资者始终保持股票价值为 7 000 元左右，上涨不超过固定金额的 20%，下跌则不少于它的 10%。

▶ 4. 固定比率投资计划模式

固定比率投资计划模式是由固定金额投资计划模式改进而来的，固定金额投资计划模式的操作与调整仅仅是为了保持固定金额，缺乏与市场价格相适应的有机联系，而固定比率投资计划模式则注意到了股票与债券在市场方面所占的比例关系，因而它的核心内容是把持有的股票金额与债券金额确定在一个固定的比率水平上。

▶ 5. 变动比率投资计划模式

变动比率投资模式又称常值变化定式。它是将投资对象分为两组：一组是富有进取性、成长性而颇具风险的股票；另一组则是防守性、安全性的债券。在这两组之间的投资比率是可以变动的，根据整个市场行情的变化而随之变化。这一计划模式内容复杂，灵活多变，富有弹性，也比较难以掌握，关键是如何确定与调整比率。一般是根据长时期的股价统计资料，计划"中央价值"，以此求得一个"正常价值"，并以此作为调整比率的依据。这种方式的不足之处是对于初涉股市的新手来说较难操作。

三、证券投资的组合模式

证券市场既给人以获利的机会，同时也存在各种风险。下面介绍几种常用的证券投资组合模式。

▶ 1. 三分法投资组合模式

在西方一些国家（如美国）投资者进行投资时，通常比较流行"三分法"。所谓三分法投资组合模式，就是将资金1/3存于银行以备不时之需；1/3购买债券、股票等有价证券；1/3购置房屋、土地等不动产。在有价证券投资方面，美国人一般也是采取三分法来运用资金。一部分资金投资于普通股票；另一部分资金作为预备金或准备金，以备机动运用。一般来讲，购买债券，其收入比较固定，可能不会有发大财、获大利的机会，但比较安全可靠。在美国，债券种类特别多，一般投资人手头都拥有部分安全可靠的债券。而购买股票，特别是成长性的股票，不但可以获得优厚的股息收入，而且有时市场价格会有意想不到的升高，从而给投资者带来差价收入，因而成长型股票特别受欢迎。在我国，人们可以将资金的1/3用于购置房地产，1/3投资于安全性高的债券，1/3投资股票和基金。只要按一定的比例恰当分配手中的财产，就能抓住机会迅速积累致富。

▶ 2. 不同时间、地点、企业的分散投资组合模式

这种组合模式主要包括以下几方面。

（1）企业种类的分散。不要集中购买同一行业企业的股票和债券，以免遇到行业不景气，从而使投资者遭受重大损失。

（2）企业单位的分散。不要把全部资金集中购买某一企业的证券，即使企业有较好的业绩，也要适当分散投资单位。

（3）投资时间上的分散。投资债券时可在不同时间里分几次购买，投资股票前要先了解一下派息时间，投资者可按派息时间岔开选择投资。因为按照惯例，派息股票前股价都会升高，即使投资者买的股票因利率、物价等变动而在这一时间遭受公共风险，投资者还可能期待从另一时间派息的股票上获利。

（4）投资区域的分散。各地的企业会受市场、税收、法律、政策诸多方面因素的影响产生不同的效果，从而使股票、债券的价格出现地区差异，分区域投资便可获得不同水平上的收益。

▶ 3. 按风险等级和获利大小最佳组合模式

虽说风险不可避免，但对一个投资者来说，选购各种证券时会遇到的多大的风险，是可以根据证券的信用等级和其他有关方法加以判别和测算的，而投资的报酬率根据有关公式也是可以计算出来的。通常最理想的投资组合模式就是投资人测定自己希望得到的投资报酬和所能承担的投资风险等级，然后选择一个最合适的组合。例如，投资者希望得到的投资报酬是10%，那么，在报酬为10%的市场上市的证券中，选择风险等级最低的品种；如果投资者能承担的风险率为10%，那么在那些风险等级的证券中，尽量选择投资报酬率

高的品种。

▶ 4. 按长线、中线、短线投资划分的比例组合模式

长线投资是指买进证券以后不立即转让，而是长期持有以便享受优厚的收益，持有时间一般在半年以上，其对象主要是目前财务状况好又有发展前景的公司股票或收益高的债券。中线投资指的是购进证券后几个月内转让，投资对象应选择估计几个月内可能提供较好地盈利的证券。短线投资是指购进证券后几天内转售，以获取短期的证券价格波动的差价收益。一个投资者应把自己的资金按上述三种情况，分别用于长线投资、中线投资、短线投资。用于长线投资的那部分一定要沉得住气，要明白目的是在较长时间内等待优厚的收益，千万不要因股价稍有上升就轻易抛出。而用于短线投资的资金，投资者思想上应有所准备，搞得好可大获其利，搞不好即使有部分损失也在所不惜。

知识链接

炒股需要记住的几条股训

第一，尊重市场趋势的运行规律。当市场整体趋势向下时，虽然可能有极少数个股可以逆势飘红，但大多数个股将是随大势下行，即使暂时抗跌的股，也不能保证它们将来没有补跌的可能。当趋势恶化时，要远离市场，不要试图负隅顽抗。

第二，投资失误要及时止损。如果不及时止损，不但会进一步扩大亏损面，给将来的解套增加难度。而且，也不会有充足的资金在低位反复波段操作，更不可能在低位补仓，即使行情好转，也无法使自己取得资金大幅度增值的好成绩。

第三，转变理念，低位摊平后，不必强求一定要保本卖出。许多投资者在低位摊平后，不到保本价坚决不卖出，结果白白浪费了很多获利的机会。而且，大盘如果继续下跌，则很容易将摊平的股票也一起套住，反而使自己更加被动。

第四，波段操作为主。股市中直线上涨的大牛市行情和瀑布式跳水的大熊市行情都比较少见，更多的时候，股价处于一种涨多了会跌、跌多了会涨的境地中，因此，采用波段操作的获利机会远远大于一买就捂，总想捂出一匹大"黑马"的操作方式。

第五，应用蚕食策略解套。一次解决不了的目标，可以分成多次解决。如果投资者在熊市中的亏损面较大，一次无法完全解套获利的，可以分成多次交易，反复运用波段操作，逐渐降低持仓成本，直至最终达到扭亏为盈的目标。

任务二　证券投资的风险与技巧

一、证券投资风险

在证券市场中，投资者的最终目标是获取收益，而在时间顺序上，获取收益相对于资金投入存在着一定的滞后性。同时，由于受到未来诸多客观因素（如经济、政治事件、国际关系、政策变动、气候、行业景气程度、市场活跃水平以及上市公司经营业绩等）的影响，因此投资者的收益将成为一个未知数。投资者根据历史的经验和现

时的数据对未来的形势进行判断和预测，从而形成对未来收益的估计和预期，即预期收益。

然而，正是由于上述不确定性因素的客观存在，并影响和作用于证券市场，使得投资者的实际收益往往和预期收益产生偏差。这种偏差可能使投资者得到高于预期的收益，也可能导致投资者获得低于预期的收益甚至亏损。另外，现实收益与预期收益之间的偏差与风险呈正比例关系，偏差越大、风险越大，偏差越小、风险也越小。

综上所述，我们将证券投资风险概括为，在一定时期内，由于受多种客观因素（包括政治、经济、政策、国际关系、上市公司等）变动的影响，而引发证券市场价格的波动，并导致投资者的实际收益与预期收益产生偏差，而这种相对于预期收益的偏差就是证券投资风险。证券投资风险包括债券投资风险和股票投资风险。

(1) 债券投资风险。对于债券市场来说，债券的市场价格以及实际收益率受许多因素影响，这些因素的变化，都有可能使投资者的实际利益发生变化，从而使投资行为产生各种风险。债券投资者的投资风险主要包括利率风险、购买力风险、信用风险、收回风险、突发事件风险、税收风险和政策风险。

(2) 股票投资风险。对于股票市场来说，投资者在追求投资收益的同时，也必然同时面对投资风险。所谓风险，一般的理解是指遭受各种损失的可能性。股票投资的风险则是指实际获得的收益低于预期的收益的可能性。造成实际收益低于预期收益的原因是股息的减少和股票价格的非预期变动。

影响收益变动的各种力量构成风险的要素。某些影响是公司外部的，其影响波及绝大部分股票；还有一些影响是公司内部的，它们在很大程度上是可以控制的。在投资中，那些不可控的、外部的并且影响广泛的力量是系统风险的来源，而那些可控的、依产业或企业各异的内部因素则是非系统风险的来源。

(1) 系统风险。系统风险是指总收益变动中由影响所有股票价格的因素造成的那一部分。经济的、政治的和社会的变动是系统风险的根源，它们的影响使几乎所有的股票以同样的方式一起运动。

系统风险主要包括购买力风险、利率风险、汇率风险、宏观经济风险、社会与政治风险与市场风险。

(2) 非系统风险。非系统风险是总风险中对一个公司或一个行业是独一无二的那部分风险。管理能力、消费偏好、员工之类的因素均会造成一个公司利润的非系统变动。非系统因素基本独立于那些影响整个股票市场的因素，由于这些因素影响的是一个公司或一个行业，因此只能一个公司、一个行业地研究它们。因非系统风险仅涉及某个公司或某个行业的股票，所以，投资者可以通过审慎的投资选择来减少甚至避免非系统风险。非系统风险主要包括金融风险、经营风险、流动性风险和操作性风险。

二、证券投资风险控制

(一) 投资者应具备的素质

▶ 1. 心理素质

(1) 不能利欲熏心、贪心过重，不能心急。

(2) 投资者要有耐心。

(3) 要有自信。自信来自知识和经验，不要投资于自己不懂的行业或企业。

(4) 果断。

(5) 谦逊、不自负。在股票市场中，不要过于自负。在股市中，没有绝对的赢家，也没有百分之百的输家。因此，投资者要懂得骄兵必败的道理。

(6) 认错的勇气。一旦证明投资方向错误时，应尽快放弃原先的看法，保持实力，握有资本，伺机再入。

(7) 要能独立思考，不要因他人而轻易动摇。如果没有充分的信息，就不要做决定。一旦做出决定，就不要动摇。

综上所述，具有以下特点的人不适合证券投资：心胸狭窄、嫉妒心理重、极端自私的人；绝对精明、不愿意失去任何一个机会、精明而不高明的人；有事不如意而耿耿于怀、自命清高、不合群的人；爱出风头、目中无人、说话滔滔不绝、自认才高八斗的人；容易激动、经常后悔、上涨时手舞足蹈、下跌时垂头丧气的人；希望买进就涨、卖出就下跌、为了5毛钱而耿耿于怀的人；看到他人赚钱而去证券市场赚钱的人；不能容忍亏损、亏钱后睡不好觉、下跌深套后不关心的人、没有主见、根据股评家的评论买卖，不愿意自己研究的人。

▶ 2. 专业素质

(1) 要掌握证券投资的基本理论。

(2) 能熟练运用基本分析和技术分析方法。

(3) 掌握证券投资的基本流程和操作技巧。

(4) 学会使用有效的股市分析软件。目前市场上的股票分析软件很多，投资者应结合自己的使用习惯，选择一种自己比较熟悉，适合自己的软件。

(5) 学会资金管理。投资者应结合自己投入资金的量，选择投资组合，并在投资过程中设置好止损位。投资者可以运用资金使用的份法则：第一个1/3资金在大势低迷时，也就是说熊市末期，以短线操作为主快进快出、高抛低吸；第二个1/3资金当第一份资金在获利状态下且已无风险可言时方可使用，此时应选择明显底部放量，明显主力通吃套牢盘个股和高控盘庄股操作，中线持有，应以获利为主；第三个1/3资金只有当前两份资金在获利状态下，且大势明显向好时才可投入战斗。这种操作从理论上讲其风险最大值为1/3，而利润最大值为无穷。

▶ 3. 身体素质

证券投资其实是一项浩大的系统工程，投资者除了应具备一定的心理素质外，还要有过硬的身体素质。身体素质很差的人不宜炒股。股市风云变幻莫测，暴涨暴跌常常对股民的心理造成一定的冲击，如果身体素质较差，尤其患有心脏病、脑血管病、高血压等病的人，最好不要介入股市。

(二) 证券投资风险控制方法

怎样在实际操作中进行风险控制，从而实现成功的操作很重要。下面系统地介绍如何控制风险。

▶ 1. 慎重选择买卖时机

必须从战略角度，从大的背景考虑进场与离场时机。历史证明成功人士是那些在大行情到来之前建仓，并能够在大级别调整前离场的人。从风险管理的角度来看，控制证券投资风险最好的方法是预防，是要确定好的买卖点，起决定性胜负的应该是这样的买卖时机。

▶ 2. 回避风险

回避风险是指事先预测风险产生的可能程度，判断导致其实现的条件和因素，在行动中尽可能地驾驭它或改变行动方向以避开它。证券投资新手尤其应该注意回避投资风险问题，具体可以采取以下措施。

（1）当判断了股价进入高价圈、随时有转向跌落的可能时，应卖出手中股票，等待新的投资时机。

（2）当股票处于盘整阶段、难以判断股价将向上突破还是向下突破时，应卖出手中股票，等待新的投资时机。

（3）当多次投资失误、难以做出冷静判断时，应暂时放弃投资活动，进行一下身心调整。

（4）当对某种股票的性质、特点、发行公司状况、市场供求状况了解不多时，不要急于购进。

（5）将部分投资资金作为准备金，其目的有二：一是等待更好的投资时机，当时机来到时，准备金追加进去，以增强获利能力；二是作为投资失利的补充，一旦预测失误投资受损，将准备金补充进去，仍保持一定投资规模。

（6）不碰过冷或过热的股票。过分冷门的股票虽然价格低，但价格不易波动，上涨乏力，成交量小，变现困难，购入后长期持有，本身就是个损失，所以不宜购买过冷的股票。过热的股票，价格涨跌猛烈，成交量大，一般投资者很难把握准买卖时机，搞得不好，损失会很大，所以，轻易不要购买。

▶ 3. 及时止损

停损并不是控制风险的最优方法，但是停损又是必须的，没有停损，就像一辆车没有刹车一样，是很危险的，常用的停损方法如下。

（1）定额止损法。这是最简单的止损方法，是指将亏损额设置为一个固定的比例，一旦亏损大于该比例就及时平仓。它一般适用于两类投资者：一是刚入市的投资者；二是风险较大市场（如期货市场）中的投资者。定额止损的强制作用比较明显，投资者无须过分依赖对行情的判断。

止损比例的设定是定额止损的关键。定额止损的比例由两个数据构成：一是投资者能够承受的最大亏损，这一比例因投资者心态、经济承受能力等不同而不同，同时也与投资者的盈利预期有关；二是交易品种的随机波动，这是指在没有外界因素影响时，市场交易群体行为导致的价格无序波动。定额止损比例的设定是在这两个数据里寻找一个平衡点。这是一个动态的过程，投资者应根据经验来设定这个比例。一旦止损比例设定，投资者可以避免被无谓的随机波动震出局。

（2）技术止损法。较为复杂一些的是技术止损法。它是将止损设置与技术分析相结合，剔除市场的随机波动之后，在关键的技术位设定止损单，从而避免亏损的进一步扩大。这一方法要求投资者有较强的技术分析能力和自制力。例如，在上升通道的下轨买入后，等待上升趋势的结束再平仓，并将止损位设在相对可靠的平均移动线附近。就沪市而言，大盘指数上行时，5日均线可维持短线趋势，20日或30日均线将维持中长线的趋势。一旦上升行情开始后，可在5日均线处介入而将止损设在20日均线附近，既可享受阶段上升行情所带来的大部分利润，又可在头部形成时及时脱身，确保利润。在上升行情的初期，5日均线和20日均线相距很小，即使看错行情，在20日均线附近止损，亏损也不会太大。

再如，市场进入盘整阶段（盘局）后，通常出现箱形或收敛三角形态，价格与中期均线（一般为10～20日线）的乖离率逐渐缩小。此时投资者可以在技术上的最大乖离率处介入，并将止损位设在盘局的最大乖离率处。这样可以低进高出，获取差价。一旦价格对中期均线的乖离率重新放大，则意味着盘局已经结束。此时价格若转入跌势，投资者应果断离场。盘局是相对单边市而言的。盘局初期，市场人心不稳，震荡较大，交易者可以大胆介入；盘局后期则应将止损范围适当缩小，提高保险系数。

（3）无条件止损法。不计成本、夺路而逃的止损称为无条件止损。当市场的基本面发生了根本性转折时，投资者应摒弃任何幻想，不计成本地杀出，以求保存实力，择机再战。基本面的变化往往是难以扭转的。基本面恶化时，投资者应当机立断，砍仓出局。

设立停损应当提前设立，执行时要严格按计划执行，执行后如果发生错误也不应当后悔，因为许多重大的损失常发生于犹豫不决而坐失停损良机，在停损后应当休息，要反省和总结经验，不要急于杀入。

▶ 4. 套期保值

当预计市场要下跌，可以卖出股票指数期货，将收益锁定。假如，每份股票指数期货价格=50×股票指数，现有指数为10 000点，拥有市值1 000万元，β系数为1的股票投资组合，当预计大盘要下跌时，可以卖出20份股票指数期货，当股票指数从10 000点跌到8 000点，现货市值损失200万元，而在股票指数期货上赚了200（20×50×2 000）万元，相当于没有损失。如果买错了股票指数期货，股票市场上涨，在股票指数期货上损失了，但是在现货市场上却赚了，还是把收益锁定了。

▶ 5. 防范年报风险

从预防年报风险角度讲，为了做好盈利预测，投资人应通过资料的系统收集，对上市公司的经营状况进行跟踪，也可以通过对证券投资咨询机构、券商研究中心的研究报告进行综合，还可以到商场上看上市公司的产品是否畅销，有能力的也可以到公司现场考察。

▶ 6. 通过投资技巧规避风险

投资者可以通过采用一定的投资技巧，如应用金字塔、倒金字塔操作法，板块联动法，固定比例投资法等进行操作，规避风险。证券投资是一种组合投资，因此在精心投资时应该将个人的资产进行合理安排。

▶ 7. 总结投资战绩，进行品种结构调整

虽然我们可以运用历史资料以及预测构建我们的最优证券投资组合，但是仍然可能出现不理想的状况，此时应当根据实际情况进行调整，保留强势品种，淘汰劣势品种。还应该不断总结投资失败的经验，寻找克服错误的策略，在实践过程中不断丰富我们的投资经验，并且将之上升到理论来指导我们的投资实践。

证券投资过程中的风险控制是一个全过程的风险控制，我们应该建立起自己的投资风险防范体系，建立起自己的定量化风险控制测度指标，从投资前—投资过程中—投资后的

评估对整个过程进行风险控制。投资前的风险控制有买卖时机的研判、投资价值的测算、投资计划与投资组合、年报风险预防等;投资过程中的风险控制有价值的测算、贝塔系数的跟踪、停损策略等;投资后的风险控制有投资评估以及品质调整、寻找对冲品种锁定盈利等。

三、证券投资操作技巧

在证券中,投资者的目的是在尽可能降低风险的情况下增加收益,但投资者的目的能否实现,最终取决于他们在投资操作上所具有的基本技巧。下面介绍一些主要的投资操作技巧。

▶ 1. 顺势投资法

顺势投资法是指在股票市场中,散户由于资金不足、消息闭塞,不能像大户那样操纵股票市场,只好跟着大户左右的股势或股价走,做个"顺风客",跟着股价的趋势进行买进卖出。这种办法虽捞不到大利,也不会吃大亏。投资者采用此法时,必须注意两点:首先,虽说是"顺风客",但也得分析一下股市的大趋势,只有当股价已形成中期或长期涨跌趋势时,投资者才有机会顺势购进或售出股票,而且以做多种交易为宜;其次,要常注意和尽量提早发现行情的变动趋势,先下手为强,趁大户还未动作时,抢先购进或售出。

▶ 2. "拨档子"操作法

所谓"拨档子"就是投资者卖出自己所持有的股票,等价位下降以后再补回来。投资者"拨档子"并非看坏后市,也并非真正获利了结,真实目的是希望趁价位高时,先行卖出,以便自己赚自己的一段差价。通常"拨档子"卖出与买入之间,相隔时间不会太长,最短时间可能只有一两天,最长也不过一两个月,这是多头降低成本、保持实力的操作模式之一。股票投资的大户也常使用"拨档子"模式对股票的进出做出技术性的调整。"拨档子"有两种操作方法:一是行情上涨一段后卖出、回调后补进的"挺升行进间拨档",这是多头在推动行情上升时,见价位已涨不少,或者遇到沉重的压力,就自行卖出,使股价略微回跌来化解上升阻力,以便于行情再度上升;二是行情下跌时,投资者趁价位仍高时卖出,等股价跌价后再买回的"滑降行进间拨档",这是套牢的多头或多头自知实力不如空头时,在股价尚未跌低之前先行卖出,等股价跌落之后再买回反攻。

▶ 3. 分批买进卖出法

股票投资者都希望在买进股票时买到最低点,在卖出股票时卖到最高点。然而,买到最低价与卖到最高价却是件极其不容易的事。以往的经验告诉我们,基于人性的弱点,往往在股价回头下跌到可以进场买入时,投资者大多会认为还会下跌,错失大好买进机会,等股价探底成功,反转上扬时,结果良机一误再误,钱未赚到,后悔不已,最后会鬼使神差买在最高点,追高吃套。在股价上涨到应该可以脱手获利了结之时,投资者大多会认为还会上涨,想卖最高价,于是错失一个个获利了结的时机,等股价下滑,想要卖,已经被紧紧套住,不忍出手,但最后会在莫名的恐惧下选择最低点卖出。

▶ 4. 保本投资法

采用保本投资法,首先要正确估计自己的"本",这里所指的"本"并不是投资者用于购买股票的金额,而是投资者主观认为在最坏的情况下不愿被损失的那部分金额,即处于停止损失点的基本金额。保本投资法是股票投资避免血本耗尽的一种操作方法。此种方法适用于经济前景欠明朗、股价走势与实质因素显著脱节、行情变化难以捉摸时的股票投资。采用保本投资法最重要的不在于买进的决策，而在于卖出的决策。保本投资法最重要的是获利卖出点和停止损失点的选定。获利卖出点是指股票投资人在获得一定数额投资利润时，毅然卖出的那一点，这个时候的卖出，不一定是将所有持股一口气统统卖光，而是卖出其所保"本"的一部分。停止损失点是当行情下跌到只剩下股票投资人心目中的"本"时，即卖出，以保住其最起码的"本"。简单地说，就是股票投资人在行情下跌到一定比例时，全身而退以免蒙受过分亏损的做法。停止损失点是为了预防行情下跌而制定的，主要的功能在于避免投资损失过大。特别要注意的是，当股市看涨时，确定"本"的卖出点后，不要贪得无厌，延误时机，也不要股价刚上涨到某一个确定点时，就统统把股票抛售一空，因为行情很可能还要继续看涨。

▶ 5. 金字塔式投资法

金字塔式投资法是西方国家股票市场投机商使用的一种股票投资方法，其原则有两条：一是越买越少，二是越卖越多。越买越少，其意思是，当股市开始回升，预计未来相当长时间股价处于不断上升趋势时，投资者应趁股价尚低时，将投资资金分批投入市场，并随着股价的增长，购买数量越来越少，形成一个金字塔。这种金字塔式买入法有两点好处：①如果市场预测准确，股价一直处于上升趋势，那么据此投入资金购买股票，会增加投资者的收益，这与其他投资方法相比，可能是失去了盈利更多的机会，但毕竟还是赚取了差价收入；②由于股市行情多变，并不会总如人愿，假如投资者第二次或第三次买进后，股价下跌了，但由于他第二次或第三次买入的数量少，其损失会少些。可见，金字塔式买入法是增加获利机会而又尽可能减少风险的一种购买股票的方法。所谓"越卖越多"是指当股价上升到某一高位时，投资者应毫不犹豫的分批卖出，如果觉得价格还会升高，应该随着价格逐渐升高，采用先少后多的办法分批出售。这种方法称倒金字塔式卖出法。它是一种既能把握更大机会，又能减少风险的好办法。

▶ 6. 摊平操作法

所谓摊平操作法就是摊平成本的一种股票操作法。它是指在投资者买进股票后，由于股价下跌，手中持股形成亏损状态，当股价再度跌落一段以后，投资者再用低价买进一些冲抵成本的操作模式。摊平操作法主要有逐次等数买进摊平法和倍数买进摊平法两种。逐次等数买进摊平法，即当第一次买进股票后被高位套牢，等股价下跌到一定程度后，分次买进与第一次数额相等的股票。用这种操作法，在第一次投资时，必须严格控制只能投入部分资金，以便留存剩余资金做以后的等数摊平之用。倍数买进摊平法，即在第一次买进股票之后，如果行情下跌，再加倍或加数倍买进股票，以便摊平。倍数买进摊平，可以买进两次或三次，分别称为两次加倍买进摊平和三次加倍买进摊平。

▶ 7. 渔翁撒网法

在短期股票投资中，许多股票价格的变化趋向很不明显，投资者难以筛选出有利可图的投资对象。因此，有人认为最好是买进各种股票，等到某种股票价格上涨到有利可图时就出售该种股票。如果整个股票市场出现价格上涨或牛市，投资者可以相继抛售手中的各种股票，以获得较高的利润，即使是出现整个股市下跌，也必然会有某些强势股，这样可以强抵弱，减少风险损失，这种投资组合模式称为渔翁撒网法。其主要特征是投资期限短，以分散投资的模式来尽量取得较高的利润，避免单向选择不当的巨大损失，但是过早卖出升价股票也会减少收入。因此这种方法有很大的局限性，虽然想稳中求好，但往往还有可能出现相反的结果。

▶ 8. 反向投资法

反向投资法的前提是摸清大众投资者的心理，在大众投资错误的基础上人买我卖、人卖我买、人热我冷、人冷我热。在一般情况下，股民大多盲目跟风。投资者要想获得较高的收益，除必须综合分析多种因素，如发行公司的财务状况、获利能力、资产负债情况、市场情况等外，最重要的是要在投资大众未认识到某种股票的收益预期增长时，抢先一步买入；或在大家未认识到某种股票的收益预期下降时，抢先一步卖出。如果等到公众知道股价会上涨时再买，或等到公众知道股价将会下跌时再卖，这样就已经迟了。

▶ 9. 杠铃投资法

杠铃投资法是因以图表表示的形状如两头大、中间小的杠铃而得此名。它是指投资者把资金集中投放于短期和长期证券上，而相应减少对中期证券投资的一种保持证券头寸的方法。投资于长期证券的优点是收益回报率高，证券增值和资本损失较小；缺点是投资缺乏流动性和灵活性，不能满足投资者临时变现的要求；投资于短期证券的优点是具有高度的灵活性和流动性，便于投资者变现，但收益回报率一般较低，鉴于上述两个方面的投资特征，杠铃投资法集中资金把长、短期证券结合在一起，在一定程度克服了两者的缺点，发挥了各自的优点。

▶ 10. "博傻主义"投资法

"博傻主义"投资法是指投资者预测某种股票将持续上涨一段时间，不惜大胆地以高价买入，而在价格更高时以高价卖出，或者投资者预测某种股票将持续下跌，因此在低价位卖出，然后再以更低价位补进的一种投资方法。该方法是以假定自己是一个"傻子"为前提，颇有大智若愚的意味，并且认为总会有比自己还傻的"傻子"，故此才敢采取这种以傻赢的方法来获取利润。很明显，如果投资者判断失误，在股价高涨买股票，而后又无法再以更高的价格卖出，就会遭受很大的损失。如果投资者在下跌时售出自己的股票，而又没有以比之更低的价格可以购回时，投资者的损失也是不可忽视的。

▶ 11. 涨时重势、跌时重质投资法

涨时重势、跌时重质是指在上升行情时选股主要是着重该股的气势，下跌行情时选股主要是着重该股的本质。在下跌时，选股要着重那些本质好一些的股票。所谓本质好的股票是指经营能力好、偿债能力强、获利多的绩优股。事实证明，在下跌行情时选购这些股票，通常都表现为抗跌性强，跌幅较浅，而且一旦行情反转向上时，涨幅较大，所以说"跌时要重质"。在人气凝聚的上升行情中，若注意力仍然集中在公司的本质和业绩上，比较容易错失机会，此时，选股一定要注意以下几点：①主力介入已买入很久的股票；②股性一直较活跃的股票；③跌幅已深，盘整已久的股票；④股票常有轮涨的现象，须注意久盘未涨的股票。

▶ 12. 股票箱操作方法

把压力线与支撑线用直线连接起来，即成为长方形的股票箱。有经验的短线高手，在确认压力线与支撑线之后，即在股票箱内上下来回操作，当股价上升到压力线时就卖出，当股价下跌到支撑线时就回补。压力线与支撑线通常是一体的两个面，压力会变成支撑，支撑也会转化成压力。当压力被突破之后，上涨一段再回跌时，原来的压力线就变成支撑线了。相反，当支撑线被跌破后，下跌一段再回升，原来的支撑线就会变成压力线了。需要注意的是，倘若股价有效突破压力线或支撑线时，股价即上升或下跌到另一个股票箱。投资者应在新的股票箱被确认之后，才可在新的股票箱内上下来回进行操作。

▶ 13. 循迹操作法

作为一个完整的上升行情，一般可分为初升段、主升段、末升段三段。末升段来临之前，也就是上升行情即将结束之日。在末升段来临时，一般会发生下列现象。

（1）问题股当头上涨。在初升段与主升段时，投资者一般比较理性，都会挑选本质佳、形象好的绩优股，到了末升段，由于绩优股涨幅已高，一些获利差、形象坏的问题股，因股价便宜相反成为抢手货，变成带领大盘上涨的股票。

（2）股价全面飙升。在上升行情初升段与主升段，股价呈现缓和上涨，持久不衰。到了末升段，因投资者总是买进而造成全面飙升，而且其成交量将接近或突破以往的最高记录。

（3）股价全面上涨，但成交量随之萎缩。在飙升过程中，若成交量继续放大，这表示换手积极，资金仍在股市中；倘若股价全面上扬，而成交量随之萎缩，固然可能是由于投资人惜售心理造成的，但是无量上升的结果，必然是无量下跌，这表示末段上升行情已经来到。

（4）当专家屡次跌破眼镜、看不懂行情时，这表示大盘的行情用基本面与技术面来分析均告失败，股价全由人气与信心在支撑，则表示行情即将结束了。

（5）管理层出面干涉。通常管理层在初升段与主升段时，大都不会采取干预行动。到了末升段，眼看股价飙升得太离谱，会出现一系列的干预行动。

知识链接

一个老人带着自己的笼子去捉火鸡，他只要在笼子里撒上诱饵并躲在很远的地方安静地等待，在火鸡被诱进笼子并达到最佳数量的时候把牵引机关的细绳轻轻一拉就可收获。某天，有12只火鸡进了笼子，过了一会儿其中一只吃饱了跑了出去。"早知道刚才就应该拉绳子！"老人说道，"哎，再等一会吧，或许刚才那只还会再跑回来。"过了一会儿，又有2只火鸡吃饱了跑出去了。老人后悔了，"再多捉一只，我一定收手。"结果越来越多的火鸡吃饱并离开了笼子，他还是不愿放弃他多捉一只的期盼。因为曾经有12只进笼，少于5只他不愿回家。最后只有1只火鸡待在笼子里面了，"哎！要么全部跑光，要么再回来一只我才肯罢休。"结果落单的那只火鸡也吃饱了找同伴去了，老人只能空手而归。

资料来源：https://weibo.com/6599493945/GxGnIx7dY? type=comment.

【点评】这是奥尼尔引用佛瑞德·凯利讲给投资人的一个故事，它反映了这个市场中一般投资者的心态。在这个市场中每个人都会犯错误，即使一个优秀的投资者也不可能在任何时候都能够做出正确的决策，更关键的是要在犯错时使自己的损失额降到最低水平。巴菲特也告诉人们两个类似的准则：准则一，永远不要赔钱；准则二，永远不要忘了准则一。令人难以置信的是，国际上最成功的几个投资人几乎都在遵守同样的准则。

思考问答

一、名词解释
计划模式　　组合模式　　顺势投资法　　"拨档子"操作法

保本投资法　　金字塔式投资法　　反向投资法　　杠铃投资法

二、简答题
1. 做股票投资时，投资者面临的主要风险有哪些？
2. 你认为作为投资者应具备哪些基本素质？

在线自测

扫描封底刮刮卡　　获取答题权限

项目八　金融衍生工具

学习目标

1. 理解金融衍生品的概念、特征及基本功能。
2. 理解期货交易的概念、特征与分类，熟悉期货交易机制。
3. 理解期权的概念和分类，熟悉看涨期权和看跌期权的计算。
4. 了解我国权证的相关知识。
5. 了解金融衍生品的最新发展趋势。

问题导入

在股市中一般只能先买后卖，当股市处于整体下跌中时，投资者有没有方法规避风险？

情景写实

衍生工具的起源

历史上最早的衍生工具交易产生于1848年美国的重要粮食交易市场——芝加哥市。

芝加哥在美国大豆和玉米主产区，周围有五个大的湖畔，土地肥沃，适合种植粮食，同时芝加哥市又紧靠美国中西部地区的大片平原，是美国粮食主产区。秋收以后，农民将收获的大豆和玉米等粮食都运到芝加哥市销售，又从这里运到全国和全世界。芝加哥市很快就成为美国重要的粮食市场。

但在1848年以前，科学技术和交通并不发达，粮食的供给、运输和仓储等方面非常落后。每年粮食收获季节，粮食大量集中上市，但量贩的囤粮数量有限，当时还没有发明汽车，运输完全靠船和马车，难以将大量的粮食运走。量贩只能根据能力采购，所以更多的粮食卖不出去，粮食价格往往会大幅下跌，很多农民的粮食销不出去发霉腐烂，只好被倾倒到湖里。而到了春季，粮贩和加工商又开始大量地购买粮食，粮食价格又会出现大涨。粮食价格每年播种和秋收的季节都这样大幅上涨和下跌，使农民和粮食商都遭受损失。

人们开始想办法利用远期合同的形式来解决问题。当农民将谷物种下时，他们担心当谷物收割时，由于集中上市，价格会大幅下跌，同时谷物商担心来年春天谷价会大幅上涨，而自己又缺乏资金在谷物集中上市时收购足够多的粮食，因此农民和谷物商约定，不论将来价格如何变化，谷物商都按照双方协商的价格向农民收购粮食，这个约定使得农民和谷物商都规避了未来价格波动的风险。

资料来源：衍生工具的起源与发展［EB/OL］．（2022-11-06）［2023-03-09］．https：//www.guayunfan.com/lilun/365435.html.

【点评】衍生工具与普通金融工具相比，具有跨期性、杠杆性、联动性和高风险性。

任务一　金融衍生工具概述

20世纪70年代以来，衍生产品市场的快速崛起成为市场经济史中最引人注目的事件之一。过去，通常把市场区分为商品(劳务)市场和金融市场，进而根据金融市场工具的期限特征把金融市场分为货币市场和资本市场。衍生产品的普及改变了整个市场结构：它们连接起传统的商品市场和金融市场，并深刻地改变了金融市场与商品市场的截然划分；衍生产品的期限可以从几天扩展至数十年，已经很难将其简单地归入货币市场或是资本市场；其杠杆交易特征撬动了巨大的交易量，它们无穷的派生能力使所有的现货交易都相形见绌；衍生工具最令人着迷的地方还在于其强大的构造特性，不但可以用衍生工具合成新的衍生产品，还可以复制出几乎所有的基础产品。它们所具有的这种不可思议的能力已经改变了"基础产品决定衍生工具"的传统思维模式，使基础产品与衍生产品之间的关系成为不折不扣的"鸡与蛋孰先孰后"的不解之谜。

2007年10月以来，起源于美国的信贷危机波及全球金融市场，并进而将全球经济带入下滑轨道。美联储估计原本仅约1 000亿美元规模的美国次级贷款何以最终波及大量金融机构，最终放大为一场"海啸"呢？很多人将其归咎于金融衍生产品的泛滥和难以估值、无法约束。早在2002年，巴菲特就在其致股东信中断言衍生产品是"魔鬼""定时炸弹"，甚至是"大规模杀伤武器"。

要论衍生产品功过，还是要坚持一分为二的辩证立场。衍生产品所具有的灵活方便、设计精巧、高效率等特征的确是风险管理和金融投资的利器，不能因为引致金融"海啸"就彻底否定它，对它的研究和运用都还需要进一步深化；同时，也必须看到，对微观个体分散风险有利的衍生工具并没有从根本上消除金融风险的源头，反而可能引起风险总量的净增长，在特定条件下就可能酝酿出巨大的金融灾难。因此，强化对金融衍生产品的政府监管、信息披露以及市场参与者的自律将是必要之举。

一、金融衍生工具的产生与发展动因

从20世纪60年代开始，特别是进入20世纪70年代以后，随着布雷顿森林体系的解体和世界性石油危机的发生，利率和汇率出现了剧烈波动。宏观经济环境的变化使金融机构的原有经营模式和业务种类失去市场，同时又给它们创造了开发新业务的机会和巨大的发展空间。与此同时，计算机与通信技术的长足发展及金融理论的突破促使金融机构的创新能力突飞猛进，而创新成本却日益降低。在强大的外部需求召唤下，在美好的盈利前景吸引下，金融机构通过大量的创新活动冲破来自内外部的各种制约，导致全球金融领域发生了一场至今仍在继续的广泛而深刻的变革：形形色色的新业务、新市场、新机构风起云涌，不仅改变了金融总量和结构，而且还对金融体制发起了猛烈的冲击，对货币政策和宏观调控提出了严峻挑战，导致国际金融市场动荡不定，国际金融新秩序有待形成。

1. 避险

金融衍生工具产生的最基本原因是避险。20世纪70年代以来，随着美元的不断贬值，布雷顿森林体系崩溃，国际货币制度由固定汇率制走向浮动汇率制。1973年和1978年两次石油危机使西方国家经济陷入"滞胀"，为对付通货膨胀，美国不得不运用利率工具，这又使金融市场的利率波动剧烈。利率的升降会引起证券价格的反方向变化，并直接影响投资者的收益。面对利市、汇市、债市、股市发生的前所未有的波动，市场风险急剧放大，迫使商业银行、投资机构、企业寻找可以规避市场风险、进行套期保值的金融工具，金融期货、期权等金融衍生工具便应运而生。

2. 金融自由化

20世纪80年代以来的金融自由化进一步推动了金融衍生工具的发展。所谓金融自由化，是指政府或有关监管当局对限制金融体系的现行法令、规则、条例及行政管制予以取消或放松，以形成一个较宽松、自由、更符合市场运行机制的新的金融体制。金融自由化的主要内容如下。

(1) 取消对存款利率的最高限额，逐步实现利率自由化。如美国1980年《银行法》废除了Q条例，规定从1980年3月起分6年逐步取消对定期存款和储蓄存款的最高利率限制。

(2) 打破金融机构经营范围的地域和业务种类限制，允许各金融机构业务交叉、互相自由渗透，鼓励银行综合化发展。

(3) 放松外汇管制。

(4) 开放各类金融市场，放宽对资本流动的限制。

其他还包括放松对本国居民和外国居民在投资方面的许多限制，减轻金融创新产品的税负以及促进金融创新等。金融自由化一方面使利率、汇率、股价的波动更加频繁、剧烈，使得投资者迫切需要可以回避市场风险的工具；另一方面，金融自由化促进了金融竞争。由于允许各金融机构业务交叉、相互渗透，多元化的金融机构纷纷出现，直接或迂回地夺走了银行业很大一块阵地；再加上银行业本身业务向多功能、综合化方向发展，同业竞争激烈，存贷利差趋于缩小，使银行业不得不寻找新的收益来源，改变以存、贷款业务为主的传统经营方式，把金融衍生工具视作未来的新增长点。

3. 金融机构的利润驱动

金融机构通过金融衍生工具的设计开发以及担任中介，显著地推进了金融衍生工具的发展。金融中介机构积极参与金融衍生工具的发展主要有两方面原因。

(1) 在金融机构进行资产负债管理的背景下，金融衍生工具业务属于表外业务，既不影响资产负债表状况，又能带来手续费等收入。1988年国际清算银行(BIS)制定的《巴塞尔协议》规定：开展国际业务的银行必须将其资本对加权风险资产的比率维持在8%以上，其中核心资本至少为总资本的50%。这一要求促使各国银行大力拓展表外业务，相继开发了既能增进收益、又不扩大资产规模的金融衍生工具，如期权、互换、远期利率协议等。

(2) 金融机构可以利用自身在金融衍生工具方面的优势，直接进行自营交易，扩大利润来源。为此，金融衍生工具市场吸引了为数众多的金融机构。但是，由于越来越多的金融机构尤其是商业银行介入了金融衍生工具交易，引起了监管机构的高度关注，目前《巴塞尔协议Ⅲ》对国际性商业银行从事金融衍生工具业务也规定了资本金要求。

▶ 4. 新技术革命提供了物质基础与手段

金融衍生产品价格变动与基础资产之间的紧密关系、价格计算以及交易策略的高度复杂性对计算机、网络技术、通信技术等提出了非常苛刻的要求。相关领域科技发展的日新月异，极大地便利了衍生产品市场的各类参与者，市场规模和交易效率均显著提高。

金融衍生工具极强的派生能力和高度的杠杆性使其发展速度十分惊人，根据国际清算银行的金融衍生产品统计报告（BIS，2022年1月），截至2020年年底，顶尖投行服务客户的能力较强，其高杠杆源自衍生品等资本消耗型业务。以高盛为例，2020年公司全球资本市场板块资产占总资产比重高达73%，板块杠杆倍数约为20，高于公司整体杠杆倍数11，可见衍生品业务需求的增长是公司扩表提杠杆的一大动力。考虑到商业银行在整个金融行业内的显著地位，可以毫不夸张地说，目前基础金融产品与衍生工具之间已经形成了倒金字塔结构，单位基础产品所支撑的衍生工具数量越来越大。

二、金融衍生工具的分类

随着金融创新的发展，金融衍生工具经过衍生再衍生、组合再组合的螺旋式发展，品种不断增加。根据基础工具的种类不同，金融衍生工具有不同的分类。

（一）按照产品形态分类

根据产品形态，金融衍生工具可分为独立衍生工具和嵌入式衍生工具。

▶ 1. 独立衍生工具

独立衍生工具是指本身即为独立存在的金融合约，如期权合约、期货合约或者互换交易合约等。

▶ 2. 嵌入式衍生工具

嵌入式衍生工具（embedded derivatives）是指嵌入非衍生合同（主合同）中的衍生金融工具，该衍生工具使主合同的部分或全部现金流量将按照特定利率、金融工具价格、汇率、价格或利率指数、信用等级或信用指数，或类似变量的变动而发生调整，如目前公司债券条款中包含的赎回条款、返售条款、转股条款、重设条款等。

（二）按照金融衍生工具自身交易方法分类

按照自身交易方法，金融衍生工具可分为金融远期、金融期货、金融期权、金融互换四类。

▶ 1. 金融远期

金融远期（forwards）是指合约双方同意在未来日期按照协定价格交换金融资产的合约。金融远期合约规定了将来交换的资产、交换的日期、交换的价格和数量，合约条款因合约双方的需要不同而不同。金融远期合约主要有远期利率协议、远期外汇合约、远期股票合约等。

▶ 2. 金融期货

金融期货（financial futures）是指买卖双方在有组织的交易所内以公开竞价的形式达成的，在将来某一特定时间交收标准数量特定金融工具的协议，主要包括货币期货、利率期货和股权类期货3种。

3. 金融期权

金融期权（financial options）是指合约双方按约定价格，在约定日期内就是否买卖某种金融工具所达成的契约，包括现货期权和期货期权两大类，每类又可分为很多种类。

4. 金融互换

金融互换（financial swaps）是指两个或两个以上的当事人按共同商定的条件，在约定的时间内交换一定支付款项的金融交易，主要有货币互换和利率互换两类。

这四类衍生工具中，金融远期合约是其他三种衍生工具的始祖，其他衍生工具均可以认为是金融远期合约的延伸或变形。这种分类是最基本、最常见的分类。

我国的期货交易所

我国现在有五个期货交易所，即上海期货交易所、大连商品交易所、郑州商品交易所、广州期货交易所和中国金融期货交易所。其中，上海期货交易所的交易品种主要有铜、铝、锌、燃油，还有黄金、橡胶。大连期货交易所的品种主要有大豆、玉米、豆油、棕榈、塑料。郑州期货交易所交易的主要品种有硬麦、棉花、白糖、菜油、强麦。

（三）按照基础工具种类的不同分类

1. 股权式衍生工具

股权式衍生工具（equity derivatives）是指以股票或股票指数为基础工具的金融衍生工具，主要包括股票期货、股票期权、股票指数期货、股票指数期权以及上述合约的混合交易合约。

2. 货币衍生工具

货币衍生工具（currency derivatives）是指以各种货币作为基础工具的金融衍生工具，主要包括远期外汇合约、货币期货、货币期权、货币互换以及上述合约的混合交易合约。

3. 利率衍生工具

利率衍生工具（interest derivatives）是指以利率或利率的载体为基础工具的金融衍生工具，主要包括远期利率协议、利率期货、利率期权、利率互换以及上述合约的混合交易合约。

（四）按照金融衍生工具交易性质的不同分类

1. 远期类工具（forward-based-derivatives）

在这类交易中，交易双方均负有在将来某一日期按一定条件进行交易的权利与义务，双方的风险收益是对称的。属于这一类的有远期合约（包括远期外汇合约、远期利率协议等）、期货合约（包括货币期货、利率期货、股票指数期货等）、互换合约（包括货币互换、利率互换等）。

2. 选择权类工具（option-besed derivatives）

在这类交易中，合约的买方有权根据市场情况选择是否履行合约，换句话说，合约的买方拥有不执行合约的权利，而合约的卖方则负有在买方履行合约时执行合约的义务。因此，双方的权利、义务以及风险收益是不对称的。属于这一类的有期权合约（包括货币期权、利率期权、股票期权、股票指数期权等），另有期权的变通形式——认股权证（包括非抵押认股权证和备兑认股证）、可转换债券、利率上限、利率下限、利率上下限等。

值得一提的是，上述分类并不是一成不变的。随着金融衍生工具日新月异的发展，上述分类界限正在模糊，由两种、三种甚至更多不同种类的衍生工具及其他金融工具，经过变化、组合以及合成这几种方式创造出来的再衍生工具和合成衍生工具正在出现，使衍生工具的传统分类模糊难辨。例如，由期货和期权合约组成的期货期权，由期权和互换合成的互换期权，由远期和互换合成的远期互换等。

（五）按照金融衍生工具交易场所的不同分类

▶ 1. 交易所交易的衍生工具

这是指在有组织的交易所上市交易的衍生工具，如在股票交易所交易的股票期权产品，在期货交易所和专门的期权交易所交易的各类期货合约、期权合约等。

▶ 2. 场外交易市场（OTC）交易的衍生工具

这是指通过各种通信方式，不通过集中的交易所，实行分散的、一对一交易的衍生工具，如金融机构之间、金融机构与大规模交易者之间进行的各类互换交易和信用衍生产品交易。从近年来的发展看，这类衍生产品的交易量逐年增大，已经超过交易所市场的交易额，市场流动性也得到增强，还发展出专业化的交易商。

任务二　金融远期合约

一、金融远期合约概述

（一）金融远期合约的定义

金融远期合约（forward contracts）是指交易双方约定在未来的某一确定时间，按照事先商定的价格（如汇率、利率或股票价格等），以预先确定的方式买卖一定数量的某种金融资产的合约。

合约中规定在将来买入标的物的一方称为多方，在未来卖出标的物的一方称为空方，合约中规定的未来买卖标的物的价格称为交割价格。如果信息是对称的，而且合约双方对未来的预期相同，那么合约双方所选择的交割价格应使合约的价值在签署合约时等于零。这意味着无须成本就可处于远期合约多头或空头状态。

人们把使得远期合约价值为零的交割价格称为远期价格。这个远期价格显然是理论价格，它与远期合约在实际交易中形成的实际价格（即双方签约时所确定的交割价格）并不一定相等。但是，一旦理论价格与实际价格不相等，就会出现套利机会。若交割价格高于远期价格，套利者就可以通过买入标的资产现货、卖出远期并等待交割来获取无风险利润，从而促使现货价格上升、交割价格下降，直至套利机会消失；若交割价格低于远期价格，套利者就可以通过卖空标的资产现货、买入远期来获取无风险利润，从而促使现货价格下降，交割价格上升，直至套利机会消失。此时，远期理论价格等于交割价格。

一般来说,价格总是围绕着价值波动的,而远期价格跟远期价值却相差很大。例如,当远期价格等于交割价格时,远期价值为零。其原因在于远期价格指的是远期合约中标的物的远期价格,它是跟标的物的现货价格紧密相连的,而远期价值则是指远期合约本身的价值,它是由远期实际价格与远期理论价格的差距决定的。在合约签署时,若交割价格等于远期理论价格,则此时合约价值为零。但随着时间推移,远期理论价格有可能改变,而原有合约的交割价格则不可能改变,因此原有合约的价值就可能不再为零。

(二) 金融远期合约的种类

金融远期合约主要有远期利率协议、远期外汇合约和远期股票合约等。

(1) 远期利率协议是指买卖双方同意在未来一定时间(清算日),以商定的名义本金和期限为基础,由一方将协定利率与参照利率之间差额的贴现额度付给另一方的协议。

(2) 远期外汇合约是指双方约定在将来某一时间按约定的远期汇率买卖一定金额的某种外汇的合约。

(3) 远期股票合约是指在将来某一特定日期按特定价格交付一定数量单个股票或一揽子股票的协议。

(三) 金融远期合约的特征

金融远期合约作为场外交易的衍生工具,与场内交易的期货、期权等衍生工具比较,具有以下特征。

(1) 金融远期合约是通过现代化通信方式在场外进行的,由银行给出双向标价,直接在银行与银行之间、银行与客户之间进行。

(2) 金融远期合约交易双方互相认识,而且每一笔交易都是双方直接见面,交易意味着参加者的对应风险。

(3) 金融远期合约交易不需要保证金,对方风险通过变化双方的远期价格差异来承担。金融远期合约大部分交易都导致交割。

(4) 金融远期合约的金额和到期日都是灵活的,有时只对合约金额最小额度做出规定,到期日经常超过期货的到期日。

(四) 金融远期合约的优缺点

远期合约是适应规避现货交易风险的需要而产生的。相对于封建社会自给自足的状态而言,现货交易是人类的一大进步。通过交易,双方均可获得好处,但现货交易的最大缺点在于无法规避价格风险。一个农场主的命运完全掌握在他的农作物收割时农作物现货市场价格。如果在播种时就能确定农作物收割时卖出的价格,农场主就可安心致力于农作物的生产。远期合约正是适应这种需要而产生的。远期合约是非标准化合约,因此它不在交易所交易,而是在金融机构之间或金融机构与客户之间通过谈判后签署远期合约。已有的远期合约也可以在场外市场交易。在签署远期合约之前,双方可以就交割地点、交割时间、交割价格、合约规模、标的物的品质等细节进行谈判,以便尽量满足双方的需要。因此远期合约跟后面将要介绍的期货合约相比,灵活性较大,这是远期合约的主要优点。

远期合约也有明显的缺点:首先,由于远期合约没有固定的、集中的交易场所,不利于信息交流和传递,不利于形成统一的市场价格,市场效率较低;其次,由于每份远期合约千差万别,这就给远期合约的流通造成较大不便,因此远期合约的流动性较差;最后,远期合约的履约没有保证,当价格变动对一方有利时,或对方有可能无力或无诚意履行合约,因此远期合约的违约风险较高。

二、远期利率协议

远期利率协议简称 FRA,从使用者角度来看,远期利率协议是双方希望对未来利率走势进行保值或投机所签订的一种协议。保值者要对未来利率风险进行防范,投机者虽然面临利率风险,但指望从未来的利率变化中获利。实际上,远期利率协议的买方相当于名义借款人,而卖方则相当于名义贷款人,双方签订远期利率协议,相当于同意从未来某一商定日期开始,按协定利率借贷一笔数额、期限、币种确定的名义本金。只是双方在清算日时,并不实际交换本金,而是根据协议利率和参照利率之间的差额及名义本金额,由交易一方支付给另一方结算金。

(一)远期利率协议的功能

远期利率协议最重要的功能在于通过固定将来实际交付的利率以避免利率变动风险。签订远期利率协议后,不管市场利率如何波动,协议双方将来收付资金的成本或收益总是固定在合同利率水平上。例如,当参照利率上升时,表明协议购买方的资金成本增加,但由于可以从协议出售方得到参照利率与协议利率的差价,正好可弥补其增加了的资金成本,而协议出售方则固定了资金收益;反之,则反理。

另外,由于远期利率协议交易的本金不用交付,利率是按差额结算的,所以资金流动量较小,这就给银行提供了一种管理利率风险而无须通过大规模的同业拆放来改变其资产负债结构的有效工具,这对于增加资本比例、改善银行业务的资产收益率十分有益。

与金融期货、金融期权等场内交易相比,由于远期利率协议具有简便、灵活、不需支付保证金等特点,因此更能充分满足交易双方的特殊需求。与此同时,由于远期利率协议是场外交易,故存在信用风险和流动性风险,其信用风险和流动性风险也较场内交易的金融期货合约要大,但其市场风险较金融期货小,因为它最后实际支付的只是利差而非本金。

(二)远期利率协议交易

▶ 1. 远期利率协议的报价

远期利率协议常常以 LIBOR 为参照利率,其报价一般由银行报出。如银行报出"美元 3V6V10.03-9.99",说明美元远期利率协议 3 个月后起息,再过 6 个月结束;"10.03"和"9.99"分别为银行卖价和买价,表示银行愿以 10.03% 的利率卖出,以 9.99% 的利率买进远期利率协议。

▶ 2. 远期利率协议的运用

远期利率协议的主要优势是交割日时不需实际收付本金,只是依据 LIBOR 将利率协议期第一天确定的利率与该日前两个营业日时的 LIBOR 之间的利息差额贴现为现值,据此进行交割。远期利率协议项下的交易方分为买方和卖方。所谓卖方,即为根据协议在交割日形式上支出交易本金的一方;买方则指于交割日形式上收入交易本金的一方。市场上通常每笔交易金额为 1 000 万~2 000 万美元,协议期限以 3 个月和 6 个月为主,也有 1 个月期至 1 年期的交易期限。

远期利率协议运用的原则是：未来时间里持有大额负债的银行，在面临利率上升、负债成本增加的风险时，必须买进远期利率协议；未来期间拥有大笔资产的银行，在面临利率下降、收益减少的风险时，必须卖出远期利率协议。运用远期利率协议可以实施利率风险管理。

【例8-1】假设甲银行根据其经营计划在3个月后需向某银行拆进一笔1 000万美元、期限3个月的资金，该银行预测在短期内利率可能在目前7.5%（年利率）的基础上上升，从而将增加其利息支出，增大筹资成本。为了降低资金成本，甲银行采取通过远期利率协议交易将其在未来的利息成本固定下来。甲银行的操作是，按3个月期年利率7.5%的即期利率买进1 000万美元的远期利率协议，交易期限为3个月。3个月后，果真同预测一样，LIBOR上升为8.5%，这个时候，甲银行采取了如下交易将利息成本固定下来。

(1) 轧平远期利率协议头寸，即按3个月后远期利率协议交割日当天的伦敦同业拆放利率，卖出3个月期1 000万美元远期利率协议。由于利率上升，甲银行取得利差：

$$结算金 = \frac{(8.5\% - 7.5\%) \times 10\,000\,000 \times \frac{90}{360}}{1 + 8.5\% \times \frac{90}{360}} = 24\,479.8(美元)$$

(2) 按交割日LIBOR 8.5%取得3个月期美元贷款9 975 520.2美元（10 000 000－24 479.8）。由于甲银行已从远期利率协议中取得了24 479.8美元的收益，因而，它只需取得9 975 520.2美元的贷款，即可满足借款1 000万美元的需要。由此可以计算出甲银行此笔借款利息支出：

借款利息支出＝(10 000 000－24 479.8)×8.5%×90÷360＝211 979.8(美元)

远期利率协议所得为24 479.8美元。

最终利息支出＝211 979.8－24 479.8＝187 500(美元)

$$年利率 = \frac{187\,500 \times 4}{9\,975\,520.2} = 7.5\%$$

由此可以看出，甲银行通过远期利率协议交易，在LIBOR上升的情况下，仍将其利率固定到原来的水平，从而避免了因利率支出增多、增大筹资成本的风险。

三、远期外汇合约

(一) 远期外汇合约的定义

远期外汇合约是指双方约定在将来某一时间按约定的远期汇率买卖一定金额的某种外汇的合约。交易双方在签订合同时就确定好将来进行交割的远期汇率，到时不论汇价如何变化，都应按此汇率交割。在交割时，名义本金并未交割，而只交割合同中规定的远期汇率与当时的即期汇率之间的差额。

按照远期的开始时期划分，远期外汇合约又分为直接远期外汇合约和远期外汇综合协议。前者的远期期限是直接从现在开始算的，而后者的远期期限是从未来的某个时点开始算的，因此实际上是远期的远期外汇合约。如1×4远期外汇综合协议是指从起算日之后的一个月（结算日）开始计算的为期3个月的远期外汇综合协议。

▶ 1. 远期汇率

远期汇率是指两种货币在未来某一日期交割的买卖价格。

远期汇率的标价方法有两种：一种是直接标出远期汇率的实际价格；另一种是报出远期汇率与即期汇率的差价，即远期差价，也称远期汇水。升水是远期汇率高于即期汇率时的差额；贴水是远期汇率低于即期汇率时的差额。若远期汇率与即期汇率相等，那么就称为平价。就两种货币而言，一种货币的升水必然是另一种货币的贴水。

在不同的汇率标价方式下，远期汇率的计算方法不同。直接标价法下，远期汇率为即期汇率＋升水，或即期汇率－贴水；间接标价法下，远期汇率为即期汇率－升水，或即期汇率＋贴水。

▶ 2. 远期外汇综合协议

远期外汇综合协议是指双方约定买方在结算日按照合同中规定的结算日直接远期汇率用第二货币向卖方买入一定名义金额的原货币，然后在到期日再按合同中规定的到期日直接远期汇率把一定名义金额原货币出售给卖方的协议。从该定义可以看出，远期外汇综合协议实际上是名义上的远期对远期掉期交易，之所以是名义上的，是因为后者涉及全部资金的实际流动，因此必须满足相应的法定存款准备金率的要求，而前者不需全部资金的实际流动，双方只要在结算日结算市场汇率变动给双方带来的盈亏即可。

知识链接

期货套期保值

一家油脂厂计划在9月前购买30万吨大豆，以满足第四季度的榨油需要。现在是6月，该油脂厂预计原料价格在9月前会上涨。为了不受价格上涨可能造成的损失，该油脂厂决定在大连商品交易所购买大豆期货合约。果然不出所料，在该油脂厂尚未购足第四季度生产所需全部大豆原料之前，价格开始上涨。但是没有关系，因为这家油脂厂具有远见卓识，已在6月购买了期货合约，期货合约的增值冲销了该厂购买大豆所需支付的较高价格。

解析：期货套期保值就是利用期货规避珍现货交易风险的一种有效策略，投资者在具体操作过程中，需要通过数学模型求出最优期货量进行套期保值方案的设计。

资料来源：期货套期保值案例[EB/OL]．(2020-02-08)[2023-3-26]．https：//www.diyifanwen.com/lizhi/chenggonglizhi/1029530.html．

(二) 远期外汇交易

远期外汇交易又称期汇交易，是指买卖外汇的双方先签订合同，规定买卖外汇的数量、汇率和未来交割外汇的时间，到了规定的交割日期买卖双方再按合同规定办理货币收付的外汇交易。在签订合同时，除交纳10%的保证金外，不发生任何资金的转移。

远期交易的期限有1个月、3个月、6个月和1年等几种，其中3个月最为普遍。远期交易很少超过1年，因为期限越长，交易的不确定性越大。

▶ 1. 远期外汇交易的目的

人们进行期汇交易的具体目的是多方面的，但其动机不外乎是套期保值、平衡头寸和投机，具体包括以下三方面。

(1) 进出口商和外币资金借贷者为避免商业或金融交易遭受汇率变动的风险而进行期

汇买卖。在国际贸易中，自买卖合同签订到贷款清算之间有相当一段时间，在这段时间内，进出口商可能因计价货币的汇率变动而遭受损失，为避免汇率风险，进出口商可预先向银行买入或卖出远期外汇，到支付或收进货款时，就可按原先约定的汇率来办理交割。

同样地，拥有外币的债权人和债务人可能在到期收回或偿还资金时因外汇汇率变动而遭受损失，因此，他们也可在贷出或借入资金时，相应地卖出或买入相同期限、相当金额的期汇，以防范外汇风险。

(2) 外汇银行为平衡其远期外汇头寸而进行期汇买卖。进出口商和顾客为避免外汇风险而进行期汇交易，实质上就是把汇率变动的风险转嫁给外汇银行。外汇银行为满足客户要求而进行期汇交易时，难免会出现同一货币同一种交割期限或不同交割期限的超买或超卖，这样，银行就处于汇率变动的风险之中。为此，银行就要设法把它的外汇头寸予以平衡，即将不同期限不同货币头寸的余缺进行抛售或补进，由此求得期汇头寸的平衡。

(3) 外汇投机者为谋取投机利润而进行期汇买卖。在浮动汇率制下，汇率的频繁剧烈波动会给外汇投机者进行外汇投机创造有利的条件。所谓外汇投机，是指根据对汇率变动的预期，有意保持某种外汇的多头或空头，希望从汇率变动中赚取利润的行为。外汇投机既可以在现汇市场上进行，又可以在期汇市场上进行。两者的区别在于，在现汇市场上进行投机时，由于现汇交易要求立即进行交割，投机者手中必须持有足够的现金或外汇。而期汇交易只需缴纳少量保证金，无须付现汇，到期轧抵，计算盈亏，因此，不必持有巨额资金就可进行交易。所以，期汇投机较容易，成交额也较大，但风险较高。

▶ 2. 远期外汇交易的方式

(1) 固定交割日的远期交易，即交易双方事先约定在未来某个确定的日期办理货币收付的远期外汇交易。这是一种较常用的远期外汇交易方式，但它缺乏灵活性和机动性。因为在现实中外汇买卖者(如进出口商)往往事先并不知道外汇收入和支出的准确时间，因此，他们往往希望与银行约定在未来的一段期限中的某一天办理货币收付，这时就需采用择期交易方式，即选择交割日的交易。

(2) 选择交割日的远期交易，是指主动请求交易的一方可在成交日的第3天起至约定的期限内的任何一个营业日，要求交易的另一方按照双方事先约定的远期汇率办理货币收付的远期外汇交易。确定择期交割日的方法有两种。①事先把交割期限固定在两个具体日期之间。例如，某出口商在20×2年10月13日成交一笔出口交易，预期3个月内收到货款。然后，该出口商马上在外汇市场上卖出一笔3个月的远期外汇，并约定择期日期为10月17日—12月17日，该出口商便可在这段时间内的任何一天随时将收到的外汇卖给银行。②事先把交割期限固定在不同月份之间。如上例中，出口商可视其需要，将交割期限规定为第一个月、第二个月、第三个月中的任意2个月或择期3个月。

由于择期交易在交割日上对顾客较为有利，因此，银行在择期交易中使用的是对顾客较不利的汇率，也就是说，银行将选择从择期开始到结束期间最不利于顾客的汇率作为择期远期交易的汇率。

▶ 3. 掉期交易

掉期交易又称时间套汇，是指同时买进和卖出相同金额的某种外汇但买与卖的交割期限不同的一种外汇交易，进行掉期交易的目的也在于避免汇率变动的风险。掉期交易可分为以下三种形式。

（1）即期对远期，即在买进或卖出一笔现汇的同时，卖出或买进相同金额该种货币的期汇。期汇的交割期限大都为1星期、1个月、2个月、3个月和6个月。这是掉期交易中最常见的一种形式。

【例8-2】假设某日美国一投资者在现汇市场上以￡1＝US1.950 0的汇价卖出195万美元，买入100万英镑，到英国进行投资，期限6个月，为避免投资期满时英镑汇率下跌，同时在期汇市场上卖出6个月期100万英镑（这里忽略不计利息）。若6个月期汇汇率为￡1＝US1.945 0，则100万英镑可换回194.5万美元，即掉期保值成本为0.5（195—194.5）万美元。

（2）明日对次日，即在买进或卖出一笔现汇的同时，卖出或买进同种货币的另一笔即期交易，但两笔即期交易交割日不同，一笔是在成交后的第二个营业日（明日）交割，另一笔反向交易是在成交后第3个营业日（次日）交割。这种掉期交易主要用于银行同业的隔夜资金拆借。

（3）远期对远期，是指同时买进并卖出两笔相同金额、同种货币、不同交割期限的远期外汇。这种掉期形式多为转口贸易中的中间商所使用。

任务三　期　货　交　易

一、期货交易的定义、特征、功能

期货交易（futures transaction）是指交易双方在集中性的市场以公开竞价的方式所进行的期货合约的交易。

（一）期货市场的基本特征

▶ 1. 期货市场具有专门的交易场所

期货交易是在专门的期货交易所内进行的，一般不允许场外交易。期货交易所不仅为期货交易者提供了一个专门的交易场所，还提供了进行期货交易所必需的各种设备和服务，而且还为期货交易制定了严密的规章制度，使得期货市场成为一个组织化、规范化程度很高的市场，同时，它还为所有在期货交易所内达成的交易提供财务上和合约履行方面的担保。这是期货交易区别于现货即期交易和现货远期交易的一个重要方面。由于期货交易所内汇集了众多的买方和卖方，并对交易行为进行规范，为交易提供担保，这就为期货合约的买卖创造了有利条件，即使交易者寻找交易对手比较容易，也使交易者不必担心交易的安全性而专心于期货合约的买卖，从而使得期货交易所内买卖合约的活动比较频繁，大大提高了市场流动性。

▶ 2. 期货市场的交易对象是标准化的期货合约

期货交易买卖的标的是标准化的期货合约，现代期货市场的产生正是以标准化期货合约的出现为标志的，这也是期货交易区别于现货远期合约交易的又一个重要方面。正是鉴于现货远期合约交易的非标准化特征，所以在期货交易产生之初，期货交易所就为期货交易制定了标准化的期货合约，这在期货市场发展史上是一个重要的里程碑。期货合约的数量、等级、交割时间、交割地点等条款都是标准化的，合约中唯一的变量是价格。标准化期货合约的出现既简化了交易手续，降低了交易成本，又防止了因交易双方对合约条款的不同理解而可能出现的争议和纠纷。同时，由于期货合约是标准化的，这就为合约持有者今后进一步转让该合约创造了便利条件。

▶ 3. 适合进行期货交易的期货商品具有特殊性

期货市场自身的特点决定了并非所有的商品都适合进行期货交易，大多数适合进行现货即期和远期合约交易的商品并不适合进行期货交易。一般而言，期货商品上市的条件主要有以下几方面。

（1）商品可以被保存相当长的时间而不易变质损坏，以保持现货市场和期货市场之间的流动性。

（2）商品的品质等级可以进行明确的划分和评价，能被公众认可，以保证期货合约的标准化。

（3）商品的生产量、交易量和消费量足够大，以保证单个或少数参与交易者无法操纵市场。

（4）商品的价格波动较为频繁，以保证套期保值目的和投机目的的实现。商品的未来市场供求关系和动向不容易估计，以保证存在交易对象。

▶ 4. 期货交易是通过买卖双方公开竞价的方式进行的

在期货交易中，期货合约的买卖是由代表众多的买方和卖方的经纪人在交易所内通过公开喊价或计算机自动撮合的方式达成的。期货市场是一个公开、公平、公正和竞争的场所，由于期货交易和期货市场的这种特征，就使得期货市场上的期货价格能够较为准确地反映现货市场上真实的供求状况及其变动趋势。

▶ 5. 期货市场实行保证金制度

在期货市场进行交易需要缴纳一定数量的履约保证金（一般为成交金额的5%～15%），并且在交易的过程中需要维持一个最低的履约保证金水平，随着期货合约交割期的临近，保证金水平会不断提高，这种做法的目的是给期货合约的履行提供一种财务担保，也就是说，如果交易者未能将其所持有的期货合约在合约到期前进行对冲平仓，那么就必须在合约到期后根据合约的规定进行实物交割。保证金制度对于期货交易来说是至关重要的，它增加了期货交易的安全性，使得期货交易所和结算所，能够为在交易所内达成并经结算所结算的期货交易提供履约担保。

▶ 6. 期货市场是一种高风险、高回报的市场

期货交易是一种保证金交易，投入5%～15%的资金就可以从事100%的交易，正是由于这种杠杆原理，决定了期货交易是一种高风险，同时也是一种高回报的交易。投入一定数量的资金，交易有可能获得数倍甚至数十倍于这笔资金的收益，同时也面临着数倍甚至数十倍于这笔资金的投资风险。然而，也正是由于期货市场的这种高风险、高回报的特点，吸引着越来越多的投资者源源不断地加入到期货交易中来。

▶ 7. 期货交易是一种不以实物商品的交割为目的的交易

交易者进行期货交易的目的有两种：套期保值或者进行投机。期货交易的这两种特定的目的决定了期货交易是一种不以实物商品的交割为目的的交易。期货交易中最后进行实物交割的比例很小，一般只有1%～3%，绝大多数的期货交易者都以对冲平仓的方式了结交易。

(二)期货交易的功能

1. 风险转移功能

风险转移是期货交易最基本的经济功能。在日常经济活动中,市场主体常面临商品价格、利率、汇率和证券价格的变动(统称为价格风险),所谓风险转移就是将市场上变化的风险从不愿承担风险的人身上转移到愿意承担风险的人身上。有了期货交易后,生产经营者就可利用套期保值交易把价格风险转移出去,以实现规避风险的目的。

套期保值是指在现货市场某一笔交易的基础上,在期货市场上做一笔价值相当、期限相同但方向相反的交易,以期保值。套期保值规避价格波动风险的经济原理,是某一特定商品的期货价格和现货价格应该是共同受相同的经济因素的影响和制约的,也就是说,两者价格的走势具有趋同性。现货价格上升,期货价格也会上升,相反情况是很少的;而且,当期货合约临近交割时,现货价格与期货价格的差叫作基差,也往往接近于零,否则会引起套利机会。所以,保值者只要在期货市场建立一种与其现货市场相反的位置,则在市场价格发生变动时,在一个市场遭受损失必然在另一个市场获利,以获利弥补损失,达到保值的目的。期货的套期保值分为两种形式:多头(买进)套期保值和空头(卖出)套期保值。

2. 价格发现功能

价格发现是期货交易的另一个重要功能。价格发现也叫价格形成,是指大量的买者和卖者通过竞争性的叫价而后形成的市场货币价格,它反映了人们对利率、汇率和股指等变化和收益曲线的预测及对目前供求状况和价格关系的综合看法;这种竞争性的价格一旦形成并被记录下来,通过现代化的通信手段迅速传到世界各地,就会形成世界性的价格。

二、期货合约

期货合约是期货交易的买卖对象或标的物,是由期货交易所统一制定的,规定了某一特定的时间和地点交割一定数量和质量商品的标准化合约。期货价格则是通过公开竞价而达成的。

期货交易中的头寸是指多头或空头。当合约的一方同意在将来某个确定的日期以某个确定的价格购买标的资产时,就称这一方为多头;另一方同意在同样的日期以同样的价格出售该标的资产,就称这一方为空头。换句话说,购买期货合约的一方被称为是持有期货多头头寸的投资者;出售期货合约的一方就被称为是持有期货空头头寸的投资者。无论投资者的初始交易是购买还是出售期货合约,都称这一行为是开仓;无论投资者是持有多头头寸,还是空头头寸,都把这一行为叫作持仓。投资者在持仓的过程中会根据市场价格的波动决定是否有必要将持仓合约在合约到期以前转让给其他交易者,若持仓者在到期日之前改变他已有的头寸,在市场上买卖与自己合约品种、数量相同但方向相反的期货,就称这一交易行为是期货合约的对冲交易。期货合约的对冲是期货交易平仓方式中的一种,平仓的另一种方式是期货合约到期时进行实物交割。

(一)期货合约的标准化

从期货合约的基本要素中可以清楚地看到,期货合约最显著的特征就是合约的标准化。期货合约的标准化主要体现在以下几个方面。

1. 合约标的品质的标准化

合约标的品质不同，则价格也不同。由于同类产品的产地或生产厂家不同，其产品的品质也不一定相同。为了使期货合约的买卖和转让能正常进行，首先必须对相关标的的品质进行标准化，制定相关标的的品质的统一标准，以避免交易中产生品质纠纷。同时，还制定了非标准品的质量贴水规定，使得所有交易者进行买卖的对象完全是统一的标准合约，没有品质差异。合约标的品质的标准化促进了合约的转让买卖，加大了交易市场的流动性。

2. 合约标的计量的标准化

在一份期货合约中，合约标的的计量单位和交易数量都有其标准化规定，以避免由于合约的买卖和转让交易频繁且交易量大所带来的结算和统计的不便。

3. 交割月份的标准化

期货合约按交割月份来划分。交易所必须指定在交割月份中可以进行交割的确切时期。对于许多期货合约来说，交割时期是整个交割月。交割月份随合约的不同而不同，由交易所根据客户的需要进行选择。在任何给定的时间，交易的合约包括最近交割月的合约和一系列随后交割月的合约。由交易所指定特定月份合约开始交易的时刻，交易所同时也对给定合约的最后交易日做了规定。最后交易日是允许期货合约买卖平仓的最后一日，通常是最后交割日的前几天。

4. 交割地点（仓库）的标准化

交易所必须指定商品期货合约的交割地点（仓库），这对可能存在较高运输费用的商品期货尤为重要。当指定几个交割地点（仓库）时，空头方收取的价款有时会根据选择的交割地点进行调整。

（二）期货合约的内容

期货合约是一种在规范的交易所内进行交易的标准化合约，在合约中对有关交易的标的、合约规模、交割时间、标价方法等都有标准化的条款，同时它也是一种大众化的公共约定。一张期货合约通常包括以下基本内容。

1. 期货品种

期货品种是指具有期货标的性能，并经过批准允许作为进入交易所进行期货买卖的品种，也叫"上市品种"。根据品种的不同，期货一般可分为商品期货和金融期货两类。

2. 交易单位

交易单位是指交易所对每一份期货合约所规定的交易数量。在进行期货交易时，人们只需买进或卖出这一标准数量的某一整数倍，即买进或卖出多少份（俗称"手"）这样的期货合约，以简化期货交易的计算。但是，这也在一定程度上限制了人们根据自己的实际需要确定交易数量的余地。

3. 质量标准

质量标准是指某一商品具有代表性的标准品级。对于商品期货来讲，由于商品的规格、质量等存在差异，所以交易所一般要对期货加以规定。对于金融期货来讲，由于不存在品质的差异，所以交易所除对一些特殊的金融期货合约进行必要规定外，一般不进行其他具体规定。

4. 最小变动价位

最小变动价位也叫最小价格波动，一个刻度是指某一商品报价单位在每一次报价时所允许的最小价格变动量。有了最小变动价位的规定，竞价双方就都有了标准，在相同的价格上就可以成交。

5. 每日价格波动限制

每日价格波动限制是指为了防止过度投机而带来的暴涨暴跌，交易所对大多数的期货合约所规定的每天价格相对于上一日结算价可以波动的最大限度。如果价格变化超过这一幅度，交易就自动停止，这种限制一般也称为"每日停板额限制"。

6. 合约月份

合约月份是指期货合约到期交收实物的月份。在金融期货交易中，除少数合约有特殊规定外，绝大多数合约的交收月份都定为每年有4~6个交割月份。

7. 交易时间

交易时间是指交易所规定的各种合约在每一交易日可以进行交易的具体时间。不同的交易所可以规定不同的交易时间，在同一个交易所，不同的合约也可以有不同的交易时间。

8. 最后交易日

最后交易日是指由交易所规定的各种合约停止交易的最后截止时间。在期货交易中，绝大多数成交的合约都是通过对冲交易结清的，如果持仓者到最后交易日仍不进行对冲交易，那就必须通过交接实物或结算现金来结清。

9. 交割条款

交割条款是指由交易所规定的各种期货合约因到期未平仓而进行实际交割的各项条款，包括交割日、交割方式及交割地点等。

三、期货交易规则

期货交易规则主要包括保证金制度、涨跌停板制度、持仓限额制度、强行平仓制度、大户报告制度、每日无负债结算制度、实物交割制度、风险准备金制度和信息披露制度。

1. 保证金制度

如果两个投资者相互间直接接触并同意在将来某时刻按某一特定的价格交易一项资产，这就存在明显的风险。一方面投资者可能会后悔该项交易，极力想毁约；另一方面，该投资者也可能没有财力来保证该项协议的实施。为了有效防止交易者因市场价格波动而导致的违约给结算公司带来损失，交易所建立了保证金制度。因此，凡参与期货交易的投资者，无论买方还是卖方，都必须按规定交纳保证金。当投资者进入交易后，经纪人会要求投资者建立一个保证金账户，以供存放保证金。初始保证金是指签约成交每一份新期货合约时，买卖双方都必须向交易所缴纳存入其保证金账户的保证金。初始保证金按照合约价值的一定比率来计算，它是确保交易者履约的财力担保金，而不是交易中的定金或交易者应付价款的一部分。当合约履约后，原持仓人注销这份合约时，该合约相关的已交交易保证金在结算时予以全数退还，不计利息。若违约，则违约一方的保证金被收缴，用来冲抵违约所造成的损失，包括价格波动所带来的损失和应付违约罚金，这也被称为违约方必须付出的违约成本。

根据价格波动的一般波动幅度和结算制度，保证金比率为合约价值的5%~15%。这一比率由经纪人确定，但不得低于结算公司为此规定的最低标准。这就是说，在合约成交的下一个交易日，价格的波动幅度不会超过5%~15%，所缴纳的初始保证金足以抵偿价格不利波动时所带来的账面亏损。

▶ 2. 涨跌停板制度

涨跌停板制度包括涨停板和跌停板两种。它是指为了防止过度投机而带来的暴涨暴跌，交易所对大多数的期货合约所规定的每天价格相对于上一日结算价可以波动的最大限度。如果价格变化超过这一幅度，交易就自动停止。不过，当价格波动较大时，也可适当调整期货合约的价格波动限制。在某一交易的期货合约中，需列明每日停板额，它是根据合约的交易日结算价加上或减去一定比例的金额计算出来的，交易者不得在确定的停板价格之外进行交易。

▶ 3. 持仓限额制度

持仓限额制度是指交易所规定会员或客户可以持有的，按单边计算的某一合约持仓的最大数额。如果同一客户在不同会员处开仓交易，则要将该客户在各账户下的持仓合并计算。

▶ 4. 强行平仓制度

强行平仓制度是与持仓限额制度和涨跌停板制度等相互配合的风险管理制度。当交易所会员或客户的交易保证金不足且并未在规定时间补足，或当会员或客户的持仓量超出规定的限额，或当会员或客户违规时，交易所为了防止风险进一步扩大，将对其持有的未平仓合约进行强制性平仓处理，这就是强行平仓制度。

▶ 5. 大户报告制度

大户报告制度是与限仓制度紧密相关的另一个控制交易风险，防止大户操纵行为的制度。期货交易所建立限仓制度后，当会员或客户某品种持仓合约的投机头寸达到交易所对其规定的投机头寸持仓限额的80%以上时，必须向交易所申报。申报的内容包括客户的开户情况、交易情况、资金来源和交易动机等，便于交易所审查大户是否有过度投机和操纵市场行为的情况，以及大户是否存在的交易风险等情况。

▶ 6. 每日无负债结算制度

初始保证金存入保证金账户后，随着期货价格的变化，期货合约的价格也在变化。这样，与市场价格相比，投资者未结清的期货合约就出现了账面盈亏，因而在每个交易日结束后，结算公司将根据当日的结算价格（一般为收盘价）对投资者未结清的合约进行重新估价，确定当日的盈亏水平，同时调整投资者的保证金账户的余额，这就是所谓的每日结算制度，或称为盯市。在这里，交易所规定了交易者在其保证金账户中所必须保有的最低余额的保证金水平，也就是维持保证金。维持保证金通常为初始保证金的75%左右。

若根据市场价格计算出的保证金账户中余额低于维持保证金水平，则经纪人会要求投资者再存入一笔保证金，使之达到初始保证金水平，这就是追加保证金。

所以，追加保证金是指交易者在持仓期间因价格变动而发生了亏损，使其保证金账户的余额减少到规定的维持保证金以下时所必须补交的保证金。若客户不及时存入追加保证金，则经纪人将予以强行平仓。

▶ 7. 实物交割制度

虽然大多数期货交易者并不将其头寸保持到期，但如果一个头寸在其到期前没有被对冲，就需要对合同进行交割以平仓。交割分为实物交割或现金结算两种形式。实物交割是指交易者按已列交割期的持仓合约的内容进行实物商品交收的履约行为。一些金融期货，如标的物为股票指数的期货是以现金结算的。

▶ 8. 风险准备金制度

风险准备金制度是指期货交易所从自己收取的会员交易手续费中提取一定比例的资金作为确保交易所担保履约的备付金的制度。交易所风险准备金的设立目的是为维护期货市场正常运转而提供财务担保和弥补因不可预见的风险带来的亏损。

▶ 9. 信息披露制度

交易所按即时、每日、每周、每月向会员、投资者和社会公众提供期货交易信息。内容涉及各种价格、成交量、成交金额、持仓量、仓单数、申请交割数以及交割仓库库容情况等。

四、期货交易的种类

（一）商品期货

从19世纪中叶现代意义上的期货交易产生到20世纪70年代，农产品期货一直在期货市场中居于主导地位，同时新的期货品种也在不断涌现。随着农产品生产和流通规模的扩大，除了小麦、玉米、大米等谷物以外，棉花、咖啡、白糖等经济作物，生猪、活牛等畜产品，木材、天然橡胶等林产品也陆续在期货市场上市交易。19世纪下半叶，伦敦金属交易所（LME）开金属期货交易的先河，先后推出铜、锡、铅、锌等期货品种。伦敦金属交易所和纽约商品交易所（COMEX）已成为目前世界主要的金属期货交易所。

20世纪70年代初发生的石油危机给世界石油市场带来巨大冲击，石油等能源产品价格剧烈波动，直接导致了能源期货的产生。纽约商业交易所（NYMEX）已成为目前世界最具有影响力的能源期货交易所，上市的品种有原油、汽油、取暖油、天然气、电力等。

（二）金融期货

20世纪70年代，布雷顿森林体系解体，浮动汇率制取代了固定汇率制，世界金融体制发生了重大变化。随着汇率和利率的剧烈波动，市场对风险管理工具的需要变得越来越迫切。商品期货的发展为金融期货交易的产生发挥了示范效应，期货业将商品期货交易的原理应用于金融市场，金融期货应运而生。

按基础工具划分，金融期货主要有三种类型：外汇期货、利率期货和股权类期货。另外，芝加哥期货交易所（CBOT）开设有互换的期货，芝加哥商业交易所（CME）开设有消费者物价指数期货和房地产价格指数期货。

▶ 1. 外汇期货

外汇期货又被称为"货币期货"，是以外汇为基础工具的期货合约，是金融期货中最先产生的品种，主要用于规避外汇风险。

外汇期货交易自 1972 年在芝加哥商业交易所所属的国际货币市场(IMM)率先推出后得到了迅速发展。以芝加哥商业交易所为例，上市品种不仅包括以美元标价的外币期货合约（如欧元期货、日元期货、瑞士法郎期货、英镑期货等），还包括外币对外币的交叉汇率期货（如欧元对日元、欧元对英镑、欧元对瑞士法郎等），以及芝加哥商业交易所自行开发的美元指数期货。2005 年，芝加哥商业交易所推出了以美元、日元、欧元报价和现金结算的人民币期货及期货期权交易。

▶ 2. 利率期货

利率期货是继外汇期货之后产生的又一个金融期货类别，其基础资产是一定数量的与利率相关的某种金融工具，主要是各类固定收益金融工具。利率期货主要是为了规避利率风险而产生的。固定利率有价证券的价格受到现行利率和预期利率的影响，价格变化与利率变化一般呈反向关系。

1975 年 10 月，利率期货产生于美国芝加哥期货交易所，虽然比外汇期货晚了 3 年，但其发展速度与应用范围都远较外汇期货来得迅速和广泛。利率期货品种主要如下。

(1) 债券期货。以国债期货为主的债券期货是各主要交易所最重要的利率期货品种，我国曾经短暂开展过国债期货交易试点。1992 年 12 月 18 日，上海证券交易所开办国债期货交易，并于 1993 年 10 月 25 日向社会公众开放，此后，深圳证券交易所、北京商品交易所也向社会推出了国债期货交易。国债期货推出后，受到市场的广泛欢迎，但是，由于现货市场所存在的固有缺陷以及期货交易规则的不完善，引发了以"3·27 国债期货事件"为代表的风险事件，造成市场秩序紊乱。1995 年 5 月 17 日，中国证监会决定暂停国债期货试点。2012 年 2 月 13 日，中金所启动国债期货仿真交易，当年全国发行国债国债 1.39 万亿元，年末国债余额约 7.42 万亿元，居亚洲第二位。2013 年 9 月我国国债期货上市交易。

(2) 主要参考利率期货。在国际金融市场上存在若干重要的参考利率，它们是市场利率水平的重要指标，同时也是金融机构制定利率政策和设计金融工具的主要依据。除国债利率外，常见的参考利率包括伦敦银行间同业拆放利率、香港银行间同业拆放利率、欧洲美元定期存款单利率、联邦基金利率等。

▶ 3. 股权类期货

股权类期货是以股票价格指数或者单只股票、股票组合为基础资产的期货合约。

(1) 股票价格指数期货。股票价格指数期货是以股票价格指数为基础变量的期货交易，是为适应人们控制股市风险，尤其是系统性风险的需要而产生的。股票价格指数期货的交易单位等于基础指数的数值与交易所规定的每点价值的乘积，采用现金结算。

1982 年，美国堪萨斯期货交易所(KCBT)首先推出价值线指数期货，此后全球股票价格指数期货品种不断涌现，几乎覆盖了所有的基准指数。其中，比较重要的有芝加哥商业交易所的标准普尔股票价格指数期货系列、纽约期货交易所的纽约证券交易所综合指数期货系列、芝加哥期货交易所的道琼斯指数期货系列、伦敦国际金融期权期货交易所的富时100 种股票价格指数期货系列、新加坡期货交易所的日经 225 指数期货、香港交易所的恒生指数期货、台湾证券交易所的台湾股票指数期货等。

(2) 单只股票期货。单只股票期货是以单只股票作为基础工具的期货，买卖双方约定，以约定的价格在合约到期日买卖规定数量的股票。事实上，股票期货均实行现金交割，买卖双方只需要按规定的合约乘数乘以价差，盈亏以现金方式进行交割。为防止操纵市场的行为，并不是所有上市交易的股票均有期货交易，交易所通常会选取流通盘较大、交易比较活跃的股票推出相应的期货合约，并且对投资者的持仓数量进行限制。我国A股3000多家上市公司，只有64种期货品种，种类比较少。股指期货有三个品种，分别是：沪深300股指期货、中证500股指期货和上证50股指期货。

(3) 股票组合的期货。股票组合的期货是金融期货中最新的一类，是以标准化的股票组合为基础资产的金融期货，芝加哥商业交易所基于美国证券交易所ETF以及基于总回报资产合约(TRAKRS)的期货最具代表性。目前，有三只交易所交易基金的期货在芝加哥商业交易所上市交易。

五、期货交易策略

(一) 套期保值交易

套期保值是指在现货市场某一笔交易的基础上，在期货市场上做一笔价值相当、期限相同但方向相反的交易，以期保值。

▶ **1. 套期保值的两个基本原理**

套期保值之所以能够达到规避价格风险的目的，其基本原理有两个。

(1) 同一品种的商品，其期货价格与现货价格受到相同因素的影响和制约，虽然波动幅度会有不同，但其价格的变动趋势和方向具有一致性。保值者在期货市场上建立了与现货市场相反的头寸，则无论市场价格朝哪一方向变动，均可避免风险，实现保值。不过，在套期保值中，保值者一般只能做到保值，而不能获利。因为保值者在一个市场上获得的利润将被另一市场的损失所抵销。

(2) 随着期货合约到期日的临近，期货价格和现货价格逐渐聚合，在到期日，基差接近于零，两价格大致相等。

▶ **2. 套期保值的分类**

由于期货品种很多，这些品种的生产者、加工者、经营者、相关的储运商和贸易商都可以在必要时利用期货市场保值，所以，按保值的性质和目的的不同，又可以分为以下四类。

(1) 存货保值。有存货的交易者关心的是存货的价格在将来不会贬值，并且能体现出持有成本，包括仓储费用、保险费用、存货占用的资金利息等，于是他会关注期货价格比现货价格高出的部分是否可以弥补持有成本。例如，某储运商购入小麦，欲储存3个月后再售出获利，则其今后的保本销售价大致等于购买小麦的成本和3个月的持有成本，该储运商可以利用期货市场进行空头套期保值以达到保值目的。

(2) 经营保值。对于贸易商、经销商、加工商等中间商来说，其现货市场的经营是稳定且有连续性的，他们面临的是双重的风险，既要担心以后购进商品时价格上涨，又要害怕以后卖出商品时价格下跌，所以，他们有时做多头保值，有时做空头保值，以保证其中间利润(如加工利润、贸易差额等)的实现。

(3) 选择保值。选择保值是指现货交易者在适当的时候进行价格投机的交易，是否保值取决于交易者对未来的价格预期。一些大公司通常要进行全额保值，但有时却根据价格预期进行保值或不进行全额保值。在价格低时，敢于进行价格投机，在价格越高，波动越大时，越是会进行严格的保值。选择保值者所做出的保值与否的决定代表着人们对价格变化的态度，有助于增强期货市场的价格发现功能，而经营保值者和存货保值者都遵循相等且相反的原则，对价格发现的贡献有限。

（4）预期保值。预期保值是以预期价格为基础进行的保值交易，保值者在初次建立期货头寸时，没有相应的存货或有效的合同与之对应，它只是作为以后进行的现货贸易合同的一个暂时替代交易，以抓住眼下有利的价格。预期保值通常有以下几种情况：①加工商在没有签订成品售出合同时，买进期货合约以确保以后的原材料供应；②生产者在产品产出之前就在期货市场上卖出相应的期货合约，以保证产品卖出好价钱；③贸易商在尚未签订买卖合同之前，在期货市场上预先买进或卖出相关的期货合约。

▶ 3. 套期保值的操作

（1）空头套期保值。空头套期保值是指在现货市场处于多头的情况下在期货市场做一笔相应的空头交易，以避免现货价格变动的风险。相关商品的空头情况意味着套期保值者交割相关商品有固定期货价格的承诺，或相关商品有很高的价格关联关系。空头套期保值一般适用于持有商品的交易商担心商品价格下跌的情况，以及适用于预测资产的未来销售。

【例8-3】某年8月5日，某证券商买进面值总额为1亿美元的3个月期美国国库券，买进价格为93美元（以IMM指数表示价格，IIM指数＝100－贴现率），并准备在3天后将这批国库券售出。为防止这3天内市场利率上升导致国库券价格下跌而遭受损失，该证券商便在买进国库券现货的同时卖出相同面值的国库券期货，以期保值，如表8-2所示。

表8-2 证券商买进卖出示意

日期	现货市场	期货市场
8月5日	以93美元的价格买进面值总额为1亿美元的3个月期国库券，共支付价款98 250 000美元	以92.6美元的价格卖出100张9月份到期的国库券期货合约，总值为98 150 000美元
8月8日	以92.4美元的价格卖出面值为1亿美元的3个月期国库券，共收取价款98 100 000美元	以92美元的价格买入平仓100张9月份到期的国库券期货合约，总值为98 000 000美元
损益	－150 000美元	＋150 000美元

（2）多头套期保值。多头套期保值是指在现货市场处于空头的情况下，在期货市场做一笔相应的多头交易，以避免现货价格变动的风险。多头套期保值通常适用于类似这样的场合：投资者准备在将来某一时刻购买商品却担心商品涨价，或者某投资者在资产上做空头时，可用多头套期保值策略进行风险管理。

【例8-4】某年7月20日，某基金经理预计在8月底可收到总额为1 200 000美元的款项，并准备用这笔款项购买A公司股票和B公司股票。但由于资金将在一个多月以后才能取得，如果届时这两种股票的市场价格上涨，那么他用这笔款项只能购得较少的股票。为避免这一可能的损失，他决定用主要市场指数期货做多头套期保值。

以 SP500 指数为例计算（SP500 指数的每点为 250 美元）。假设在 7 月 20 日，A 公司股票的市场价格为每股 25 美元，B 公司股票的市场价格为每股 15 美元，如以当天市场价格购买，用 1 200 000 美元可买到这两种股票各 30 000 股，同时 9 月主要市场指数期货价格为 478 美元。8 月 31 日，A 公司股票的市场价格已经涨为每股 30 美元，B 公司股票的市场价格也涨为每股 18 美元，这样，按原计划购买预期的股数共需支付 1 440 000 美元，此时 9 月主要市场指数期货价格已升至 574 美元，其过程如表 8-3 所示。

表 8-3 某基金经理估计股票价格

日期	现货市场	期货市场
7月20日	预期 8 月 31 日收到 1 200 000 美元，买入 A 公司和 B 公司的股票，当天市场价为：A 公司 25 美元，B 公司 15 美元。按此价格可分别购买 30 000 股 A 公司和 B 公司的股票	买入 10 张 9 月主要市场指数期货（价格为 478 美元），合约价值为 478×250×10＝1 195 000（美元）
8月31日	收到 1 200 000 美元，由于股票价格上涨，A 公司股票涨至 30 美元，B 公司股票涨至 18 美元，仍想分别购入 30 000 股股票，需要支付 1 440 000 美元	卖出平仓 10 张 9 月主要市场指数期货（价格为 574 美元），合约价值为 574×250×10＝1 435 000（美元）
损益	资金缺口 240 000 美元	获利 240 000 美元

（二）投机、套利交易

期货交易一向被认为是投机意识十足的投资工具，由于这种交易采取保证金方式，吸引了大量只想赚取价差，根本没有套期保值需求的投资者。一般来说，人们把在期货市场上进行的广义的投机可分为两类：一类是正常的单项式投机，即普通的买空卖空活动，纯粹利用单个期货品种价格的波动进行的投机交易；另一类是利用期货合约之间、现货和期货之间反常的价格关系进行的投机，也就是套利交易。

▶ 1. 单项式投机

单项式投机是指人们根据自己对金融期货市场的价格变动趋势的预测，通过看涨时买进，看跌时卖出而获利的交易行为。

根据投机者持仓时间的长短，投机分为一般头寸投机、当日投机和逐小利投机。一般头寸投机者持仓时间较长，以多种期货为对象，利用较长时间的价差来获利，交易量较大。当日投机者只进行当天平仓期货交易，交易对象为他们认为有利可图的各种期货，希望利用较大差价获利。逐小利投机者是随时买进或卖出，赚取很小的差价，交易频繁，往往一天内买卖合约数次，其交易期货品种较为单一，但交易量一般较大，对增强市场流动性具有十分重要的意义。按具体的操作手法不同，单项式投机又可分为多头投机和空头投机。

【例 8-5】11 月 2 日，CBOT 主要市场指数期货的市场价格为 472 美元，某投机者预期该指数期货的价格将下跌，于是以 472 美元的价格卖出 20 张 12 月份到期的主要市场指数期货合约。这样，在合约到期前，该投机者将面临三种不同的情况：市场价格下跌至 456 美元、市场价格不变和市场价格上涨至 488 美元。以 SP500 指数为例计算（SP500 指数的每点为 250 美元）。

(1) 若市场价格下跌至456美元，他可获利(472－456)×250×20＝80 000(美元)。

(2) 若市场价格不变，该投机者将既无盈利也无损失。

(3) 若市场价格上涨至488美元，他将损失(472－488)×250×20＝－80 000(美元)。

▶ 2. 套利交易

套利是指人们利用暂时存在的不合理的价格关系，通过同时买进和卖出相同或相关的商品或期货合约，以赚取其中的价差收益的交易行为。套利的实质是对不同的合约（包括现货）的价差进行投机，分别建立正反两方向的头寸，这两种合约的联动性很强，所以套利的原理与套期保值的原理很相似。

(1) 期现套利。期现套利是指在期货市场和现货市场间套利。若期货价格较高，则卖出期货的同时买进现货到期货市场交割；当期货价格偏低时，买入期货在期货市场上进行实物交割，接受商品，再将它转到现货市场上卖出获利。这种套利通常在即将到期的期货合约上进行。大量的期现套利有助于期货价格的合理回归。

期现套利一般仅涉及现货商人。因为涉及期货、现货两个市场，如果实物交割，还要占用大量的资金，且需要有相应的现货供、销渠道来买进或卖出现货。这样的条件一般投机者不具备，所以一般的投机者很少在即将到期的合约上操作。而期现套利者却最关注进入交割月份的期货合约品种，只要基差足够大，超过预期投机成本，套利者就会入市，最终再根据市场情况灵活选择在期货市场平仓或是进行实物交割。

(2) 跨期套利。跨期套利是指在同一交易所同时买进和卖出同一品种的不同交割月份的期货合约，以便在未来两合约价差变动于己有利时再对冲获利。跨期套利在套利交易中最为常见，有三种最主要的交易形式：买近卖远套利、卖近买远套利和蝶式套利。

(3) 跨市套利。跨市套利是指在两个不同的期货交易所同时买进和卖出同一品种、同一交割月份的期货合约，以便在未来两合约价差变动于己有利时再对冲获利。跨市套利的风险及操作难度都比跨期套利更大，因为它涉及不同的交易所，交易者必须同时考虑两个市场的情形和影响因素。有时，虽然是同一品种，但各交易所的交易规则、交割等级、最后交易日、交割期的规定都有差异；期货市场上的流动性也不一样。若是做不同国家的跨市套利，还要考虑汇率变动的影响，如果对汇率的变动估计不足或估计错误，则投资者将面临严重的汇率风险，所以必须全面考虑各种因素，才能使套利取得成功。因此在国外，一般大的投资基金、投资银行才进行跨市套利交易。

(4) 跨品种套利。跨品种套利是指在同一交易所同时买进和卖出同一交割月份不同品种的期货合约，选择的两种不同合约应在价格变动上有较强的联动性。跨品种套利可以分为相关商品套利和可转换性商品套利两种形式。

任务四 期权交易

期权的萌芽形式已有几百年的历史。较早的期权交易主要用于实物商品房地产和贵金属业务，都是现货期权。20世纪20年代，美国出现了股票的期权交易，但由于浓厚的投机色彩而不为多数人所接受。金融期权是在20世纪70年代以来新发展起来的又一种新的金融交易形式。自产生以来，它就得到了飞速发展。尤其是在金融风险管理中，它更是一种颇受投资者欢迎的套期保值的新工具。

一、期权的定义

期权又称选择权，实质上是一种权利的有偿使用，当期权购买者支付给期权出售者一定的期权费后，赋予购买者在规定期限内按双方约定的价格购买或出售一定数量某种金融资产权利的合约。

从期权交易的定义中可以看出，它包含三层意思。

（1）选择权的内涵是一定时间、一定价格和一定数量的选择权，超过了这些限度就超出期权的交易范围。

（2）选择权实质上是权利而不是义务，一旦期权购买者购买了某项期权合约，即拥有了该合约所规定的权利，既可以执行也可以放弃，并且不必承担必须买进或卖出的义务。

（3）期权交易成立的媒介是期权费，只有买方愿意让渡的期权费与卖方所能接受的期权价格相等时，交易才能成立。

二、期权交易的合约要素

期权交易的买方通过付出一笔较小的权利费用得到一种权利，在期权有效期内，若标的物价格朝有利于期权买方的方向变化，买方可以选择履约，即按协定价格执行买或卖的权利；在期权合约的有效期内，期权也可以转让；超过有效期，合约失效，买主的权利随之作废，卖主的义务也被解除。

通过上述对期权交易的描述可以看出，期权合约的主要要素如下。

▶ 1. 期权的买方

购买期权的一方，即支付期权费获得权利的一方，也称期权的多头方。在金融期权交易中，期权购买者可在期权合约所规定的某一特定的时间，以事先确定的价格向期权卖方买进或卖出一定数量的某种金融商品或金融期货合约。在期权合约所规定的时间内或期权合约所规定的某一特定的履约日，期权的买方既可以执行所拥有的这一权利，也可以放弃这一权利。

▶ 2. 期权的卖方

出售期权的一方获得期权费，因而承担着在规定的时间内履行该期权合约的义务。期权的卖方也称为期权的空头方。在金融期权交易中，期权的卖方应在期权合约所规定的时间内或期权合约所规定的某一特定履约日，只要期权购买方要求执行期权，期权卖方就必须无条件地履行期权合约所规定的义务。

▶ 3. 协定价格

协定价格也称敲定价格或执行价格，是指期权合约所规定的、期权买方在行使权利时所实际执行的价格，即在金融期权交易中，协定价格是指期权购买者买卖事先确定标的资产（或期货合约）的交易价格。这一价格一旦确定，则在期权有效期内，无论期权标的物的市场价格上升到什么程度或下降到什么程度，只要期权购买者要求执行期权，期权出售者就必须以协定价格履行他必须履行的义务。

▶ 4. 期权费

期权是一种权利的交易，期权费就是这一权利的价格。所谓期权费，又称为权利金、期权价格或保险费，是指期权买方为获取期权合约所赋予的权利而向期权卖方支付的费用。这一费用一旦支付，则不管期权购买者是否执行期权均不予退回。它是期权合约中唯一的变量，其大小取决于期权合约的性质、到期月份及敲定价格等各种因素。

▶ 5. 通知日

当期权买方要求履行标的物（或期货合约）的交货时，必须在预先确定的交货和提运日之前的某一天通知卖方，以便让卖方做好准备，这一天就是通知日。

▶ 6. 到期日

到期日也称履行日，在这一天，一个预先作了声明的期权合约必须履行交货。通常对于期货期权来说，期权的到期日应先于其标的资产——期货合约的最后交易日。

【例8-6】场内的标准期权合约报价行情如表8-4所示。

表8-4 场内的标准期权合约报价行情

合约份数	标的物	期权到期日	协定价格/美元	买权	期权费/美元
3	IBM	NOV	400	Call	Premium15

其含义是，3份IBM公司的协定价格为400美元的11月份到期的买权股票期权，期权费为15美元。

三、期权的类型

金融期权的分类标准有很多，按不同的标准可以划分为不同的类型。

（一）按期权买者的权利划分

按期权买者的权利可分为看涨期权、看跌期权和双向期权。

▶ 1. 看涨期权

看涨期权是指赋予期权的购买者在预先规定的时间以执行价格从期权出售者手中买入一定数量的金融工具的权利的合约。为取得这种买的权利，期权购买者需要在购买期权时支付给期权出售者一定的期权费。因为它是人们预期某种标的资产的未来价格上涨时购买的期权，所以被称为看涨期权。

▶ 2. 看跌期权

看跌期权是指期权购买者拥有一种权利，在预先规定的时间以协定价格向期权出售者卖出规定的金融工具。为取得这种卖的权利，期权购买者需要在购买期权时支付给期权出售者一定的期权费。因为它是人们预期某种标的资产的未来价格下跌时购买的期权，所以被称为看跌期权。

▶ 3. 双向期权

双向期权又称为双重期权，是指期权购买方向期权出售方支付了一定的期权费之后，在期权合约有效期内，按事先商定的协定价格，双向期权出售方既买了某种期货合约的看涨期权，又出售了该期货合约的看跌期权。简言之，就是期权买方在同时以等价购买等量的同一期货合约的看涨期权和看跌期权。显然，购买双向期权的期权费要高于只购买单向期权的期权费,但是双向期权的获利机会和可能性也要高于单向期权。当买方预测相关期货合约的价格会有较大幅度的变动,但无论价格如何变动,只要价格大幅上涨时执行看涨期权,价格大幅下跌时执行看跌期权,均可获利。因为无论相关期货合约的价格是高于还是低于协定价格,只要期货合约价格与协定价格之差大于向期权卖方所支付的期权费,期权买方就会盈利;相反,双向期权的出售方预测相关期货合约的价格不会发生较大幅度的波动,可以出售双向期权以获得更多的期权费。双向期权同样可以转让,只要期权费上涨对购买者有利,就可以直接卖掉期权,获取期权费价格差。

(二)按期权买者执行期权的时限划分

按期权买者执行期权的时限可分为欧式期权和美式期权。欧式期权是指期权的购买者只有在期权到期日才能执行期权(行使买进或卖出标的资产的权利),既不能提前也不能推迟。若提前,期权出售者可以拒绝履约;若推迟,期权将被作废。而美式期权则允许期权购买者在期权到期前的任何时间执行期权。美式期权的购买者既可以在期权到期日这一天行使期权,也可以在期权到期日之前的任何一个营业日执行期权。当然,超过到期日,美式期权也同样被作废。不难看出,对期权购买者来说,美式期权比欧式期权更为有利。因为买进这种期权后,它可以在期权有效期内根据市场价格的变化和自己的实际需要比较灵活而主动地选择履约时间。相反,对期权出售者来说,美式期权使他承担了比欧式期权更大的风险,他必须随时为履约做好准备。因此,在其他情况一定时,美式期权的期权费通常比欧式期权的期权费要高一些。

从上面的分析可以看出,欧式期权和美式期权实际上并没有任何地理位置上的含义,而只是对期权购买者执行期权的时间有着不同的规定。

(三)按协定价格与标的物市场价格的关系不同划分

按协定价格与标的物市场价格的关系不同,可以将期权分为实值期权、平值期权和虚值期权。实值期权是指如果期权立即执行,买方具有正的现金流;平值期权是指如果期权立即执行,买方的现金流为零;虚值期权是指如果期权立即执行,买方具有负的现金流。三者之间的关系如表8-5所示。

表8-5 实值期权、平值期权、虚值期权的对应关系

期权类型	看涨期权	看跌期权
实值期权	市场价格>协定价格	市场价格<协定价格
平均期权	市场价格=协定价格	市场价格=协定价格
虚值期权	市场价格<协定价格	市场价格>协定价格

实值、平值、虚值描述的是期权在有效期的某个时点上的状态,随着时间的变化,同一期权的状态也会不断变化。有时是实值期权,有时是平值期权,有时变成虚值期权。

(四)按交易场所不同划分

按交易场所的不同,期权可分为交易所交易期权和柜台式期权。交易所交易期权是指一种标准化的期权,它有正式规定的数量,在交易所大厅中以正规的方式进行交易。柜台式期权是指期权的出卖者为满足某一购买者特定的需求而产生的,它并不在交易大厅中进

行,因此也被称为场外交易市场。场外交易市场交易规模非常大。

(五)按标的物的性质划分

根据标的物的性质,期权可以分为现货期权和期货期权两类。现货期权是指以各种金融工具本身作为期权合约之标的物的期权,如各种股票期权、股票指数期权、外汇期权、债券期权等。期货期权是指以各种金融期货合约作为期权合约之标的物的期权,如各种外汇期货期权、利率期货期权及股票指数期货期权等。

金融期权之所以分为现货期权和期货期权是因为这两类期权在具体的交易规则、交易策略以及定价原理等方面都有很大的区别,而且这两类期权通常有不同的主管机关加以分别管理。

四、权证

权证是基础证券发行人或其以外的第三人(发行人)发行的,约定持有人在规定期间内或特定到期日有权按约定价格向发行人购买或出售标的证券,或以现金结算方式收取结算差价的有价证券。从产品属性来看,权证是一种期权类金融衍生产品。权证与交易所交易期权的主要区别在于,交易所挂牌交易的期权是交易所制定的标准化合约,具有同一基础资产、不同行权价格和行权时间的多个期权形成期权系列进行交易;而权证则是权证发行人发行的合约,发行人作为权利的授予者承担全部责任。

(一)权证分类

根据各种分类标准可以把权证分为不同的类型。

▶ 1. 按基础资产分类

根据权证行权的基础资产或标的资产,可将权证分为股权类权证、债权类权证以及其他权证。目前我国证券市场推出的权证均为股权类权证,其标的资产可以是单只股票或股票组合(如 ETF)。以下所介绍的权证均指股权类权证。

▶ 2. 按基础资产的来源分类

根据权证行权所买卖的标的股票来源不同,权证分为认股权证和备兑权证。

认股权证也被称为股本权证,一般由基础证券的发行人发行,行权时上市公司增发新股售予认股权证的持有人。20 世纪 90 年代初,我国证券市场曾经出现过的飞乐、宝安等上市公司发行的认股权证以及配股权证、转配股权证就属于认股权证。

备兑权证通常由投资银行发行,备兑权证所认兑的股票不是新发行的股票,而是已在市场上流通的股票,不会增加股份公司的股本。

▶ 3. 按持有人权利分类

按照持有人权利的性质不同,权证分为认购权证和认沽权证。前者实质上属于看涨期权,其持有人有权按规定价格购买基础资产;后者属于看跌期权,其持有人有权按规定价格卖出基础资产。

▶ 4. 按行权的时间分类

按照权证持有人行权的时间不同,可以将权证分为美式权证、欧式权证、百慕大式权证等类别。美式权证可以在权证失效日之前任何交易日行权;欧式权证仅可以在失效日当日行权;百慕大式权证则可在失效日之前一段规定时间内行权。

▶ 5. 按权证的内在价值分类

按权证的内在价值，可以将权证分为平价权证、价内权证和价外权证，其原理与期权相同。

（二）权证要素

权证包括权证类别、标的、行权价格、存续时间、行权日期、行权结算方式、行权比例等要素。

▶ 1. 权证类别

权证类别即标明该权证属认购权证或认沽权证。

▶ 2. 标的

权证的标的物种类涵盖股票、债券、外币、指数、商品或其他金融工具，其中股票权证的标的可以是单一股票或是"一篮子"股票组合。

▶ 3. 行权价格

行权价格是发行人发行权证时所约定的、权证持有人向发行人购买或出售标的证券的价格。若标的证券在发行后有除息、除权等事项，通常要对认股权证的认股价格进行调整。

▶ 4. 存续时间

权证的存续时间即权证的有效期，超过有效期，认股权自动失效。目前，上海证券交易所、深圳证券交易所均规定，权证自上市之日起存续时间为6个月以上24个月以下。

▶ 5. 行权日期

行权日期指权证持有人有权行使权利的日期。

▶ 6. 行权结算方式

行权结算方式分为证券给付结算方式和现金结算方式两种。前者是指权证持有人行权时，发行人有义务按照行权价格向权证持有人出售或购买标的证券；后者是指权证持有人行权时，发行人按约定向权证持有人支付行权价格与标的证券结算价格之间的差额。

▶ 7. 行权比例

行权比例指单位权证可以购买或出售的标的证券数量。目前上海证券交易所和深圳证券交易所规定，标的证券发生除权的，行权比例应做相应调整，除息时则不做调整。

（三）权证发行、上市与交易

上海证券交易所和深圳证券交易所均对权证的发行、上市和交易进行了具体规定。

▶ 1. 权证的发行

由标的证券发行人以外的第三人发行并上市的权证，发行人应按照下列规定之一提供履约担保。

（1）通过专用账户提供并维持足够数量的标的证券或现金，作为履约担保。

履约担保的标的证券数量＝权证上市数量×行权比例×担保系数

履约担保的现金金额＝权证上市数量×行权价格×行权比例×担保系数

式中，担保系数由交易所发布并适时调整。

（2）提供经交易所认可的机构作为履约的不可撤销的连带责任保证人。

▶ 2. 权证的上市和交易

上海证券交易所和深圳证券交易所对权证的上市资格标准不尽相同，但均对标的股票的流通股份市值、标的股票交易的活跃性、权证存量、权证持有人数量、权证存续期等做出要求。

目前,权证交易实行"T+0"回转交易。

任务五 金融互换

一、金融互换的定义

按照国际清算银行(BIS)的定义,金融互换是买卖双方在一定时间内交换一系列现金流的合约。具体来说,金融互换是指两个(或两个以上)当事人按照商定的条件,在约定的时间内交换不同金融工具的一系列支付款项或收入款项的合约。

互换是一种按需定制的交易方式。互换的双方既可以选择交易额的大小,也可以选择期限的长短。只要互换双方愿意,从互换内容到互换形式都可以完全按需要来设计,由此而形成的互换交易可以完全满足客户的特定需求。

金融互换最基本的形式如下。

(1)一种货币与另一种货币之间的互换。

(2)同一货币的浮动利率与固定利率互换。

(3)不同货币的固定利率与固定利率互换。

(4)不同货币的固定利率与浮动利率互换。

(5)不同货币的浮动利率与浮动利率的互换。

(6)同一货币的浮动利率与浮动利率的互换等。

二、金融互换市场的起源和发展

金融互换是20世纪80年代在平行贷款和背对背贷款的基础上发展起来的,但它们之间既有联系又有区别。

▶ 1. 平行贷款

20世纪70年代初,由于国际收支恶化,英国实行外汇管制并采取了对外投资扣税的办法,以控制资金的外流。于是一些银行为满足企业逃避外汇管制的需求,推出了平行贷款:两个母公司分别在国内向对方公司在本国境内的子公司提供金额相当的本币贷款,并承诺在指定的到期日各自归还所借货币。例如,英国母公司向美国母公司在英国境内的子公司贷款,美国母公司相对应地贷款给英国母公司在美国境内的子公司。平行贷款既可满足双方子公司的融资需要,又可逃避外汇管理,因此深受欢迎。但平行贷款存在信用风险问题,这是因为平行贷款包含两个独立的贷款协议,它们分别具有法律效力,其权利、义务不相联系,当一方出现违约时,另一方仍不能解除履约义务。这种融资方式的主要优点是可以绕开外汇管制的限制,不会发生跨国界的资金转移。但运用这种方式融资需要有两个母公司、两个子公司,而且双方需要融资的数额相同,并且都愿意承担所包含的信贷风险。

2. 背对背贷款

背对背贷款是为了解决平行贷款中的信用风险问题而产生的。它是指两个国家的公司相互直接贷款,贷款币种不同但币值相等,贷款到期日相同,各自支付利息,到期各自偿还原借款货币。

背对背贷款尽管有两笔贷款,但只签订一个贷款协议,协议中明确,若一方违约,另一方有权抵消应尽的义务。这就大大降低了信用风险,向货币互换大大迈进一步。但是,背对背贷款涉及跨国借贷问题,存在外汇管制问题。因此,背对背贷款只是在1979年英国取消外汇管制后才作为一种金融创新工具而出现的。

背对背贷款虽然已非常接近现代货币互换,但两者仍有本质的区别。前者是一种借贷行为,在法律上会产生新的资产和负债(双方互为对方的债权人和债务人);而后者则是不同货币间负债或资产的互换,是一种表外业务,并不产生新的资产与负债,因而也就不改变一个公司原有的资产负债结构。这也是互换交易之所以受到人们青睐并得以飞速发展的重要原因。

3. 金融互换产生的理论基础

金融互换产生的理论基础是比较优势理论。该理论是英国著名经济学家大卫·李嘉图提出的。他认为,在两国都能产生两种产品,且一国在这两种产品的生产上均处于有利地位,而另一国均处于不利地位的条件下,如果前者专门生产优势较大的产品,后者专门生产劣势较小(具有比较优势)的产品,那么通过专业化分工和国际贸易,双方仍能从中获益。

互换交易正是利用交易双方在筹资成本上的比较优势而进行的。具体而言,互换产生的条件可以归纳为两个方面:①交易双方对对方的资产或负债均有需求;②双方在这两种资产或负债中存在比较优势。

世界上的首次金融互换

世界上的首次金融互换发生在1981年世界银行和IBM之间,世界银行需要用瑞士法郎或德国马克这类绝对利率水平较低的货币进行负债管理。与此同时,IBM公司则希望筹集美元资金以便同其美元资产相匹配,避免汇率风险。由于世界银行在欧洲债券市场上信誉卓著,筹集美元资金的成本低于IBM公司,而IBM公司发行瑞士法郎债券的筹资成本低于世界银行。在存在比较优势的情况下,世界银行和IBM公司分别筹集自己具有优势的资金,并通过互换,获得自己需要的资金,从而降低了筹资成本。

资料来源:世界银行的货币互换[EB/OL].[2023-02-20].https://www.doc88.com/p-744558182960.html.

三、金融互换交易合约的内容

典型的互换交易合约通常包括以下几个方面的内容。

1. 交易双方

交易双方是指相互交换货币或利率的双方交易者,而金融互换的交易双方有时也是两个以上的交易者参加的同一笔互换交易。如果交易双方都是国内的交易者,称为国内互换；如果交易双方是不同国家的交易者，则称为跨国互换。

▶ 2. 合约金额

由于交易者参与互换市场的目的是从事融资、投资或财务管理，因而每一笔互换交易的金额都比较大，一般在1亿美元或10亿美元以上，或者是等值的其他国家的货币。

▶ 3. 互换的货币

理论上互换的货币可以是任何国家或地区的货币，但进入互换市场并经常使用的货币则是世界最主要的可自由兑换的货币，如美元、欧元、瑞士法郎、英镑、日元、加元、澳元、新加坡元、港币等。

▶ 4. 互换的利率

目前，进入互换市场的利率包括固定利率、伦敦银行同业拆放利率、存单利率、银行承兑票据利率、优惠利率、商业票据利率、国库券利率、零利息债券利率等。

▶ 5. 合约到期日

互换交易通常是外汇市场、期货市场上不能提供中长期合同时才使用，因而其到期日的期限长，一般均为中长期。

▶ 6. 互换价格

利率互换价格是由与固定利率、浮动利率和信用级别相关的市场条件决定的；而货币互换价格由交易双方协商确定，但通常能反映两国货币的利率水平，主要以政府债券利率作为参考依据。此外，货币互换价格还受到政府改革目标、交易者对流动性的要求、通货膨胀预期，以及互换双方的信用级别等的影响。

▶ 7. 权利义务

互换双方根据合约的签订来明确各自的权利义务，并在合约到期日承担相互交换利息或货币的义务，同时也获得收到对方支付利息或货币的权利。

▶ 8. 价差

价差表现为中介买卖价的差异。美元利率互换的价差通常为5~10个基点，货币互换的价差则不固定，价差的多少一般视信用风险而定。

▶ 9. 其他费用

其他费用主要指互换市场的中介者因安排客户的互换交易，对互换形式、价格提供咨询等获取的收入，如法律费、交换费、咨询费、监督执行合约费等。

四、金融互换的种类

金融互换的发展历史虽然较短，但品种不断创新。除了传统的货币互换和利率互换外，各种新的金融互换品种不断涌现。

（一）利率互换

利率互换是指双方同意在未来的一定期限内，根据同种货币的同样的名义本金交换现金流，其中一方的现金根据浮动利率计算出来，而另一方的现金流根据固定利率计算。互换的期限通常在2年以上，有的甚至在15年以上。双方进行利率互换的主要原因是双方在固定利率和浮动利率市场上具有比较优势。由于利率互换只交换利息差额，因此信用风险很小。

（二）货币互换

货币互换是将一种货币的本金和固定利息与另一货币的等价本金和固定利息进行交

换。货币互换的主要原因是双方在各自国家中的金融市场上具有比较优势。由于货币互换涉及本金互换，因此当汇率变动很大时，双方将面临一定的信用风险。当然这种风险比单纯的贷款风险小得多。

（三）其他互换

从最普遍的意义来说，互换实际上是现金流的交换。由于计算或确定现金流的方法有很多，因此互换的种类也很多。除了上述最常见的利率互换和货币互换外，其他主要的互换品种如下。

▶ 1. 交叉货币利率互换

交叉货币利率互换是利率互换和货币互换的结合。它是以一种货币的固定利息交换另一种货币的浮动汇率。标准的交叉货币互换与利率互换相似；互换双方的货币不相同；到期需要交换本金；在生效日本金可交换也可不交换；互换双方既可以是固定利率互换，也可以是浮动利率互换，或者是浮动利率与固定利率互换。

▶ 2. 增长型互换、减少型互换和滑道型互换

在标准的互换中，名义本金是不变的，而在这三种互换中，名义本金是可变的，即可以在互换期内按照预定方式变化。其中增长型互换的名义本金在开始时较小，而后随着时间的推移逐渐增大。减少型互换则正好相反，其名义本金随时间的推移逐渐由大变小。近年来，互换市场又出现了一种特殊的减少型互换，即指数化本金互换。指数化本金互换，其名义本金的减少幅度取决于利率水平，利率越低，名义本金减少幅度越大。滑道型互换的名义本金则在互换期内时而增大，时而变小。

增长型互换比较适合借款额在项目期内逐渐增长的情形，如建筑工程融资。减少型互换则比较适合以发行债券来融资的借款方。就项目融资来看，初期借款可能逐渐增加，此后，随着对承包者的阶段性支付的累积，借款额会逐渐减少，因此可以考虑采用滑道型互换与各地借款本金相对应。

▶ 3. 基础互换

在普通的利率互换中，互换一方是固定利率，另一方是浮动利率。而在基础互换中，双方都是浮动利率，只是两种浮动利率的参照利率不同，通常一方的浮动利率与某一时期的伦敦银行同业拆放利率挂钩，而另一方的浮动利率则与另一类市场利率相联系，如商业票据利率、存款证利率或联邦基金利率等。例如，某公司通过商业票据的滚动发行筹集资金，并将筹得的资金投资于收益率为伦敦银行同业拆放利率的资产，那么一笔基础互换交易就可以防范或消除由于采用不同利率而产生的收入流与支出流不相吻合的风险。或者，发行商业票据的公司可能希望锁定借款成本，那么，该公司可以将基础互换与普通互换相结合；先把浮动商业票据利率转化成浮动伦敦银行同业拆放利率，再把伦敦银行同业拆放利率转变成固定利率。

▶ 4. 议价互换

大多数互换的初始定价是公平合理的，不存在有利于交易一方而不利于交易另一方的问题，也就是说没有必要从互换一开始就由交易一方向另一方支付利息差。然而在议价互换交易中，固定利率不同于市场的标准利率，因此，交易一方必须向另一方进行补偿。议价互换的应用价值在于：当借款方发行浮动利率债券筹资，并希望利用互换既能将浮动利率债券转换成固定利率债券，又能支付发行债券的前端费用时，就可以设计一份议价互

换。借款方（债券发行公司）收取一笔初始资金和定期浮动利息，同时以略高于普通互换市场利率的固定利率支付利息。高出固定利率边际额可以在互换期内将发行债券前端费用有效地加以分摊。

▶ 5. 边际互换

边际互换所采用的浮动利率是在 LIBOR 基础上再加上或减去一个边际额，而不是直接用伦敦银行同业拆放利率本身，因此把它称为边际互换。一个按伦敦银行同业拆放利率 LBOR+50 个基点筹资的借款人当然希望能从互换中获得伦敦银行同业拆放利率 LIBOR+50 个基点的利率，而不仅仅是伦敦银行同业拆放利率，否则浮动利率的现金流量就不一致。因此，边际互换的结果类似于普通互换中对固定利率加上一个边际额。例如，一个普通互换是 7.00% 的固定利率对伦敦银行同业拆放利率，则与此相应的边际互换的报价可能就是 7.50% 的固定利率对伦敦银行同业拆放利率 LIBOR+50 个基点。只有当互换双方天数计算惯例或付息次数各不相同时，如固定利率方以（实际天数/365）计算，而浮动利率方以 30/360 计算，边际互换与普通互换的结果才会出现差异。

任务六　其他衍生工具

一、存托凭证

（一）存托凭证的定义

存托凭证（depositary receipts，DR）是指在一国证券市场流通的代表外国公司有价证券的可转让凭证。存托凭证一般代表外国公司股票，有时也代表债券。存托凭证也被称为"预托凭证"，是指在一国（个）证券市场上流通的代表另一国（个）证券市场上流通的证券的证券。

存托凭证首先由 J.P. 摩根首创。1927 年，美国投资者看好英国百货业公司塞尔弗里奇公司的股票，由于地域的关系，这些美国投资者要投资该股票很不方便。当时的 J.P. 摩根就设立了一种美国存托凭证（ADR），使持有塞尔弗里奇公司股票的投资者可以把塞尔弗里奇公司股票交给摩根指定的在美国与英国都有分支机构的一家银行，再由这家银行发给各投资者美国存托凭证。这种存托凭证可以在美国的证券市场上流通，原来持有塞尔弗里奇公司股票的投资者就不必再跑到英国抛售该股票；同时要投资塞尔弗里奇公司股票的投资者也不必再到英国股票交易所去购买塞尔弗里奇公司股票，而是可以在美国证券交易所购买该股票的美国存托凭证。每当塞尔弗里奇公司进行配股或者分红等事宜，发行美国存托凭证的银行在英国的分支机构都会帮助美国投资者进行配股或者分红。这样美国投资者就省去了到英国去配股及分红的麻烦。

美国存托凭证出现后，各国根据情况相继推出了适合本国的存托凭证，比如全球存托凭证（GDR）、国际存托凭证（IDR）。

（二）美国存托凭证的有关业务机构

参与美国存托凭证发行与交易的中介机构包括存券银行、托管银行和中央存托公司。

▶ 1. 存券银行

存券银行作为 ADR 的发行人和 ADR 的市场中介，为 ADR 的投资者提供所需的一切服务。

（1）作为 ADR 的发行人，存券银行在 ADR 基础证券的发行国安排托管银行，当基础证券被解入托管账户后，立即向投资者发出 ADR。ADR 被取消时，指令托管银行把基础证券重新投入当地市场。

（2）在 ADR 交易过程中，存券银行负责 ADR 的注册和过户，安排 ADR 在存券信托公司的保管和清算，及时通知托管银行变更股东或债券持有人的登记资料，并与经纪人保持经常联系，保证 ADR 交易的顺利进行。同时，存券银行还要向 ADR 的持有者派发美元红利或利息，代理 ADR 持有者行使投票权等股东权益。

（3）存券银行为 ADR 持有者和基础证券发行人提供信息和咨询服务。作为 ADR 持有者、发行公司的代理者和咨询者，存券银行向 ADR 持有者提供基础证券发行人及 ADR 的市场信息，解答投资者的询问；向基础证券发行人提供 ADR 持有者及 ADR 市场信息，帮助发行人建立和改进 ADR 计划，特别是提供法律、会计、审计等方面的咨询和代理服务；协调 ADR 持有者和发行公司的一切事宜，并确保发行公司符合法律要求。

▶ 2. 托管银行

托管银行是由存券银行在基础证券发行国安排的银行，它通常是存券银行在当地的分行、附属行或代理行。托管银行负责保管 ADR 所代表的基础证券；根据存券银行的指令领取红利或利息，用于再投资或汇回 ADR 发行国；向存券银行提供当地市场信息。

▶ 3. 中央存托公司

中央存托公司是指美国证券中央保管和清算机构，负责 ADR 的保管和清算。美国证券中央保管和清算机构的成员为金融机构，如证券经纪公司、自营商、银行、信托投资公司、清算公司等，其他机构和个人也可以通过与以上成员建立托管或清算代理关系间接地参加证券中央保管和清算机构。

（三）美国存托凭证的种类

按照基础证券发行人是否参与存托凭证的发行，美国存托凭证可分为无担保的存托凭证和有担保的存托凭证。

▶ 1. 无担保的存托凭证

无担保的存托凭证由一家或多家银行根据市场的需求发行，基础证券发行人不参与，存券协议只规定存券银行与存托凭证持有者之间的权利义务关系。无担保的存托凭证目前已很少应用。

▶ 2. 有担保的存托凭证

有担保的存托凭证由基础证券发行人的承销商委托一家存券银行发行。承销商、存券银行和托管银行三方签署存券协议。协议内容包括存托凭证与基础证券的关系，存托凭证持有者的权利，存托凭证的转让、清偿、红利或利息的支付以及协议三方的权利义务等。采用有担保的存托凭证，发行公司可以自由选择存券银行。

有担保的存托凭证分为一、二、三级公开募集存托凭证和美国144A规则下的私募存托凭证。这4种有担保的存托凭证各有其不同的特点和运作惯例，美国的相关法律也对其有不同的要求。简言之，一级存托凭证允许外国公司无须改变现行的报告制度就可以享受公开交易证券的好处；想在一家美国交易所上市的外国公司可采用二级存托凭证；如果要在美国市场上筹集资本，则须采用三级存托凭证。存托凭证的级别越高，所反映的美国证券交易委员会(SEC)登记要求也越高，对投资者的吸引力就越大。

(四) 存托凭证在中国的发展

▶ 1. 我国公司发行的存托凭证

我国公司发行的存托凭证涵盖了以下几种主要种类。

发行一级存托凭证的国内企业主要分两类：一类是含B股的国内上市公司，如氯碱化工、二纺机、轮胎橡胶和深深房，这些公司是我国上市公司早期在海外发行存托凭证的试点；另一类是在我国香港上市的内地公司，如青岛啤酒和平安保险等，这些公司在发行存托凭证时都以发行H股作为发行存托凭证的基础；另外，2004年12月，在新加坡交易所上市的双威通讯也以一级存托凭证方式发行了存托凭证。

2004年以前，只有在中国香港上市的中华汽车发行过二级存托凭证；进入2004年后，随着中国网络科技类公司海外上市速度加快，二级存托凭证成为中国网络股进入纳斯达克(NASDAQ)的主要形式。

发行三级存托凭证的公司均在我国香港交易所上市，而且发行存托凭证的模式基本相同，即在我国香港交易所发行上市的同时，将一部分股份转换为存托凭证在纽约股票交易所上市，这样不仅实现在我国香港和美国同时上市融资的目的，而且简化了上市手续，节约了交易费用。

144A私募存托凭证由于对发行人监管的要求最低，而且发行手续简单，所以早期寻求境外上市的境内企业使用得较多。但由于投资者数量有限，而且在柜台市场交易不利于提高企业知名度，所以近年来较少使用。

▶ 2. 我国公司发行存托凭证的现状

从1993年起，中国企业陆续在纽约证交所上市，2003年中国人寿保险公司在美国上市格外引人注目，这个项目的融资总额高达35亿美元，为当年最大的上市项目。

中国人寿保险的股票就是通过摩根大通创立的存托凭证的形式提供给了美国投资者。可见，存托凭证是协助世界各国进入国际资本市场的高效主流工具。

据美联邦储备局数据，目前美国资本市场规模达到16万亿美元，汇聚了全球金额最大的证券资本。中国企业通过存托凭证从美国市场融资已有10多年的历史，其中有中国电信股份公司、中芯国际集成电路制造公司、中国联通股份公司、携程旅行网等数十家公司。

在过去的10年中，中国企业通过这一革新性的融资产品，在纽交所、美国自动报价股市等上市，在国际资本市场取得的资本高达70亿美元。

2018年6月15日，深圳证券交易所发布《试点创新企业股票或存托凭证上市交易实施办法》(简称《实施办法》)。

(1) 中国存托凭证的发行者一般是一些"红筹股"公司，这些公司业绩较好，管理水平也比较高，这类公司发行中国存托凭证可以进一步提升整体竞争力，在国际市场上提升知名度，对我国整个资本市场起到积极带动作用。

（2）满足融资需求，缓解融资压力。

（3）可以增强银行的业务能力，扩大业务范围，加快国际化发展。

（4）对于投资者来说，一方面可以有更多的投资选择，另一方面在这个还是"新人"的制度之下，风险难以把握，容易信息不对称，散户投资者要谨慎入场。

所以，《实施办法》的出台更大的意义是在整个资本市场上，不只是融资渠道的拓宽，也是国际资本市场加深合作的重要一环。对于普通投资者来说，提前加强了解，对市场提前观察，可为以后的投资安排做好准备。

二、资产证券化与证券化产品

（一）资产证券化与证券化产品的定义

资产证券化是以特定资产组合或特定现金流为支持，发行可交易证券的一种融资形式。自1970年美国的政府国民抵押协会首次发行以抵押贷款组合为基础资产的抵押支持证券-房贷转付证券，完成首笔资产证券化交易以来，资产证券化逐渐成为一种被广泛采用的金融创新工具而得到迅猛发展。

在此基础上，现在又衍生出证券化产品。证券化产品即在资产证券化过程中发行的以资产池为基础的证券。通过资产证券化，将流动性较低的资产（如银行贷款、应收账款、房地产等）转化为具有较高流动性的可交易证券，提高了基础资产的流动性，便于投资者进行投资；还可以改变发起人的资产结构，改善资产质量，加快发起人资金周转。

（二）资产证券化的种类与范围

▶ 1. 根据基础资产分类

根据证券化的基础资产不同，可以将资产证券分为不动产证券化、应收账款证券化、信贷资产证券化、未来收益证券化（如高速公路收费）、债券组合证券化等类别。

▶ 2. 根据资产证券化的地域分类

根据资产证券化发起人、发行人和投资者所属地域不同，可将资产证券分为境内资产证券化和离岸资产证券化。国内融资方通过在国外的特殊目的机构（SPV）或结构化投资机构（SIV）在国际市场上以资产证券化的方式向国外投资者融资被称为离岸资产证券化；融资方通过境内SPV在境内市场融资则被称为境内资产证券化。

▶ 3. 根据证券化产品的属性分类

根据证券化产品的金融属性不同，可以分为股权型证券化、债券型证券化和混合型证券化。

值得注意的是，尽管资产证券化的历史不长，但相关证券化产品的种类层出不穷，名称也千变万化。最早的证券化产品以商业银行房地产按揭贷款为支持，故被称为按揭支持证券（MBS）。随着可供证券化操作的基础产品越来越多，出现了资产支持证。再后来，由于混合型证券（具有股权和债权性质）越来越多，干脆用CDOs（collateralized debt obligations）概念代指证券化产品，并细分为CLOs、CMOs、CBOs等产品。最近几年，还采用金融工程方法，利用信用衍生产品构造出合成CDOs。

(三)资产证券化的有关当事人

资产证券化交易比较复杂,涉及的当事人较多,一般而言,下列当事人在证券化过程中具有重要作用。

▶ 1. 发起人

发起人也称为原始权益人,是证券化基础资产的原始所有者,通常是金融机构或大型工商企业。

▶ 2. 特定目的机构或特定目的受托人

这是指接受发起人转让的资产,或受发起人委托持有资产,并以该资产为基础发行证券化产品的机构。选择特定目的机构或受托人时,通常要求满足所谓破产隔离条件,即发起人破产对其不产生影响。

▶ 3. 资金和资产存管机构

为保证资金和基础资产的安全,特定目的机构通常聘请信誉良好的金融机构进行资金和资产的托管。

▶ 4. 信用增级机构

此类机构负责提升证券化产品的行业等级,为此要向特定目的机构收取相应费用,并在证券违约时承担赔偿责任。有些证券化交易中并不需要外部增级机构,而是采用超额抵押等方法进行内部增级。

▶ 5. 信用评级机构

如果发行的证券化产品属于债券,发行前必须经过评级机构进行评级。

▶ 6. 承销人

承销人是指负责证券设计和发行承销的投资银行。金额较大,可能会组成承销团。

▶ 7. 证券化产品投资者

证券化产品投资者即证券化产品发行后的持有人。

除上述当事人外,证券化交易还可能需要金融机构充当服务人,服务人负责对资金池中的现金流进行日常管理,通常可由发起人兼任。

(四)美国次级贷款及相关证券化产品危机

一直以来,贷款尤其是住房按揭贷款证券化在整个资产证券化产品市场具有重要地位,美国商业银行信贷资产证券化发展势头在2008年国际金融危机后趋于回落。根据证券业和金融市场协会(SIFMA)的数据,截止到2021年三季度末美国资产证券化市场存量规模为14.76万亿美元,其中住房抵押贷款支持证券(MBS)占比为89%,狭义ABS占比为11%。

在美国,住房抵押贷款大致可以分为五类:①优级贷款对象为消费者信用评分最高的个人(信用分数在660分以上),月供占收入比例不高于40%及首付20%以上;②Alt-A贷款对象为信用评分较高但信用记录较弱的个人,如自雇以及无法提供收入证明的个人;③次级贷款对象为信用分数较差的个人,尤其信用评分低于620分,月供占收入比例较高或记录欠佳,首付低于20%;④住房权益贷款对已经抵押过的房产,若房产总价扣减净值后仍有余额,可以申请再抵押;⑤机构担保贷款指经由Fannie Mae、Gennie Mae、Freddie Mac等政府住房按揭贷款支持机构担保的贷款。

1995年以来,由于美国房地产价格持续上涨,同时贷款利率相对较低,导致金融机构大量发行次级按揭贷款。到2007年年初,这类贷款大约为1.2万亿美元,占全部按揭贷款的14%左右。

按揭贷款经结构性投资工具(SIVs)打包,并据此发行不同等级的按揭支持证券(MBS),这些按揭支持证券的信用评级从AAA级、BBB级一直到权益级均有。一些金融机构再设立SIVs,购买MBS形成资金池,进行下一步的证券化操作,形成所谓MBSCDOs或ABS CDOs,同样,这些CDOs产品也要经过评级,等级仍然从AAA级到权益级。这个过程可以一直继续下去,在CDOs的基础上不断发展出新的CDOs。对于低等级CDOs的投资人而言,其收益取决于资金池所产生的现金流在偿付所有优先等级债券持有人之后的"剩余",风险相对比较大,但同时杠杆率也比较大,如果作为最原始基础资产的按揭贷款不出现大量违约,收益就比较可观;反之,若基础资金池出现恶化,则层层叠叠不断衍生的CDOs将面临越来越大的风险。

从2005年起,美国利率水平开始逐步提高,房价从2006年起出现回落,贷款不良率开始上升,进而导致证券化资产质量恶化,相关金融机构出现巨额亏损。其中,短期融资工具获取资金并以此投资于CDOs产品的机构受害尤其巨大。有关次贷危机损失的估计数不断翻新,若干金融机构受到牵连,甚至有的已经面临破产危机。次贷危机将成为一段时期内影响全球金融稳定的最主要最危险的根源之一。

(五)中国资产证券化的发展

中国内地资产证券化起步于20世纪90年代初,但发展历经坎坷,对国内证券市场产生的影响较小。1992年,三亚市开发建设总公司以三亚市丹州小区800亩土地为发行标的物,土地每亩折价25万元(17万元为征地成本,5万元为开发费用,3万元为利润),发行总金额为2亿元的三亚地产投资券,预售地产开发后的销售权益,首开房地产证券化之先河。1996年8月,珠海市人民政府注册了珠海市高速公路有限公司,以当地机动车的管理费及外地过境机动车所缴纳的过路费作为支持,根据美国证券法律的144A规则发行总额为2亿美元的资产担保债券(其中一部分是年利率为9.125%的10年期优先级债券,发行量为8 500万美元;另一部分是年利率为11.5%的12年期的次级债券,发行量为11 500万美元)。随后,国内高速公路建设不同程度地引入了证券化融资设计,据不完全统计,我国有20余省份高速公路建设采用了证券化融资方案。此外,以中集集团为代表的大型企业还成功开展了应收账款证券化交易。从这些交易的结构来看,多数采用了离岸证券化方式,因此较少受到国内证券市场的关注。

2015年5月,信贷资产证券化试点规模扩容到5 000亿元,并鼓励"一次注册、自主分期发行",信贷ABS获准在交易所上市交易。2016年5月,银行不良资产证券化试点重启,并在2017年4月成功实现扩围。2018年4月四部委印发的《关于规范金融机构资产管理业务的指导意见》("资管新规")豁免了资产证券化产品在期限错配、净值化、多层嵌套等方面的要求,一定程度上有利于资产证券化投资,使得资产证券化成为"非标转标"的有效途径。同年9月银保监会发布的《商业银行理财业务监督管理办法》("理财新规")把资产支持证券纳入理财产品投资范围,进一步利好资产证券化业务开展。2020年9月,银保监会发布《关于银行业金融机构信贷资产证券化信息登记有关事项的通知》,开始对信贷资产证券化实行信息登记制度。2020年,中国银行间市场交易商协会在已有成熟的ABN制度框架基础上推出资产支持商业票据（ABCP），弥补了国内空白，回应了实体经济的现实需要。

三、结构化金融衍生产品

（一）结构化金融衍生品的定义

结构化金融衍生产品是运用金融工程结构化方法，将若干种基础金融商品和金融衍生产品相结合设计出的新型金融产品。目前最为流行的结构化金融衍生产品主要是由商业银行开发的各类结构化理财产品以及在交易所市场上市交易的各类结构化票据，它们通常与某种金融价格相联系，其投资收益随该价格的变化而变化。

（1）2003年10月，中国银行在中资银行中首家推出了具有结构化产品风险收益特征的外汇理财产品——"汇聚宝"。

（2）2005年8月，中国民生银行获得银监会对于发行人民币结构理财资格的批准，发行了第一只以人民币为投资币种的结构化理财产品。但该产品设计外包给国外投行，商业银行的产品创新集中在调整投资标的、调整参与率等领域，尚未真正地利用基本衍生金融工具并根据客户需求设计结构性产品。

（3）2009年，中国银监会发布《关于进一步规范商业银行个人理财业务投资管理有关问题的通知》。2007—2008年股指处于高位发行的内嵌看涨期权的结构化产品在期满后有很大一部分实现零收益甚至负收益，银行结构化产品暂时进入收缩阶段。

（4）2011年，光大证券资管子公司发行了光大阳光系列挂钩股指的结构化产品，挂钩标的主要有上证50、沪深300等主流指数。

（5）2012年12月，农银汇理基金公司推出了《农银汇理沪深300指数挂钩1号资产管理计划》是业内公认的首只基金公司发行的结构化专户产品。

（6）2013年1月14日，海通证券正式发布5款柜台交易产品（OTC产品），成为业内首家柜台交易业务上线的券商。

（二）结构化金融衍生产品的收益与风险

由于结构化金融衍生产品挂钩的基础资产具有不同的风险特征，嵌入式衍生产品的种类、结构各异，导致结构化产品的收益与风险出现非常大的差异。同时，由于这类产品结构复杂，难以为普通投资者所掌握，通常监管机构和行业自律组织均要求金融机构在销售时格外当心，防止错误地销售给不具备风险承受能力的客户。

【例8-7】累算远期交易。某投资者在某私人银行开户，先后存入近200万美元。银行在电话中向客户推荐"打折股票"——金融衍生产品累算远期交易（FA）。

该产品要求客户在1年内，每天以合约当日股价的79.6%折扣购买1 000股中国铝业股票，两周交割一次。FA合约在中国铝业股票涨到合约当日股价103%后中止，但保证向客户按照约定价格最少提供4个星期的股票。假如股票价格跌破79.6%折扣价时，投资者就必须每天双倍购买中国铝业股票，即2 000股。

20×7年10月12日通话当日，银行为投资者确定以当天中国铝业股价为依据，其合约行使价为每股19.535 6港元。就在合约执行几天后，中国铝业股价掉头向下，一年内跌幅高达87%。到合约最后一个交易日20×8年10月10日时，中国铝业的股价仅为3.29港元，远超同期港股跌幅，致使该投资者以每天2 000股的速度，在1年内以19.535 6港元的价位总共买入了约50万股中国铝业，其资产以平均每天3万多港元的速度蒸发。

当投资者表示凑钱有困难时，该私人银行称可以提供贷款。20×8年10月10日合约结束，投资者向银行贷款375万港元，而此时他账户里的股票、票据市值约500万港元。然而10月24日以及27日，港股连续两天大跌，中国铝业股价最低跌到1.9港元，投资者账户股票市值缩水至不够贷款数额，从而被银行强行斩仓偿还贷款。最后，投资者的千万资产全部消失殆尽，还倒欠银行贷款23万港元。

思考问答

一、名词解释

期货合约　　期货交易　　远期交易　　双向交易　　对冲机制　　保证金交易制度
看涨期权　　看跌期权　　认股权证　　认沽权证　　备兑权证　　套期保值

二、简答题

1. 与基础工具相比，金融衍生工具具有哪些特点？
2. 金融远期合约的种类有哪些？
3. 期货套期保值与投机的根本区别是什么？
4. 期权的种类有哪些？

在线自测

项目九　证券市场监管

学习目标

1. 掌握证券市场监管理论依据、监管要素和监管模式。
2. 了解证券市场监管相关法律、法规调整范围，宗旨和主要内容。
3. 熟悉证券市场的行政监管和自律管理。
4. 掌握证券发行的审核制度，以及对证券交易所、场外交易市场、证券发行公司和证券交易行为的管理和对证券公司的监管。
5. 了解证券市场监管的理论和实践问题。

问题导入

上市公司的投资者当中，持有时间最长的投资者、持有满一年的投资者和所有的投资者，谁能得到上市公司分配的股票和现金？

情景写实

"5·30"事件

"我可以计算天体运行的轨道，却无法计算人性的疯狂"，这是牛顿1720年炒股赔钱后的哀叹。那一年，牛顿买了一只南海公司的股票，不过只涨了一点就卖了，可卖了以后继续"疯涨"，心痒痒的牛顿又高价介入，结果刚买后股票崩盘，赔了2万多英镑。

287年后的2007年，人性的疯狂又在中国上演，全民炒股似乎预示着一个新赚钱时代的到来。炒股高烧几近疯狂，冲动的菜鸟说："我不知道股票是个啥玩意，但我知道要把钱投进去就能生息。"这个时候，只要有钱，买了就能涨，似乎过去那些所谓的K线分析都失去了意义。

2007年5月30日，财政部宣布自当日起上调证券（股票）印花税税率，由0.1%调整为0.3%。市场随之震荡，跌势异常凶猛。

从5月30日到6月1日，A股市场"惨烈"收场，大盘跌幅8%，个股跌得很惨，累计跌幅超过交易所规定的"异动"标准，并且发布异动警示的股票达到820只；下跌家数、点数以及当周成交量，双双刷新纪录。

6月4日，两市超过半数的股票跌停；6月5日，上证探到了本轮下跌的底部3 404点，沪深两市在盘中只有25只股票是红盘，1 000多只股票"撞板跌停"。

资料来源：https://xueqiu.com/9483454109/229296781。

【点评】证券市场发展初期，多数政府会使用政策手段来干预市场，一旦出现政策风险，几乎所有的证券都会受到影响。

任务一　证券市场监管概述

一、证券市场监管的理论依据

20世纪30年代爆发的经济危机使自由放任的市场经济受到沉重打击，使人们开始认识到市场机制本身存在的缺陷。市场失灵引发的严重危害使人们不得不试图寻找一种新的力量以弥补市场机制的不足，在这样的情况下，政府规制开始兴起。

（一）监管的理论依据

政府监管，或称政府规制，通常可以用来特指市场经济国家的政府为克服"市场失灵"而采取的种种有法律依据的规律或制约经济活动的行为。政府规制的产生是市场经济发展的必然结果。古典经济学主张，市场机制会自动调节资源配置，引导社会达到福利的最大化，经济发展是市场机制自发调节的结果，在此过程中，政府只是充当"守夜人"的角色，对市场采取自由放任的政策，因此，管得最少的政府被认为是最好的政府。按照西方经济学理论，市场机制要充分发挥作用必须满足几个条件：①市场上存在大量的买者和卖者，他们都不能影响市场价格，只是价格接受者；②市场经济的活动主体以平等的身份参与市场竞争；③市场信息是完备的，参与者可以根据充分的市场信息做出最大化其利益的选择。然而，这种理想的完全竞争市场只是一种假设，20世纪30年代的经济危机使自由放任的市场经济受到沉重打击，也使人们开始认识到市场机制本身存在的缺陷。在这样的情况下，政府微观规制开始兴起。由此可见，政府规制产生的直接基础是市场失灵的出现，市场失灵一般表现为自然垄断、外部性、信息不对称等。在这些情况下，市场机制无法自发实现资源最优配置，不能产生良好绩效，因此需要通过政府规制纠正这种情形。

▶ 1. 自然垄断与政府规制

在完全竞争市场条件下，企业在边际收益等于边际成本处实现生产者均衡，资源配置最优。但是，自由竞争的发展必然导致垄断，而缺乏规制的垄断会导致资源的浪费和社会福利损失。垄断分为两种情况：一种是竞争性行业中的垄断，从各国实践上看这种类型的垄断多采用反垄断法进行控制和调节；另一种是自然垄断，由技术经济特征决定了由一个或少数几个企业生产满足全部市场需求更具有合理性，而这在实现规模经济和范围经济的同时对效率和公平都会产生极大的负面影响。政府对自然垄断行业规制的目的，一方面要限制行业新的竞争者进入，避免造成过度竞争和资源浪费；另一方面要调节市场价格，避免垄断厂商为了追求高额垄断利润而制定过高的价格，扭曲分配效率，损害社会福利。

▶ 2. 外部性与政府规制

所谓外部性，是指当市场价格不能够反映生产的边际社会成本而出现市场失灵。这也就是说，如果某种商品的生产和消费所产生的效应给其他人带来影响时，就会出现外部经济效果，即外部性。按照影响不同，外部性会有两种情况：积极的影响称为外部经济；相反，如果是消极的、坏的影响，就称为外部不经济。环境污染问题是造成外部不经济的典型例子，如河流上游的化工厂排放没有经处理的工业废水，其中的有毒有害物质使河流受到污染影响了水质，从而使下游养鱼场产量降低，养鱼场受到的损失就是外部不经济。这种外部不经济是私人成本小于社会成本造成的，当外部不经济的消极影响不能通过市场价格机制反映出来时，就会引起价格扭曲，使得外部不经济的产品生产过多，从而引发市场失灵，导致资源配置偏离帕累托最优状态（资源分配的一种理想状态），最终造成经济效率的损失。

▶ 3. 信息不对称与政府规制

信息不对称是指交易双方对所拥有的关于交易对象的信息是不对等的，一方往往比另一方掌握了更多和更充分的信息。在这种情形下，一方出于追逐自身利益的目的往往利用信息优势使得另一方处于不利的地位，从而导致资源配置无法达到帕累托最优状态。施蒂格勒于1961年发表的《信息经济学》首次对信息的价值进行研究，对信息的供给和需求进行了成本收益分析，对当代经济学的发展产生了重大影响。随后，阿克洛夫在对旧车市场的研究中提出，市场交易双方之间的信息不对称会影响到价格机制的作用，损害资源配置效率，从而导致市场失灵。信息不对称问题一经提出就受到经济学家的广泛关注。信息不对称按照不对称发生的时间分为两种类型，发生在签约之前的称为逆向选择，发生在签约之后的称为道德风险。无论哪一种信息不对称都会导致资源配置的无效率，使经济活动偏离帕累托最优状态。

在市场经济运行过程中，由于信息不对称的广泛存在，多数情况下生产者比消费者占有较多的信息，处于信息优势地位。例如在食品药品卫生安全、医院医疗服务、产品质量等领域，产品和服务的生产者同消费者相比能够掌握更多的信息，如食品或药品的副作用，所以有可能凭借信息优势隐瞒产品的质量风险，而大多数普通消费者往往缺乏专业知识，所以难以辨别产品质量好坏。一旦生产者缺少必要约束，很容易放松对产品质量的要求，借助信息优势来掩盖产品质量缺陷，这种行为会给消费者带来更多的安全风险和健康危害，侵害消费者的权益。这时，为了保证社会公众的安全，政府应当采用适当的法律或行政手段，通过立法规定产品质量和服务的标准，明确生产者有义务向消费者提供的信息，或者由政府提供充分的信息。

（二）证券市场监管的必要性

政府规制并不是解决市场失灵问题的唯一出路，但政府规制解决市场失灵问题上有某些独特优势，表现为两个方面。

▶ 1. 政府具有强制性权力

政府具有强制性权力，可以命令市场交易主体披露某些重要信息，采取措施防止意外事件的发生，向生产者颁布许可证，设定准入条件等。

（1）政府具有征税权，比如对于在生产过程中造成环境污染的企业，受害者往往没有权力对其生产经营活动进行直接的干预或监督，更不能对其进行罚款或征税，而政府却可以通过征税对其污染活动进行限制和管理。

（2）政府具有禁止权，能够禁止某些经济行为，而市场经济直接参与者除非得到国家的特许权，否则是没有权力干涉其他经济主体行为的。例如，在自然垄断行业中，为了限制行业竞争者数量过多造成过度竞争,政府可以实行进入规制,而行业内既存企业没有权力这样做。

(3) 政府具有惩罚权,与私人合约相比,政府能对某些干扰和破坏市场经济的行为进行惩罚。例如,对于生产假冒伪劣产品,侵害消费者利益的企业,政府可以依法对其进行罚款,或追究相关责任人的责任。现代市场经济的运行事实上是依赖于政治制度的各种强制性权力,国家运用这些权力直接提供某些基本的服务或间接创造出安全稳定的市场经济环境,为建立良好的市场经济秩序提供保障。

▶ 2. 某些情况下政府规制在克服市场失灵上更节约成本

当危害发生时,受害程度不容易估计或涉及人数众多而容易导致搭便车行为,或者因协调困难而难以采取集体行动时,政府规制更有效率。

此外,金融行业本身的特点也使政府监管不可或缺。金融业是信息不对称相对严重的行业,投资决策不仅取决于投资的预期回报率,同时也取决于风险的大小,因此信息在金融交易中有更大的价值。融资者拥有更多的私人信息,在金融交易中相对于投资者处于有利地位,政府规制如进入规制、价格规制、资本充足性规制等,会使信息的显示更加真实,这样就降低了信息成本,减少可能发生的逆向选择和道德风险,充分保护广大投资者的利益。

二、证券市场监管要素

(一) 证券市场监管目标

证券市场监管的总体目标是建立一个高效率的证券市场,保障广大投资者的投资权益,保障证券市场合法交易活动,维护证券市场正常秩序,发挥证券市场资源配置的作用,促进社会经济的繁荣与稳定。具体目标又包括以下几个方面。

(1) 促进全社会金融资源的配置与政府目标相一致,从而提高整个社会资金的配置效率。

(2) 消除因证券市场和证券产品本身的原因而给某些市场参与者带来的交易的不公平。

(3) 克服超出个别机构承受能力的、涉及整个证券业或者宏观经济的系统性风险。

(4) 促进整个证券业的公平竞争。

(二) 证券市场监管的作用

有效的证券市场监管能够克服证券市场自身的诸多缺陷,并对社会和经济的发展具有多方面的影响和促进作用,这主要体现在以下几点。

(1) 证券市场监管有助于避免或消除证券发行市场的蓄意欺诈和交易市场的垄断行市、操纵交易、哄抬价格和盲目投机等多种弊端,以保证证券发行和交易活动的顺利进行。这实际上也是现代证券管理产生的最直接原因。

(2) 证券市场监管有利于保护广大投资者的权利和利益。投资者是证券市场的支撑者,没有投资者,证券市场就无从谈起。投资者参与证券市场是以取得某项权利和收益为目的的,如投资者购买股票,要求参与公司管理和获取股息、红利收益,购买公司债券,要求在债券到期时还本付息,如果公司破产也有要求按一定程序进行清偿的权利,这些都需要有法律保障。否则,投资者便可能因权益受损而失去投资意愿,证券市场就难以发展。证券市场监管的目的之一就是有效地维护投资者权益，如在证券发行中规定的"公开原则"便有利于投资者充分了解证券发行者的资信与证券的收益与风险，从而能够比较正确地做出投资决策，合理地选择投资对象。

（3）证券市场监管有利于维护证券发行与交易市场的正常营业秩序，能够促进证券市场筹资、融资功能的发挥。高效率的证券市场有利于促进国民储蓄向工业等经济部门的顺利流动，方便和加速企业的筹资、融资活动，促进生产性资源的合理分配和有效使用，从而促进国民经济的发展。

（4）证券市场监管能够保障证券交易所以及证券公司、信托投资机构等市场中介机构忠实有效地为客户服务。通过证券立法与监管能够有效地规范证券交易所执行严格的交易制度和程序，保证市场中介机构在证券发行、证券交易中合理地行使媒体职能，发挥媒介作用。

（5）证券市场监管有利于稳定证券市场的行市，增强投资者信心，促进资本的合理流动，这不仅促进了证券市场的健康成长，也能推动金融业、商业和其他行业，以及社会福利事业的顺利发展。

（三）证券市场监管的原则

尽管各国证券市场管理的方式、方法存在着差异，但在实施监管过程中一般都要遵循以下基本原则。

▶ 1. 合法原则

一切证券的发行、交易及其他相关行为都必须符合国家法律、法规和宏观经济政策的要求，禁止非法发行证券和非法的、以各种不正当手段从事的证券交易活动，牟取暴利。

▶ 2. 公开原则

证券市场的主管机关必须根据筹资人和投资人双方的要求，公布与证券市场交易活动有关的信息和文件资料；企业发行证券时，必须公布发行企业的发行章程或发行说明书，实行企业财务公开；当证券上市时，必须连续公布上市公司的财务及其经营状况，定期向公众公布公司的财务及经营报告、各种财务会计报表，以便投资者得到充分的信息，合理投资。

▶ 3. 公平原则

证券交易双方处于相互平等的地位，公平交易，禁止哄骗、欺诈等行为。例如，禁止以某种手段欺骗交易对手和社会公众；禁止捏造事实或隐瞒、遗漏关于证券交易的重要事实；禁止编造关于证券发行与交易的虚假消息，散布影响交易程序和市场行情的流言蜚语；禁止蒙骗等不正当手段劝说公众买进或卖出；禁止内部人员利用特殊地位获取暴利等。

▶ 4. 公正原则

证券主管机关在审批证券发行、证券上市和经营证券业务的机构时，在制定规章制度及其执行时，都必须站在公正的立场上秉公办事；起草文件、鉴证报表及各种参与证券发行、交易者，都必须站在公正的立场上，反映真实情况，不得有隐瞒、虚假、欺诈等误导行为，以保证证券交易活动的正常进行，保护各方的合法权益。

▶ **5. 自愿原则**

证券市场的一切交易活动必须遵循市场的原则和筹资人与投资人双方的需要进行，不允许以行政干预人为地制造证券交易，证券发行时不能强行摊派，在证券交易时不能依靠行政权力强买强卖，必须充分地由投资者根据自己的意愿和投资偏好进行证券投资选择，任何人无权干涉；任何人及单位也都无权强迫哪个单位发行证券。同时，任何证券商也不得违背客户意思或未获授权买卖证券或胁迫强制买卖证券。

▶ **6. 国家监管和自我管理相结合原则**

国家监管和自我管理相结合是证券市场管理的基本指导思想，也是其总体管理原则。一方面，国家政府及其管理机构必须制定证券管理法规，规范和监管证券市场，这是管好证券市场的基本前提；另一方面，要加强证券从业者的自我约束、自我教育、自我管理，这是管理好证券市场的基础保证。

安然公司事件与萨班斯法案

1. 安然公司倒闭

安然公司曾经是叱咤风云的"能源帝国"，2000年总收入高达1 000亿美元，名列《财富》杂志"美国500强"中的第七，掌控着美国20%的电能和天然气交易，是华尔街竞相追捧的宠儿，安然股票是所有的证券评级机构都强力推荐的绩优股。

2001年年初，一家短期投资机构老板吉姆·切欧斯公开对安然的盈利模式表示了怀疑。他注意到，作为安然的首席执行官，斯基林一直在抛出手中的安然股票，而他不断宣称安然的股票会从当时的70美元左右升至126美元。而且按照美国法律规定，公司董事会成员如果没有离开董事会，就不能抛出手中持有的公司股票。这引发了人们对安然的怀疑，并开始追及安然真正的盈利情况和现金流向。到了8月中旬，人们对于安然的疑问越来越多，并最终导致了股价下跌。8月9日，安然股价已经从年初的80美元左右跌到了42美元。

2001年10月16日，安然公司公布该年度第三季度的财务报告，宣布公司亏损总计达6.18亿美元，引起投资者、媒体和管理层的广泛关注，从此拉开了"安然事件"的序幕。

随后，美国证券交易委员会对安然及其合伙公司展开调查，要求公司自动提交某些交易的细节内容，美林和标准普尔公司调低了对安然的信用评级。不久，安然被迫承认做了假账，自1997年以来，安然虚报盈利共计达到6亿美元。

11月28日，标准普尔将安然债务评级调低至"垃圾债券级"。

11月30日，安然股价跌至0.26美元，市值由峰值时的800亿美元跌至2亿美元。

2001年12月2日，安然公司正式向破产法院申请破产保护，破产清单所列资产达498亿美元，成为当时美国历史上最大的破产企业。2002年1月15日，纽约证券交易所正式宣布，将安然公司股票从道琼斯工业平均指数成分股中除名，并停止安然股票的相关交易。至此，"安然大厦"完全崩溃。短短两个月，能源巨擘安然公司轰然倒地。

2. 安达信诚信危机

创立于1913年，总部设在芝加哥的安达信是全球五大会计师事务所之一，它代理着美国2 300家上市公司的审计业务，占美国上市公司总数的17%，在全球84个国家设有390个分公司。

安达信作为安然公司财务报告长达16年的审计者，既没审计出安然虚报利润，也没发现其巨额债务。而2002年1月10日，安达信公开承认销毁了与安然审计有关的档案。很快，安然公司丑闻转化为审计丑闻。按照美国法律，股市投资人可以对安达信在财务审计时未尽职责提起诉讼，如果法庭判定指控成立，安达信将不得不为他们的损失做出赔偿。

2001年12月，安达信会计师事务所因卷入安然公司丑闻而遭到解体。安达信会计师事务所执照上缴后，美国安达信会计师事务所被安永会计师事务所收购，而中国香港部分则并入普华永道会计师事务所。

3. 萨班斯法案的出台

美国相继爆出的造假事件严重挫伤了美国经济恢复的元气，重创了投资者和社会公众的信心，引起美国政府和国会的高度重视。《萨班斯-奥克斯利法案》即《萨班斯法案》，就是在这样的背景下出台的。法案有两处内容最为引人注目。

(1) 改进公司治理结构，强化内部控制与责任。明确公司管理层责任，要求管理层及时评估内部控制，进行财务报告，同时加大对公司管理层及白领犯罪的刑事责任。

(2) 强化审计师的独立性及监督。法案要求，建立一个独立机构来监督上市公司审计，审计师定期轮换，全面修订会计准则，制定关于公司审计委员会成员构成的标准并独立负责审计师的提名，对审计师提供咨询服务进行限制等。

资料来源：安然事件启示录[EB/OL].[2023-03-20].http://www.doc88.com/p-5147141314887.html.

证券市场监管是保护投资者权益的有效方式，只有这样，才便于投资者充分了解证券发行人的资信、证券的收益和风险状况，从而使投资者能够比较正确地选择投资对象。

三、证券市场监管模式

证券市场监管模式是指证券管理机构的设置、管理权限的划分所构成的制度。由于历史的原因和各国的具体情况不同，世界各国对证券监管所持的态度、制定的法律和采取的管理方法都存在着一定的差异，从而形成了不同的监管模式。

(一) 证券市场监管模式

综观世界各国证券市场管理体制，大体上可分为三种模式。

▶ 1. 集中立法管理型模式

在这种模式下，政府积极参与证券市场管理，重视发挥国家证券主管机关对证券市场的统一管理作用，往往拥有强大的证券管理机构，政府充分授权，具有强大的威力。世界上大部分国家属此类型，如美国、日本、法国、加拿大、韩国、新加坡、马来西亚、菲律宾、印度、巴基斯坦、埃及、土耳其、以色列等国。美国是这种模式的典型代表，故又称美国模式。

2. 自律管理型模式

在这种模式下，政府对证券市场的干预较少，政府也不设立专门的证券管理机构。证券和管理完全由证券交易所及证券交易商会等民间组织自行管理，强调证券业者自我约束、发挥自我管理的作用。世界上的一些国家和地区，如英国、德国、意大利、荷兰等大体属于这一类型。英国是这一类型的典型代表，故也称英国模式。

3. 分级管理型模式

除了上述两大基本模式外，目前还有一种普遍运用的模式，即分级管理模式。这类模式又分为二级管理模式和三级管理模式两种。二级管理是指政府和自律机构相结合的管理；三级管理是指中央和地方两级政府加上自律机构相结合的管理。分级管理一般采取两种方式进行：一是政府和自律机构分别对证券进行管理，形成官方和民间的权力分配和制衡；二是中央和地方分别对证券进行管理，形成政府间、政府与民间的权力分配和制衡。

目前，世界上绝大多数国家和地区都开始采取分级管理模式，如美国、法国、意大利等都逐步向二级、三级管理模式靠拢。这主要是因为完全由政府行政部门对证券管理的模式不利于市场的发展，事实上，离开证券业者的自我约束、自我管理的基础，政府再强大的管理机构也难以奏效；而完全由行业公会自律管理又容易形成行业垄断和利益集团，也不利于证券市场的规范化和顺利发展。

（二）证券市场监管机构

证券市场监管机构的设置取决于证券市场管理体制。由于各个国家和地区管理体制模式不同，证券监管机构也千差万别，但从总体上看，主要由政府监管机构、证券发行机构、证券交易机构、证券投资机构等构成。

1. 政府监管机构

政府监管机构分为专管证券的管理机构和兼管证券的管理机构两类，前者典型的是美国的联邦证券交易管理委员会，后者如日本的大藏省证券局、英国的英格兰银行。

2. 证券发行机构

证券发行机构一般有财政部门，金融组织控制的证券商如投资银行、金融公司或财务公司、证券公司、持股公司和工商大企业等。目前，不少国家都有由经营证券业务的金融机构联合组成的证券业协会（或证券同业公会）。

3. 证券交易机构

证券交易机构主要是指证券交易所。证券交易所是一种封闭性的组织市场，必须具备一定资格的经纪人才可进入。目前，发达国家和地区的证券交易所大多采取会员组织形式，发展中国家大都采取公司组织形式。

4. 证券投资机构

证券投资机构指专门从事集中社会公众资金投资于各种行业的证券，以降低或分散投资风险和提高投资收益的专业性机构，主要有各种证券投资公司、各种信托机构、各种保险公司，以及各种基金管理公司。

上述各类证券管理机构，除政府监管机构外，都属于自律性监管机构。

由于监管模式不同，各类证券管理机构在不同国家和地区的证券市场监管中的地位和作用也不同。

以集中立法管理为特征的美国，采取专业性主管机构即证券交易管理委员会来管理证券市场。美国证券交易管理委员会是一个独立的、统一管理全国证券活动的联邦管理机构。该机构由5名委员组成，所有委员由总统任命，参议院批准，任期5年，直接对国会负责，其管理范围包括证券发行、证券交易（场内交易和场外交易）、投资银行、证券商及其他市场参与者，并对下属的联邦证券交易所和全国证券交易商协会实施监督和指导。联邦证券交易所是一个半管理、半经营机构，管理的主要对象是全国的各个证券交易所，即场内交易；全国证券交易商协会是一个全权管理场外交易活动的非营利组织。

日本的证券管理机构与美国相似，它原来没有证券管理委员会，之后改由大藏省证券局负责证券管理，同时另设证券顾问委员会负责重大政策研究咨询。

以自律管理为主的英国，政府没有设立专门的证券管理机构，英格兰银行仅基于金融政策的需要拥有对超过一定数额证券发行的审批权；贸易部兼管证券发行的登记事务。英国的证券市场主要由证券交易商协会、收购与合并问题专门小组和证券业理事会三个机构组成的自我管理系统进行自律管理。证券交易商协会是由证券交易所内的经纪商和交易商组成的，主要管理伦敦及其他交易所内的业务；收购与合并问题专门小组由参加"伦敦城工作小组"的九个专业协会发起组成，主要从事有关企业、公司收购合并等问题的管理；证券业理事会主要负责制定、解释和推行有关证券发行、交易的各项规章制度，该组织是英国证券自我管制的核心机构。

香港证券管理属于英国自律模式，证券监管机构主要是1986年成立的联合证券交易所。联合证券交易所采取自我管理的运行形式，所有一切组织、管理及运行都受制于联合证券交易所的有关条例、章程、规则等。

(三) 中国证券市场监管体系

我国证券市场实行以政府监管为主，自律为辅的监管体系。这一监管体制随着证券市场的发展，经历了从地方监管到中央监管、从分散监管到集中监管的过程，大致可分为两个阶段。

第一阶段从20世纪80年代初期至1992年，证券市场处于区域性试点阶段。这一时期证券市场的监管主要由地方政府负责，上海、深圳分别颁布了有关股份公司和证券交易的地方性法规，建立了地方证券市场监管机构，中央政府只是进行宏观指导和协调。

第二阶段从1992年开始。这一年在全国范围内进行股票发行和上市试点，证券市场开始成为全国性市场。与此相适应，证券市场的监管也由地方管理为主改为中央集中监管。同年，成立了国务院证券委员会和中国证券监督管理委员会，负责对全国证券市场进行统一监管。1998年，国务院决定撤销国务院证券委员会，其工作改由中国证券监督管理委员会承担，并决定中国证券监督管理委员会对地方证管部门实行垂直领导，从而形成了集中统一的监管体系。

我国证券市场监管体系由中国证券监督管理委员会和其派出机构证券监管办公室组成。中国证券监督管理委员会是国务院直属机构，是全国证券、期货市场的主管部门，按照国务院授权履行行政管理职能，依照法律、法规对全国证券、期货业进行集中统一监管。

我国的证券市场管理体系十分重视民间机构和证券行业自律管理的作用。注册会计师及会计师协会、律师及律师事务所作为独立的法人组织，依据国家的法律和规章，根据各自的职责对证券市场实行社会监督。1991年8月28日成立的中国证券业协会是我国证券发展史上第一个全国性的行业自律管理组织，它根据党和国家有关政策、规划，对中国证券业的发展进行规划设计，拟定自律性管理制度，加强行业管理，协调会员关系，增进本行业与国家有关部门的联系。证券交易所依据国家法律、规章和国际通行原则，对会员实行自律性管理和约束。

熔断机制

熔断机制也叫自动停盘机制，是指当股指波幅达到规定的熔断点时，交易所为控制风险采取的暂停交易措施。具体来说是对某一合约在达到涨跌停板之前，设置一个熔断价格，使合约买卖报价在一段时间内只能在这一价格范围内交易的机制。

2015年12月4日，上交所、深交所、中金所正式发布指数熔断相关规定，熔断基准指数为沪深300指数，采用5%和7%两档阈值，于2016年1月1日起正式实施，并于2016年1月8日暂停。为维护市场平稳运行，经中国证监会批准，上海证券交易所决定自2016年1月8日起暂停实施《上海证券交易所交易规则》第四章第五节规定的"指数熔断"机制。

1. 产生缘由

熔断机制最早起源于美国，美国的芝加哥商业交易所曾在1982年对标普500指数期货合约实行过日交易价格为3%的价格限制。但这一规定在1983年被废除，而到1987年出现了"股灾"，才使人们重新考虑实施价格限制制度。

相关资料显示，1987年10月19日，纽约股票市场爆发了史上最大的一次崩盘事件，道琼斯工业指数一天之内重挫508.32点，跌幅达22.6%，由于没有熔断机制和涨跌幅限制，许多百万富翁一夜之间沦为贫民，这一天也被美国金融界称为"黑色星期一"。

在"黑色星期一"发生一周年后的1988年10月19日，美国商品期货交易委员会与证券交易委员会批准了纽约股票交易所和芝加哥商业交易所的熔断机制。根据美国的相关规定，当标普指数在短时间内下跌幅度达到7%时，美国所有证券市场交易均将暂停15分钟。

2015年6月，中国股市出现了一次"股灾"，股市仅用了两个月从5 178点一路下跌至2 850点，下跌幅度达45%。引起股票市场价格波动的因素涉及公开与非公开的信息、投资者的过度反应等，为了抑制投资者可能产生的羊群效应，抑制追涨杀跌，降低股票市场的波动，使得投资者有充分的时间可以传播信息和反馈信息，使得信息的不对称性与价格的不确定性有所降低，从而防止价格的剧烈波动。中国证监会开始酝酿出台熔断机制。

2. 机制推出

沪深300指数期货合约的熔断价格为前一交易日结算价的±5%，当市场价格触及

5%，熔断机制启动。在随后的五分钟内，买卖申报价格只能在5%之内，并继续成交。超过5%的申报会被拒绝。十分钟后，价格限制放大到7%。设置熔断机制的目的是让投资者在价格发生突然变化的时候有一个冷静期，防止做出过度反应。

2015年9月6日，中国证监会负责人以答新华社记者问的形式发表谈话，表示要把稳定市场、修复市场和建设市场有机结合起来。负责人称，目前股市泡沫和风险已得到相当程度的释放。今后当市场剧烈异常波动、可能引发系统性风险时，证金公司仍将继续以多种形式发挥维稳作用。

证监会负责人晚间答记者问时表示，证监会将研究制定实施指数熔断机制。

证监会负责人表示，股市涨跌有其自身运行规律，一般情况下政府不干预，但在股市发生剧烈异常波动、可能引发系统性风险时，政府绝不会坐视不管，将及时果断采取多种措施稳定股市。

2015年9月7日，上海证券交易所、深圳证券交易所和中国金融期货交易所发布征求意见通知，拟在保留现有个股涨跌幅制度前提下，引入指数熔断机制。

经有关部门同意，2015年12月4日正式发布指数熔断相关规定，并将于2016年1月1日起正式实施。

3. 历次熔断

2016年1月4日，A股遇到史上首次"熔断"。早盘，两市双双低开，随后沪指一度跳水大跌，跌破3 500点与3 400点，各大板块纷纷下挫。午后，沪深300指数在开盘之后继续下跌，并于13点13分超过5%，引发熔断，三家交易所暂停交易15分钟，恢复交易之后，沪深300指数继续下跌，并于13点34分触及7%的关口，三个交易所暂停交易至收市。

2016年1月7日，早盘9点42分，沪深300指数跌幅扩大至5%，再度触发熔断线，两市在9点57分恢复交易。开盘后，仅3分钟，沪深300指数再度快速探底，最大跌幅7.21%，二度熔断触及阈值。这是2016年以来的第二次提前收盘，同时也创造了休市最快纪录。

4. 暂停实施

2016年1月7日晚间，上海证券交易所、深圳证券交易所、中国金融期货交易所发布通知，为维护市场稳定运行，经证监会同意，自1月8日起暂停实施指数熔断机制。

证监会新闻发言人邓舸对此表示，引入指数熔断机制的主要目的是为市场提供"冷静期"，避免或减少大幅波动情况下的匆忙决策，保护投资者特别是中小投资者的合法权益，抑制程序化交易的助涨助跌效应，为应对技术或操作风险提供应急处置时间。

邓舸表示，熔断机制不是市场大跌的主因，但从近两次实际熔断情况来看，没有达到预期效果，而熔断机制又有一定"磁吸效应"，即在接近熔断阈值时部分投资者提前交易，导致股指加速触碰熔断阈值，起了助跌的作用。权衡利弊，负面影响大于正面效应，因此，为维护市场稳定，证监会决定暂停熔断机制。

资料来源：熔断机制是什么意思？也叫自动停盘机制 维护市场平稳运行[EB/OL]. (2020-02-24)[2023-03-09]. https://www.sxcntv.com/jingji/2020/0224/40001298.html.

任务二　证券市场监管法律法规

为了加强证券市场监管，许多国家都制定和颁布证券法律、法规，将证券市场活动纳入规范化、程序化的法制管理之中。中国证券市场监管的法律法规分为四个层次：第一个层次是指由全国人民代表大会或全国人民代表大会常务委员会制定并颁布的法律；第二个层次是指由国务院制定并颁布的行政法规；第三个层次是指由证券监管部门和相关部门制定的部门规章及规范性文件；第四个层次是指由证券交易所、中国证券业协会及中国证券登记结算有限公司制定的自律性规则。

一、证券市场监管法律

▶ 1.《中华人民共和国证券法》

《中华人民共和国证券法》于1998年12月29日第九届全国人民代表大会常务委员会第六次会议通过，于1999年7月1日实施。2019年12月28日第十三届全国人民代表大会常务委员会第十五次会议第二次修订，于2020年3月1日起施行。

（1）调整范围。

本次《证券法》修订，按照顶层制度设计要求，进一步完善了证券市场基础制度，体现了市场化、法治化、国际化方向，为证券市场全面深化改革落实落地，有效防控市场风险，提高上市公司质量，切实维护投资者合法权益，促进证券市场服务实体经济功能发挥，打造一个规范、透明、开放、有活力、有韧性的资本市场，提供了坚强的法治保障，具有非常重要而深远的意义。

（2）主要内容。

修订后的《证券法》共分14章，分别为总则、证券发行、证券交易、上市公司的收购、信息披露、投资者保护、证券交易所、证券公司、证券登记结算机构、证券服务机构、证券业协会、证券监督管理机构、法律责任和附则。

▶ 2.《中华人民共和国公司法》

《中华人民共和国公司法》于1993年12月29日由第八届全国人民代表大会常务委员会第五次会议通过，于1994年7月1日起实施。根据2018年10月26日第十三届全国人民代表大会常务委员会第六次会议《关于修改〈中华人民共和国公司法〉的决定》第四次修正。

（1）调整范围。

《公司法》全文最新内容包括股份有限公司、有限责任公司、股权转让、董事会、监事会及公司合并分立和法律责任等。《公司法》调整的对象主要是我国境内的公司，公司在生产经营过程中会涉及多部法律，包括《公司法》。除了《公司法》外，最高法还出台了多部司法解释，对《公司法》的条款进一步完善。

（2）主要内容。

《公司法》共分13章218条。对在中国境内有限责任公司的设立和组织机构、股份有限公司的设立和组织机构、股份有限公司的股份发行和转让、公司董事监事高级管理人员的资格和义务、公司债券、公司财务和会计、公司合并和分立以及增资和减资、公司解散和清算、外国公司的分支机构、法律责任等内容制定了相应的法律条款。

▶ 3.《中华人民共和国证券投资基金法》

《中华人民共和国证券投资基金法》经 2003 年 10 月 28 日第十届全国人民代表大会常务委员会第五次会议通过，并于 2004 年 6 月 1 日起正式实施。根据 2015 年 4 月 24 日第十二届全国人民代表大会常务委员会第十四次会议《关于修改〈中华人民共和国港口法〉等七部法律的决定》修正。

(1) 调整范围。

《证券投资基金法》的调整范围主要包括证券投资基金的发行、交易、管理、托管等活动，目的是保护投资人及相关当事人的合法权益，促进证券投资基金和证券市场的健康发展。

(2) 主要内容。

《证券投资基金法》共包括 15 章 154 条。包括：总则，基金管理人，基金托管人，基金的运作方式和组织，基金的公开募集，公开募集基金的基金份额的交易、申购与赎回，公开募集基金的投资与信息披露，公开募集基金的基金合同的变更、终止与基金财产清算，公开募集基金的基金份额持有人权利行使，非公开募集基金，基金服务机构，基金行业协会，监督管理，法律责任及附则。

▶ 4.《中华人民共和国刑法》对证券犯罪的规定

《中华人民共和国刑法》于 1979 年 7 月 1 日第五届全国人民代表大会第二次会议通过并实施。此后经过数次修正，2020 年通过《刑法修正案（十一）》。

《刑法修正案（十一）》第十三条将《刑法》第 182 条第 1 款修改为：有下列情形之一，操纵证券、期货市场，影响证券、期货交易价格或者证券、期货交易量，情节严重的，处五年以下有期徒刑或者拘役，并处或者单处罚金；情节特别严重的，处五年以上十年以下有期徒刑，并处罚金。

(1) 单独或者合谋，集中资金优势、持股或者持仓优势或者利用信息优势联合或者连续买卖的。

(2) 与他人串通，以事先约定的时间、价格和方式相互进行证券、期货交易的。

(3) 在自己实际控制的账户之间进行证券交易，或者以自己为交易对象，自买自卖期货合约的。

(4) 不以成交为目的，频繁或者大量申报买入、卖出证券、期货合约并撤销申报的。

(5) 利用虚假或者不确定的重大信息，诱导投资者进行证券、期货交易的。

(6) 对证券、证券发行人、期货交易标的公开做出评价、预测或者投资建议，同时进行反向证券交易或者相关期货交易的。

(7) 以其他方法操纵证券、期货市场的。

二、证券监管的行政法规

我国现行的证券行政法规主要有《证券公司监督管理条例》《证券公司风险处置条例》等。

▶ 1.《证券公司监督管理条例》

为了加强对证券公司的监督管理，规范证券公司的行为，防范证券公司的风险，保护投资者的合法权益和社会公共利益，促进证券业健康发展，根据《公司法》和《证券法》制定《证券公司监督管理条例》。该条例于 2008 年 6 月 1 日颁布施行，2014 年 7 月 29 日进行修订，共计 8 章 97 条。章节如下。

第一章　总则。
第二章　设立与变更。
第三章　组织机构。
第四章　业务规则与风险控制。
第五章　客户资产的保护。
第六章　监督管理措施。
第七章　法律责任。
第八章　附则。

▶ 2.《证券公司风险处置条例》

为了控制和化解证券公司的风险，保护投资者合法权益和社会公共利益，保障证券业健康发展，根据《证券法》和《企业破产法》制定《证券公司风险处置条例》，于 2008 年 4 月 23 日公布并施行。2016 年 2 月 6 日进行修订，共 7 章 63 条。

第一章　总　则
第二章　停业整顿、托管、接管……
第三章　撤销
第四章　破产清算和重整
第五章　监督协调
第六章　法律责任
第七章　附　则

三、部门规章及规范性文件

▶ 1.《证券发行与承销管理办法》

为了规范证券发行与承销行为，保护投资者的合法权益，根据《中华人民共和国证券法》《中华人民共和国公司法》，制定《证券发行与承销管理办法》，自 2006 年 9 月 19 日起施行，2018 年进行修订。

（1）首次公开发行股票询价的调整和补充。

首次公开发行股票，可以通过向网下投资者询价的方式确定股票发行价格，也可以通过发行人与主承销商自主协商直接定价等其他合法可行的方式确定发行价格。公开发行股票数量在 2 000 万股（含）以下且无老股转让计划的，可以通过直接定价的方式确定发行价格。发行人和主承销商应当在招股意向书（或招股说明书，下同）和发行公告中披露本次发行股票的定价方式。上市公司发行证券的定价，应当符合中国证监会关于上市公司证券发行的有关规定。

首次公开发行股票采用询价方式定价的，符合条件的网下机构和个人投资者可以自主决定是否报价，主承销商无正当理由不得拒绝。网下投资者应当遵循独立、客观、诚信的原则合理报价,不得协商报价或者故意压低、抬高价格。

网下投资者报价应当包含每股价格和该价格对应的拟申购股数,且只能有一个报价。非个人投资者应当以机构为单位进行报价。首次公开发行股票价格(或发行价格区间)确定后,提供有效报价的投资者方可参与申购。

(2)对证券发售的规定。

首次公开发行股票采用询价方式的,公开发行后总股本在4亿股(含)以下的,网下初始发行比例不低于本次公开发行股票数量的60%;公开发行后总股本超过4亿股的,网下初始发行比例不低于本次公开发行股票数量的70%。其中,应当安排不低于本次网下发行股票数量的40%优先向通过公开募集方式设立的证券投资基金(以下简称公募基金)、全国社会保障基金(以下简称社保基金)和基本养老保险基金(以下简称养老金)配售,安排一定比例的股票向根据《企业年金基金管理办法》设立的企业年金基金和符合《保险资金运用管理暂行办法》等相关规定的保险资金(以下简称保险资金)配售。公募基金、社保基金、养老金、企业年金基金和保险资金有效申购不足安排数量的,发行人和主承销商可以向其他符合条件的网下投资者配售剩余部分。

▶ 2.《证券公司融资融券业务管理办法》

《证券公司融资融券业务管理办法》于2006年6月30日由中国证券监督管理委员会公布;2015年6月3日中国证券监督管理委员会第96次会议审议通过《证券公司融资融券业务管理办法》,并于2015年7月1日实行。具体章节如下:

第一章　总则。
第二章　业务许可。
第三章　业务规则。
第四章　债权担保。
第五章　权益处理。
第六章　监督管理。
第七章　附则。

任务三　证券市场监管的内容

证券市场监管的内容主要包括证券发行监管、证券交易监管和对证券公司的监管,这里分别予以介绍。

一、证券发行监管

(一)证券发行的审核制度

世界各国对证券发行的管理都是通过审核制度来实现的。审核制度主要有两种:注册制(所谓的"公开原则")和核准制(或称特许制),前者以美国联邦证券法为代表;后者以美国部分州的证券法以及欧洲大陆各国的公司法为代表。这两种制度并不是完全对立的,有时可以互相补充,事实上多数国家也综合运用这两种制度,只是着重点不同而已。

1. 注册制

注册制是证券发行人在发行证券之前，首先必须按照法律规定申请注册。将证券发行以及与证券发行有关的一切信息公布于众，并要求所提供的信息具有真实性、可靠性，如果发行者公布的资料内容有虚伪或遗漏，发行者要负法律上的刑事或民事责任。只要满足了上述条件，这种证券就可以公开上市发行。因此，注册制实质上是一种发行证券的公司的财务公布制度，其目的在于使投资者在投资前能够据此判断该证券有无投资价值，以便投资决策。

2. 核准制

核准制与注册制的不同之处在于，在发行证券时，不仅要公开真实情况，而且要求证券发行者将每笔证券发行报请主管机关批准。在实行证券发行核准制的国家中，一般都规定出若干证券发行的具体条件，经主管部门审查许可，证券方可发行。这些具体条件主要包括：①发行公司的营业性质和管理人员的资格能力；②发行公司的资本结构是否健全合理；③发行人所得报酬是否合理；④公开的资料是否充分、真实；⑤事业有无合理的成功机会等。只有符合这些"实质管理"条例的发行公司才可以在证券市场上发行证券，进行直接筹资。

实行核准制是因为在公开原则下是以投资者能够看懂《公开说明书》为前提的，但实际上，许多普通投资并不具备这种能力，因而投资仍然具有一定的盲目性，容易导致上当受骗，蒙受损失。

但也应指出，完全依赖实质管理的原则也有缺陷，因为这种做法有可能导致公众产生错误的安全感，因此，除明显性欺诈发行的情况以外，该原则的应用是有限的。有鉴于此，现在许多国家的法律都倾向于对两种不同原则加以综合运用，以达到保护投资者利益和促进企业融资的目的。

（二）证券发行注册的内容

无论是实行注册制还是核准制，发行者在发行债券之前均要向证券管理机关办理发行申报注册手续。

证券发行注册，美国的做法比较有代表性。美国实行双重注册制度，即证券发行公司既要在证券交易管理委员会注册，也要在证券上市的那家证券交易所注册。两者注册程序和内容大体相同。这里主要介绍在证券交易管理委员会注册的情况。

申请发行注册的证券发行公司必须从证券交易管理委员会领取并填写《证券注册申请书》。申请书由三部分组成。

第一部分是发行说明书，对公司情况进行一般介绍，包括发行目的、发行条件、公司的历史和经营事业的情况以及同业竞争情况，公司近5年的资产、负债总额及其变化情况，产品销售额及其变化趋势，盈利和分红水平，公司资本结构，公司发行证券数额，公司债务的清偿情况等。

第二部分是公司财务的详细报表和统计资料，包括发行公司的资产负债表和损益表等财务报表；申请上市发行证券的票面价格、期限、预计收益等情况以及该证券和发行公司其他证券的关系；公司经营报告等。

第三部分是各种证券发行情况的证明材料，包括发行公司聘请独立经营的会计师事务所对上述报表或报告进行全面的核实说明，这种说明具有法律上的公证性质；由法律机构出具的、证明发行合法化的书面意见副本；承销合同副本、信托合同副本等。在美国还有一部分证券享受发行注册豁免，主要类型如下。

（1）财政部发行的国库券、政府公债和其他联邦政府机构发行的债券，以及一部分经证券交易管理委员会批准后州政府发行的地方市政债券。

（2）私募证券，即采用非公开发行方法发行的证券。

（3）商业票据，即由大公司、大企业发行的短期借款票据。

（4）银行发行的股票、债券。

（5）公司、企业在州内发行的证券。

（6）其他小额股票、债券。

(三) 证券注册发行责任

根据美国《证券交易法》，如果证券发行者在注册申报书中有谎报、漏报本公司的情况，并蒙骗主管机关使发行注册生效，有价证券购买者有权提出诉讼，并对以下当事人追究民事责任：证券发行者；承购并分售证券的投资银行；参与"证券注册申报书"起草与审定，并在其上签章证明属实的会计师、工程师及其他专家。如经法庭调查属实，则上述所列各方必须承担经济赔偿责任。

二、证券交易监管

证券交易的监管包括对证券交易所的监管、对场外交易市场的监管、对证券发行公司的交易监管和对证券交易行为的监管。

(一) 对证券交易所的监管

证券交易所是进行证券交易的最重要的市场，是证券流通市场的核心，因此，各国都对证券交易所实行严格的管理。

▶ 1. 证券交易所设立方式

各国对证券交易所的设立所规定的制度有所不同，一般采用三种不同的管理方式。

（1）特许制，如日本等。在日本设立证券交易所必须经大藏省的特许，大藏省对证券交易所的规章制度有核批权，如果认为不当，可命令交易所修改。世界上大部分国家采取特许制。

（2）登记制，如美国等。美国《证券交易法》规定，证券交易所除因交易量过少，经证券交易管理委员会豁免者外，都必须依法登记，同时提交注册书和其他有关文件，证券交易管理委员会确认交易所的组织、规章制度符合法律规定，则准许注册设立。

（3）承认制，如英国等。英国对证券交易所的管理以"自律"为原则，因此，政府没有专门审批交易所的机构，而只要得到证券交易所协会的承认即可，但必须提供遵守证券交易规章制度的保证及交易所本身的规则。

▶ 2. 证券交易所的日常监督管理

许多国家的证券交易法都规定，证券主管机关对证券交易有检查、监督管理权，如美国的证券交易管理委员会、日本的大藏省都对证券交易所派驻监督官员，检查监督的事项主要有：①审查交易所的章程、细则和决议的内容，看其是否合法；②对交易所进行定期的检查或要求其定期提交规定的营业与财务报告；③在交易所有违法行为，妨害公共利益，或扰乱社会秩序时，主管当局可给予警告、令其停业，甚至解散的处分。

3. 证券交易所的自我管理

证券交易所也要发挥自律的功能进行自我管理。各国证券交易所都有自己的规章制度，包括章程、业务规则和会员管理办法等。这些规章制度对证券交易所的工作人员、交易所会员及其所进行的活动起到有效的约束和调节作用。

（二）对场外交易市场的监管

场外交易市场没有固定的组织形式，进行交易的证券种类和数量众多，交易地点分散，参加交易的证券商、投资人数量巨大，因而场外交易市场的管理困难较大、问题较多。对场外交易市场的监管主要有如下两种方法。

1. 组成证券商同业公会进行自律

例如，美国的《证券交易法》规定：①证券商应组成协会进行自律；②证券商协会对其会员所经营业务的种类及地区应予以限制，并向证券交易管理委员会办理登记；③证券商协会的章程应当注意防止欺诈与操纵市场的行为，提倡公正交易的原则，限制过分的利润、佣金及其他收费；④应保护投资者与公共利益，消除自由公开市场上的障碍等。

2. 政府对场外交易市场制定管理制度

例如，美国《证券交易法》规定：①在场外交易市场交易的公司资产额在100万美元以上、股东在500人以上应向证券交易管理委员会注册；②在州与州之间进行场外交易业务的证券商也必须向证券交易管理委员会注册；③全国证券商协会主要管理证券场外交易，该协会制定各种管理规则，防止虚伪、操纵市场的行为，加强公平交易和商业道德，监督收取不正当手续费的行为，以保护投资者的利益，对违反者开除会籍或课以罚金。此外，还制定有关证券商之间股价确认的规则，对场外交易价格进行管理。

（三）对证券发行公司的交易监管

下面以美国为例说明证券发行公司的证券交易监管。

（1）实行证券发行公司的交易注册制度。美国证券交易法规定，任何公司，只要其发行的证券在联邦交易所进行公开交易，都必须向证券交易管理委员会进行交易注册登记；在场外交易市场上交易的证券，如前所述，凡资产总额超过100万美元或股东人数超过500人以上的公司，都必须向证券交易管理委员会注册登记，后来为了简化手续，1982年改为总资产超过300万美元的发行公司必须向证券交易管理委员会注册登记；总资产不足300万美元的发行公司可享受场外交易注册登记。

（2）进行交易注册后，证券发行公司必须按证券交易管理委员会的要求填写和递交反映该公司资产、负债、盈利等财务状况的统计表格和财务报告。

（3）当证券交易管理委员会发现发行公司定期提供的公司财务信息不完整、不真实时，根据情节有权对公司正在流通中的证券发出暂停交易命令。

（4）因发行公司漏报、谎报公司财务状况，导致证券交易各方承受经济损失时，证券发行公司必须承担民事责任。发行公司蓄意谎报公司情况的，对主要当事人按触犯刑法处理。

（5）为了防止证券发行公司内部人员利用职权便利和外界无法获取的资讯操纵交易市场牟取暴利，美国等许多国家还规定，凡是证券发行公司内部人员对公司证券进行个人交易者，必须向证券管理机构进行证券交易的个人注册，并向证券管理机构报告其证券买进、卖出情况，包括证券买卖数量、价格、附加条件以及成交的时间、地点等。

（四）对证券交易行为的监管

在美国的证券交易市场中，由证券交易管理委员会维持交易市场的交易秩序，并对证券交易市场上所有的参加者实行交易行为管理。交易行为管理包括反垄断、反欺诈、反假冒和反内部沟通等内容。

▶ 1. 反垄断条款

反垄断条款的核心问题是禁止证券交易市场上垄断证券价格的行为，制止哄抬或哄压证券价格，制止一切故意造成证券价格波动的证券买卖。反垄断条款主要有三条：第一条是禁止交易者为了影响市场行情而进行的不转移证券所有权的买空卖空；第二条是禁止交易者为影响市场行情而连续以高价买入或以低价卖出某种证券的行为；第三条是禁止交易者为影响市场行情与他人共谋，以约定价格大量买进或卖出某种证券的行为。

▶ 2. 反欺诈、反假冒条款

反欺诈、反假冒条款的核心是禁止证券交易过程中的欺诈、假冒或其他蓄意损害交易对手的行为。主要内容有四条：第一条是禁止在证券市场上无实际成交意思，但空报价格，欺骗交易对手；第二条是禁止编造和散布影响市场交易秩序和市场行情的谎言；第三条是禁止向交易对手和公众提供有关证券发行和证券交易的虚假信息；第四条是禁止采取蒙骗、威吓等不正当手段劝说或强迫公众买进或卖出证券。

▶ 3. 反内部沟通条款

反内部沟通的核心问题是禁止公司的内部人员或关系户利用职务之便在证券交易中牟利。为此，采取三条处理原则：①透露未公布信息者，要承担民事责任；②通过内部信息在证券交易中得到好处者，以及凭借内部信息在交易中欺骗交易对手，损害了交易对手利益者，必须承担民事责任；③内部沟通的存在，使证券买卖双方在客观上获得的信息不均等，因而证券交易是在不公平条件下完成的，属于不公平交易，受损失的一方有权向透露未公布信息的当事人和利用内部信息从事证券交易的当事人索赔经济损失。

三、对证券公司的监管

证券公司是经过主管机关批准的经营证券发行和流通等业务的专业机构。在证券市场上，证券的发行和交易一般都是通过证券公司这一中介进行的。证券公司根据其业务性质的不同，可分为证券承销商、证券自营商和证券经纪商三种。对证券公司的监管是证券市场监管的重要内容。

（一）证券公司的设立资格

依据各国立法，一般对证券公司的设立采取特许制和登记制两种。特许制以日本为代表，在日本，凡是经营证券的证券公司都必须先向大藏省申请，按不同的经营业务获得不同的特许。只有获得特许执照方可营业，非证券公司不得经营证券业务以及相关的其他业务。登记制以美国为代表，在美国，凡是经营证券业务的证券公司都必须向证券交易管理委员会登记注册。但是，无论采取哪种形式，都必须符合规定的条件，主要有：①证券公司应有的最低资本额；②交纳足够的营业保证金；③具有良好的信誉；

④证券公司及其从业人员具有从事证券业务的知识、经验；⑤从业人员必须经过严格的考试、审查、录用。

（二）证券承销商的行为规范

证券承销商是证券发行市场上经营承销业务的中介机构。以美国为例，对承销商的行为规范主要有：①禁止商业银行参与公司证券的承销，以防止商业银行利用其证券附属部门及存款进行投机牟利；②承销商对公开说明书的虚伪、遗漏负一定的民事责任，如证明确已尽到义务，可免除责任；③承销合同及承销商报酬情况必须予以公开；④承销商在承销期间从事稳定价格的行为（如为防止或延缓证券在公开市场上价格下跌而购买证券的行为），必须依据证券交易管理委员会的规定，事先报告，否则是违法行为。

（三）证券自营商的行为规范

证券自营商即证券交易商，是在证券交易市场中为自己买入卖出证券的证券商。自营商的行为规范主要有：①自营商必须按规定的业务范围从事经营活动；②自营商必须按实际资本额的一定百分比提存营业保证金；③自营商的账册、业务及财务状况要报送主管机关审核；④自营商不得进行操纵性买卖；⑤自营商在证券交易所内卖出证券成交后，应逐笔将卖出的证券提交证券交易所办理交割，不得以当天买进的同类证券相抵消；⑥自营商不得在同一交易期内对同一证券接受委托买卖和自营买卖；⑦自营商购买证券时的出价如果与场外顾客相同，尽管自营商叫价较早，订单较大，仍应以顾客优先。

（四）证券经纪商的规范

证券经纪商即证券经纪人或佣金经纪人，是在证券市场上专门进行代客买卖证券，充当交易媒介收取佣金的证券商。证券经纪商的行为规范主要有：①经营范围主要限于在交易市场上代理客户买卖证券。如要经营自营买卖、承销业务、投资咨询等其他业务，须经主管机关批准；②必须按实收资本的一定百分比缴存营业保证金；③代客买卖证券，首先必须签订买卖证券委托契约，并对委托人一切委托事宜有严守秘密的义务；④未经客户委托，不得代客户买卖；⑤代客户买卖应坚持公平交易原则，禁止任何欺诈不法行为，不得做欺诈性的推销牟利，在接受客户"全权委托"时，不得利用客户的账户做不必要的反复买卖，从中赚取佣金；⑥交易时必须经过竞价程序，不得直接用一买一卖抵销的方式来进行交易；⑦如果兼做自营商，在买卖证券时，要表明该交易是自营买卖还是代客买卖等。

（五）对证券公司的监督与惩罚

对证券公司实施监督与管理的最主要部门是证券主管机关，如日本的大藏省、美国的证券交易管理委员会。此外，证券交易所及证券商同业公会对证券商也有自律的作用。为了保护广大投资者及公众利益，主管机关可随时要求证券商出示有关其财务与营业的报告资料。如果发现如下情况：①证券公司的行为有不合法或不合有关规定的事项；②对顾客有欺诈及违反义务的行为；③证券公司的财务状况恶化；④证券公司负责人或其业务具有法定的消极条件，以及不依法令的要求保持各项必要的记录，则证券主管机关有权命令其纠正或限期改善，并视实际情况对证券商给予警告、短期停业，直至撤销营业执照的处分。如果发现证券从业人员有违法行为，证券主管机关有权视其情节轻重予以警告、短期或长期禁止其为任何证券商所聘任或雇用的处分。

思考问答

一、名词解释

监管　外部性　信息不对称

二、简答题

1. 证券市场监管模式有哪些？
2. 与中国证券市场监管相关的法律有哪些？
3. 证券交易所的设立方式有哪些？
4. 对证券公司的设立资格有哪些规定？

在线自测

扫描封底刮刮卡　　获取答题权限

参考文献

[1] 张元萍. 金融衍生工具教程[M]. 北京：首都经济贸易大学出版社，2007.

[2] 王军旗. 证券投资理论与实务[M]. 2版. 北京：中国人民大学出版社，2007.

[3] 李曜. 证券投资基金学[M]. 3版. 北京：清华大学出版社，2008.

[4] 韩德宗，朱晋. 证券投资学原理[M]. 北京：机械工业出版社，2008.

[5] 中国证券业协会. 证券市场基础知识[M]. 北京：中国金融出版社，2012.

[6] 中国证券业协会. 证券发行与承销[M]. 北京：中国金融出版社，2012.

[7] 中国证券业协会. 证券投资分析[M]. 北京：中国金融出版社，2012.

[8] 中国证券业协会. 证券交易[M]. 北京：中国金融出版社，2012.

[9] 中国证券业协会. 证券投资基金[M]. 北京：中国金融出版社，2012.

[10] 中国证监会. 证券发行上市审核工作手册[M]. 北京：中国财政经济出版社，2014.

[11] 宋建平. 证券投资学[M]. 2版. 上海：上海人民出版社，2012.

[12] 陈奇琦. 证券投资学[M]. 北京：中国原子能出版社，2015.

[13] 桂鉴霞. 证券投资学[M]. 成都：西南财经大学出版社，2011.

[14] 陈月生. 证券投资理论与实务[M]. 北京：教育科学出版社，2013.

[15] 谢百三. 证券投资学[M]. 北京：清华大学出版社，2005.

[16] 吴晓求. 证券投资学[M]. 4版. 北京：中国人民大学出版社，2015.

[17] 束景虹. 证券投资分析[M]. 北京：对外经济贸易大学出版社，2008.

[18] 赖家元，周文. 证券投资学[M]. 武汉：华中科技大学出版社，2007.

[19] [美]法博齐. 金融市场与金融机构基础[M]. 4版. 北京：机械工业出版社，2011.

[20] [美]墨菲. 金融市场技术分析[M]. 北京：地震出版社，2010.

[21] [美]博迪. 投资学[M]. 9版. 北京：机械工业出版社，2014.

[22] 陈程程. 基金经理个人特征对股票型基金风险的影响[D]. 长春：吉林大学，2013.

[23] ANDREU L，SARTO J L，Serrano M. Risk Shifting Consequences Depending on Manager Characteristics[J]. International Review of Economics and Finance，2019，62：131-152.

[24] 高鹤，李旻文，高峰. 基金经理风险偏好、投资风格与基金业绩——基于性别个人特征的视角[J]. 投资研究，2014，33(5)：82-96.

[25] Yi Gu. 2018"Mutual Fund Managerial Working Experience，Career Concern，New Fund Opening and Fund Performance"[D]. UK：Durham University Business

School.

[26] 陈慧群. 证券投资基金业绩与规模相关问题研究[D]. 南京：南京航空航天大学，2005.

[27] 陈立梅. 基金经理人力资本特征对基金业绩影响的分析与研究——以开放式基金为例[J]. 南京邮电大学学报(社会科学版)，2010，12(2)：70-75.

[28] 成宇星. 基金经理的个人特征对基金业绩的影响机制研究[J]. 对外经，2017(4)：112-115.

[29] 段洁新，王志文，赵自然. 我国开放式股票型基金的业绩影响因素研究——基于面板数据的实证分析[J]. 金融理论与实践，2013(9)：72-75.

[30] 胡金焱，亓彬. 证券投资基金与A股市场波动性——基于2004—2010年宏微观数据的实证分析[J]. 经济学动态，2011(2)：63-66.

[31] 高士亮. 开放式基金规模与公司业绩关系的实证研究[J]. 经济经纬，2009，2：95-98.

[32] 史金艳，陈婷婷，魏殿凤. 基金经理性别与风险承担——基于股票型和混合偏股型开放式基金的实证[J]. 投资研究，2016，35(3)：105-118.

[33] 舒平. 基金经理个人特征对基金业绩的影响研究——基于牛市与熊市对比数据的实证分析[J]. 上海金融，2018(3)：90-93.

[34] 童元松. 股票型基金业绩的影响因素研究——基于基金规模与管理人股权结构的视角[J]. 技术经济与管理研究，2018(4)：77-82.

教师服务

感谢您选用清华大学出版社的教材！为了更好地服务教学，我们为授课教师提供本书的教学辅助资源，以及本学科重点教材信息。请您扫码获取。

❯❯ 教辅获取

本书教辅资源，授课教师扫码获取

❯❯ 样书赠送

财政与金融类重点教材，教师扫码获取样书

 清华大学出版社

E-mail: tupfuwu@163.com
电话：010-83470332 / 83470142
地址：北京市海淀区双清路学研大厦 B 座 509

网址：http://www.tup.com.cn/
传真：8610-83470107
邮编：100084